BIEDERMEIER IN WIEN
1815–1848

SEIN UND SCHEIN EINER BÜRGERIDYLLE

Internationale Tage
Ingelheim

Biedermeier in Wien 1815–1848

Sein und Schein einer Bürgeridylle

VERLAG PHILIPP VON ZABERN · MAINZ

Biedermeier in Wien
1815–1848
Sein und Schein einer Bürgeridylle

Museum-Altes-Rathaus
Ingelheim am Rhein
29. April bis 24. Juni 1990

Eine Sonderausstellung des Historischen Museums der
Stadt Wien im Rahmen der Internationalen Tage Ingelheim

Veranstalter: Boehringer Ingelheim in Zusammenarbeit
mit Stadt und Weiterbildungszentrum

Leihgeber:
Historisches Museum der Stadt Wien
Ehem. Hofmobiliendepot Wien
Privatsammlung

Idee und Konzeption: Patricia Rochard
Wissenschaftliche Beratung: Historisches Museum der
Stadt Wien

Ausstellungsarchitektur:
Anuchett Design/Manfred von Dobbeler und Ralph Arens

Katalogumschlag:
Gestaltung: Andreas und Stephan Lauhoff
Abbildungen: Kat. IX/21, Seite 209 (Ausschnitt)
Kat. X/7, Seite 215

267 Seiten mit 47 Farb- und 241 Schwarzweißabbildungen

© 1990 Internationale Tage Ingelheim und
Verlag Philipp von Zabern, Mainz
Alle Rechte, insbesondere das der Übersetzung in fremde
Sprachen, vorbehalten. Ohne ausdrückliche Genehmigung
des Verlages ist es auch nicht gestattet, dieses Buch oder Teile
daraus auf photomechanischem Wege (Photokopie, Mikro-
kopie) zu vervielfältigen.
Das Copyright für die abgebildeten Werke
liegt bei der Direktion der Museen der Stadt Wien
und den Bundesmobiliensammlungen Wien
ISBN 3-8053-1128-1
ISBN 3-8053-1194-X (Museumsausgabe)
Satz: Typo-Service Mainz
Lithos: SWS Repro GmbH, Wiesbaden
Papier: Papierfabrik Scheufelen, Lenningen
Gesamtherstellung: Zaberndruck, Mainz am Rhein
Printed in Germany/Imprimé en Allemagne
Printed on fade resistant and archival quality paper
(PH 7 neutral)

INHALT

EHRENKOMITEE

VORWORT

Was heute selbstverständlich erscheint und zum kulturellen Alltag gehört, beruht in Ingelheim auf einer langjährigen Tradition. Als Dr. Ernst Boehringer 1959 den Grundstein für die Internationalen Tage legte, wußte er, daß Kulturförderung eine Verpflichtung ist, die sowohl einer Kommune als auch einem ortsansässigen Wirtschaftsunternehmen obliegt. Das dichte Kunst- und Kulturprogramm, das nun jährlich in dem beschaulichen Städtchen am Rhein präsentiert wird, ist das Ergebnis einer konkreten Zusammenarbeit mit der Stadt Ingelheim und seinem Weiterbildungszentrum. Eine bewährte Tradition, die nicht von ungefähr kommt, wäre sie nicht drei Dezennien lang von einem guten Geist getragen worden, dem langjährigen Leiter der Internationalen Tage, François Lachenal, der sie von 1959 bis 1988 inszeniert hat und sie nun beratend unterstützt.

Mit der Ausstellung »Biedermeier in Wien — 1815 bis 1848. Sein und Schein einer Bürgeridylle« wurde jene Epoche in der Wiener Kulturgeschichte gewählt, die als die eigentliche wienerische gilt. Gleichsam wird auch durch diese Entscheidung, der mit der letztjährigen Ausstellung »Berlin 1910—1933. Der Traum von einer neuen Welt« eingeleitete Weg der kritischen Auseinandersetzung mit Klischeevorstellungen über bestimmte historische Epochen fortgesetzt. Die vorliegende Ausstellung ist eine kulturgeschichtliche Ausstellung, die von zwei politischen Eckdaten eingegrenzt ist — 1815 (Wiener Kongreß) und 1848 (Märzrevolution). Sie ist der Versuch einer nüchternen Darstellung dessen, was die Biedermeierzeit in Wien, jenes Epizentrum der Politik von Metternich, in der Tat war. Eine Epoche, die sowohl Heimeliges als auch Heimtückisches aufweist, die weder spöttische Ablehnung noch verklärte Zustimmung verdient. Der Einblick in eine offenbar wie scheinbar idyllische Bürgerwelt, in der strenger moralischer Sittenkodex einhergeht mit Drang nach Freiheit und Abschaffung der politischen Bevormundung, vermag uns aufmerksam und zugleich nachdenklich zu stimmen. Geschichte wiederholt sich nicht; die positive Umsetzung ihrer Lehren leitet sich ausschließlich von ihrer Kenntnis und von ihrem Verständnis ab.

Unser besonderer Dank gilt Herrn Dr. Günter Düriegl, Direktor der Museen der Stadt Wien, der sich mit viel Verständnis und Offenheit nachdrücklich für unser Projekt einsetzte und diese Präsentation ermöglicht hat. Ebenso herzlich bedanken wir uns bei allen Mitarbeitern des Historischen Museums der

Stadt Wien, stellvertretend sei hier Frau Dr. Sylvia Mattl-Wurm für die Koordinierung genannt. Danken möchten wir ferner Herrn Dr. Peter Parenzan, Bundesmobiliensammlungen Wien, für die Bereitstellung zusätzlicher Leihgaben. Unser Dank gilt auch den Autoren der Katalogbeiträge und den Mitarbeitern von Zaberndruck sowie dem Kultusministerium des Landes Rheinland-Pfalz für seine langjährige Unterstützung. Für ihre großartige Mitwirkung bei der Gestaltung des Rahmenprogramms danken wir dem Wiener Fremdenverkehrsverband, insbesondere Frau Mag. Eva Pretscher, und dem Wiener Wirtschaftsförderungsinstitut, namentlich Herrn Johannes Wolf und Herrn Rainer Zoubek.

Mein persönlicher Dank gilt ferner der Stadt Ingelheim und dem Weiterbildungszentrum sowie allen guten Geistern, die in Wien wie in Ingelheim für mannigfache Hilfe sorgten und stets darum bemüht waren, Freude und Humor zu bewahren. Danken möchte ich besonders Herrn Dr. Philipp Bennecke für viele Jahre aufgeschlossener und freundschaftlicher Zusammenarbeit sowie meiner unermüdlichen und einfallsreichen Mitarbeiterin Claudia Moroni.

Mein abschließender Dank gilt Herrn Hubertus Liebrecht, den Familien Boehringer und von Baumbach sowie der Unternehmensleitung, deren großes Vertrauen den Internationalen Tagen den notwendigen Freiraum in Form und Inhalt gewährt.

Patricia Rochard

ZUM GELEIT

Günter Düriegl

»Eines nur ist Glück hienieden, Eins: des Innern stiller Frieden Und die schuldbefreite Brust! Und die Größe ist gefährlich, Und der Ruhm ein leeres Spiel«, schrieb Franz Grillparzer 1831 in seinem dramatischen Märchen »Der Traum ein Leben«. Gerne wird diese Wendung als gültige dichterische Form für Lebenshaltung und Weltanschauung des Biedermeier genommen, meint man doch, damit auszusagen, warum die Menschen sich von den öffentlichen Interessen abwandten, ihre Ziele und Grenzen enger steckten und sich in ihre Häuslichkeit zurückzogen. Die solchermaßen im geselligen Familien- und Freundeskreis entwickelte hohe Kultur der Jahre 1815 bis 1848 war aber nur nach außen hin, dem Scheine nach glatt und ebenmäßig. Das Biedermeier zeigte Sprünge und Brüche wie andere Epochen auch, wie denn sonst könnte erklärt werden, wie grausam der Traum beendet wurde, die Menschheit sei ihrer tiefsten Bestimmung nach ästhetischen Charakters. Mit einem naiv gläubigen Bekenntnis zu Kaiser und Vaterland hatte diese Epoche begonnen, im naiven Vertrauen der von den Studenten geführten Proletarier, daß auch ihre Menschenwürde Achtung fände, setzte brutaler monarchischer Wille dem zum Vormärz gewandelten Biedermeier ein Ende.

Das Historische Museum der Stadt Wien zeigte 1987/88 die Ausstellung »Bürgersinn und Aufbegehren. Biedermeier und Vormärz in Wien 1815—1848« im Wiener Künstlerhaus, nun präsentieren wir in Ingelheim die Schau »Biedermeier in Wien 1815—1848. Sein und Schein einer Bürgeridylle«.

Diese ist keine bloße Kopie unserer seinerzeitigen Arbeit, sie ist die Frucht fortschreitender Erhellung einer entscheidenden Epoche der Wiener Vergangenheit, über die zu diskutieren sich lohnt. Es mag im linksrheinischen Ingelheim besonders lohnend zu sein, zum Wiener Biedermeier Stellung zu nehmen, stammte doch Metternich aus diesem Grenzgebiet zu Frankreich, war doch die 1793 proklamierte Mainzer Republik das erste revolutionär-republikanische Staatswesen im deutschen Sprachraum und beobachtete doch der »Rheinische Merkur« mit größter Aufmerksamkeit die Vorgänge in Wien.

Ich danke allen Personen und Institutionen, die diese Ausstellung im Rahmen der Internationalen Tage in Ingelheim möglich machten, ich danke der Stadt Ingelheim, ich danke der Firma Boehringer und ihrer Unternehmensleitung. Mein besonderer Dank gilt aber Frau Dr. Patricia Rochard, ohne deren Fragen und Wollen diese Ausstellung nicht wäre.

Biedermeier und Vormärz in Wien

Von Revolution zu Revolution

Günter Düriegl

Als die Bevollmächtigten am Wiener Kongreß am 9. Juni 1815 die Schlußakte in der alphabetischen Reihenfolge der Staaten, die sie vertraten,[1] unterzeichneten, beurkundeten sie höchst feierlich das Ende einer beklemmend leid- und opfervollen fünfundzwanzigjährigen Kriegszeit, obgleich deren letzte Schlacht noch gar nicht geschlagen war. Noch fehlten neun Tage, bis auch das letzte Heer Napoleons am 18. Juni bei Waterloo vernichtet wurde, aber offenbar zweifelte der Kongreß nicht mehr daran, daß das Schicksal des Kaisers der Franzosen besiegelt war. Wie wenn es Napoleon nicht mehr gäbe, hatte man nun die Neuordnung Europas festgeschrieben.

Nach der durch die Französische Revolution verursachten europäischen Katastrophe sollte die Restauration einen endgültigen Frieden in Freundschaft[2] sichern. Dabei stellte man sich einem Unterfangen, dessen Ziel in herausfordernder Weise in Schwebe gehalten wurde: Denn einerseits wollte man keineswegs eine bloße Wiederkehr des Alten, aber sehr wohl berief man sich andererseits auf die Legitimität des monarchischen Prinzips, dessen solidarische Anerkennung gefordert wurde.

Metternich

Wohl der geistvollste Theoretiker unter den Männern, die sich dieser Aufgabe stellten, war der aus Koblenz stammende österreichische Staatsminister Clemens Wenzel Lothar Fürst v. Metternich.[3] Mitglied eines alten reichsunmittelbaren rheinischen Geschlechts, waren weltbürgerliche Denkweise, Vernunft und Humanität die Leitbilder seiner Erziehung. Aber nicht nur die geistige Atmosphäre der Familie und nicht nur das Studium der Philosophie und der Rechte in Straßburg und in Mainz prägten den Mann, mehr noch berührte und traf ihn die über die Grenze des Reiches hinausgreifende Französische Revolution. Heimatlos geworden — das linksrheinische Reichsgebiet fiel an Frankreich, den Metternichs verblieb nur ihr Gut Königswart in Böhmen —, mag er heftiger als andere auf die autoritätslosen Massenbewegungen des sich erstmals als selbstbewußte Nation erlebenden französischen Volkes reagiert haben: mit Abneigung verfolgte er den Völkerfrühling, den viele mit Enthusiasmus begrüßten. Der Aufbruch und der Zusammenbruch dieser Zeit waren jene Ereignisse, aus deren Analyse Metternich seine politischen Ziele ent-

Allegorie auf
die Heilige
Allianz
Kat. I/18

wickelte, die die anderen ein »System«, er aber ein »Prinzip« nannte.

Die Idee seines Prinzips — und diese setzte sich dann auch durch — war eben keineswegs der Wunsch, das Ancien Régime so wieder herzustellen, wie es bestanden hatte, bevor es zerschlagen worden war. Metternich strebte nicht nach der Institutionalisierung unbelehrbaren Konservatismus. Das zum Prinzip erhobene Konservative an Metternich war vielmehr die alte aristokratische, europäische Tradition vom Primat des Rechtes vor der Willkür der Macht, ein Gedanke, der sich als der bedeutendste Ausdruck des politischen Universalismus des Jahrhunderts darstellt. Das Bekenntnis zum absolut gesetzten Recht unterwarf diesem auch den Monarchen. Ein hoher Ansatz war das, der jedoch, als man ihm hätte folgen sollen, nicht erfüllt wurde. Ungestraft brach Ernst August von Hannover 1833 die Verfassung. Man mag Tragik darin sehen, daß Metternichs Prinzip monarchischem Despotismus entgegenstand und dennoch zum Rückhalt auch für Willkürherrschaft wurde. Aber noch gab es das nicht, noch galt es, die Friedensbasis zu finden.

Die Restauration und die Neuordnung Europas

Die Grundlage für den nach Wien einberufenen Friedenskongreß — welch ein glänzender Erfolg war es doch, daß die Wahl auf die Hauptstadt Österreichs als Tagungsort gefallen war — war die von Metternich vorgegebene Prämisse, daß der Gleichgewichtszustand zwischen Gewalt und Kraft als Naturnotwendigkeit zu betrachten sei. Bei stürmischem Vorwärtsdrängen der Zerstörungskräfte erschien verstärktes Erhalten alles gesetzlich Bestehenden geboten. Da die natürliche und die geistige Welt gleichmäßig durch die Prinzipien der Vernunft und der Moral und durch die Gesetze der Natur regiert werden, hatten in dieser durch den gesunden Verstand erkannten aristokratischen Weltordnung Individualismus und Philanthropismus, die Nivellierung der Gesellschaft, Freiheit, Gleichheit und Menschenrechte, Volkssouveränität und Volksrepräsentation keinen Platz. Es war nicht schwer, alles Revolutionäre zu denunzieren und mit Zerstörung gleichzusetzen: Denn jene neuen Kräfte, die in der Welt aufgebrochen waren und eine Teilnahme des Volkes an den Regierungsgeschäften verlangt hatten, galten als verantwortlich für ein Viertel-

jahrhundert allgemeiner Unordnung.[4] Die Französische Revolution hatte den göttlichen Rechten der Könige einen vielleicht tödlichen Schlag beigebracht. Und doch waren gerade die Vertreter dieser Gruppe aufgerufen, eine Generation des Blutvergießens abzulösen. Angesichts dieser Umstände ist es nicht so überraschend, wie unvollkommen die spätere Lösung war, sondern wie lebenskräftig. Es ist nicht überraschend, wie »reaktionär« sie im Verhältnis zu den selbstherrlichen Lehren des 19. Jahrhunderts stand, sondern wie ausgewogen sie war. Sie hat kaum alle Hoffnungen einer idealistisch eingestellten Generation erfüllt, doch sie gab dieser Generation etwas, was vielleicht noch kostbarer war: eine Periode der Stabilität, die es gestattete, daß diese Generation ihre Hoffnungen ohne einen großen Krieg und ohne eine permanente Revolution schließlich doch zu verwirklichen vermochte.[5]

Das »Gleichgewicht« (ein Schlüsselwort der Epoche!) der Staatenwelt mußte hergestellt, Übergewichte vermieden werden. Eine Friedensordnung war dann zu erreichen, wenn Mitteleuropa keinerlei Bedrohung, weder aus dem Norden, dem Westen, noch aus dem Osten fürchten mußte, aber auch seinerseits keine Gefahr darstellte. Daher war es unbestritten, daß Frankreich auch nicht als besiegter Staat, sondern gleichberechtigt im Kreise der Großmächte agierte. Denn, ganz im Sinne Metternichscher Staatsphilosophie, nicht Frankreich, Napoleon war der Gegner.[6]

Die »Pentarchie«, die ausgewogene Herrschaft Österreichs, Rußlands, Preußens, Großbritanniens und Frankreichs war als Garant des Friedens gedacht. Die französischen Grenzen galten seit dem 30. Mai 1814, seit der Unterzeichnung des Ersten Friedens von Paris, als festgelegt: Frankreichs Staatsgebiet entsprach jenem des Jahres 1792. Problematisch gestaltete sich die polnisch-sächsische Frage, deren krisenhafte Eskalation zu Beginn des Jahres 1815 sogar einen Krieg zwischen den Verbündeten befürchten ließ,[7] jedenfalls aber Napoleon zur Flucht von Elba und zur Aufrichtung seiner »Herrschaft der hundert Tage« bewog. Aber auch hier wurde Einigung erzielt: Rußland verzichtete auf die Palatinate Gnesen und Posen und die ehemals westpreußischen Distrikte zugunsten Preußens. Dem österreichischen Kronland Galizien und Lodomerien schloß man den Tarnopoler Kreis und die Salzbergwerke von Wielicka an. Krakau wurde Freistaat, der verbliebene größere Teil Polens mit der Hauptstadt Warschau gelangte als Königreich unter

Sitzung des Wiener Kongreß
Kat. I/8

die Herrschaft des Zaren. Die eher hämische Bezeichnung »Kongreßpolen« bürgerte sich dafür ein. Der Norden des Königreichs Sachsen fiel an Preußen, das als Kompensation für sächsische und polnische Verluste erhebliche Erwerbungen am Rhein machte.

Um dem Kaisertum Österreich Stabilität zu garantieren, hatte man alle schwer haltbaren Außenpositionen zugunsten einer möglichst abgerundeten geographischen Einheit der Monarchie aufgegeben.[8] Eine Wiedererwerbung der ehemaligen österreichischen Niederlande (Belgien und Luxemburg) wurde gleich gar nicht erwogen. Auf englischen Wunsch schloß man sie mit Holland zum Königreich der Vereinigten Niederlande zusammen.

Wichtig für Österreich war die Ordnung in Italien. Venetien und die Lombardei, der man das Veltlin angliederte, wurden als vereinigtes Lombardo-Venetianisches Königreich direkt Österreich angeschlossen. Weiter im Süden bildeten die habsburgischen Sekundogenituren Toskana unter Erzherzog Ferdinand III., Modena unter Franz IV. von Habsburg-Este sowie Parma, Piacenza und Guastalla unter Marie Louise[9] ein Vorfeld. Ferner stellte man sowohl den Kirchenstaat als auch das bourbonische Königreich beider Sizilien wieder her. Letzteres war gelungen, da

Murat, für seine Krone fürchtend, sich Napoleon wieder an die Seite gestellt und in der Schlacht von Tolentino alles verloren hatte. Die Lösung jedoch, die Metternich für die Apenninenhalbinsel anstrebte, wurde nicht verwirklicht: sowohl Franz I. als auch die italienischen Fürsten wehrten sich gegen eine dem Deutschen Bund ähnliche »Lega Italica« unter österreichischem Vorsitz. Verhängnisvoller sollte es jedoch werden, daß Österreich keinerlei Rücksicht auf das italienische Nationalbewußtsein nahm und, trotz ernster Mahnungen einsichtsvoller Militärs und Beamter, die italienischen Besitzungen mit Polizeimethoden »gut österreichisch« machen wollte. Als im Gefolge der Julirevolution 1830 auch auf der Apenninenhalbinsel Aufstände ausbrachen, wurde erstmals deutlich, wie sehr Österreich hier die Bevölkerung bereits verbittert hatte. Dabei sollte aber immerhin überlegt werden, daß »österreichisch« eher im staatsrechtlichen als im nationalen Sinn verstanden sein wollte. So war ja auch »italienisch« für die von Metternichs Überlegungen ausgehende österreichische Administration zunächst kein nationaler Begriff, sondern eine geographische Bezeichnung (dénomination géographique).[10] Dennoch war es ein Fehler, nicht zur Kenntnis genommen zu haben, daß die italienischen Untertanen anders, eben national dachten.

Da die südslawischen Besitzungen im großen und ganzen wieder in jener Weise an Österreich zurückfielen, wie sie vor ihrem französischen Zwischenspiel Bestandteil der habsburgischen Länder gewesen waren, verursachte die Verwaltung dieser Territorien keinerlei Schwierigkeit.

Hatten diese primär wohl österreichischen Fragen durchaus auch ihre europäische Relevanz, so mußte erst recht die Lösung der deutschen Frage in größerem Zusammenhang gesehen werden. Dabei war es entscheidend, daß zwischen den österreichischen und preußischen Interessen ein Ausgleich gefunden werden mußte: der »Deutsche Bund« mit seiner Bundesverfassung war die Lösung. Unter dem Vorsitz Österreichs traten in Frankfurt am Main 39 gleichberechtigte Staaten zur Bundesversammlung zusammen. Empfanden es viele deutsche Patrioten als schmerzlich, daß das alte Reich verloren war und Franz I. sich auch von einer Gruppe deutscher Fürsten nicht bewegen ließ, die deutsche Kaiserkrone anzunehmen, so fühlte sich die Öffentlichkeit insgesamt vor allem dadurch zurückgestoßen, daß die Verfassungsfragen der Bundesstaaten entgegen den Versprechungen gelöst wurden, die man gegeben hatte, als der Kampf gegen Napoleon zu führen war. Die Wiederherstellung der alten landständischen Verfassungen, festgeschrieben im Artikel 13 der Bundesakte, war so unzeitgemäß, daß es erstaunt, wie sorglos man meinte, auf alles vergessen zu dürfen, was an gesellschaftlichen Veränderungen sich nicht bloß ereignet, sondern auch bewährt hatte. In durch nichts begründetem Hochmut mißachteten die Fürsten, daß das patriotisierte Bürgertum in einer bis dahin nicht gekannten Weise seine so junge und so erstaunlich tiefe, zu jedem Opfer bereite Vaterlandsliebe mit seiner Verehrung für den Herrscher gleichgesetzt und erst dadurch die Fortdauer der alten Monarchien ermöglicht hatte. Es war zynisch, die Teilnahme an der Befreiung vom revolutionären Despotismus gefordert und angenommen, das daraus erworbene Recht, auch in Zukunft Verantwortung zu tragen, jedoch empört bestritten zu haben.

Bemerkt sei, daß dafür nicht bloße Menschenverachtung verantwortlich gemacht werden darf, denn immerhin war man andererseits zu schönen Akten menschlicher Selbstbesinnung[11] fähig und wagte unzeitgemäß Neues: Der Sklavenhandel wurde verboten.

Anachronistisch war es, daß die am 26. September 1815 in Paris geschlossene »Heilige Allianz«, das eher zum Mißvergnügen Metternichs vom pastoral-romantisch moralisierenden, pietistischen Zaren auf christlicher Grundlage erdachte Fürstenbündnis, der politischen Realität der europäischen Staatenwelt die religiöse Weihe geben sollte.

Überdies waren die Staaten verpflichtet, zur Regelung der Gewalten, zur Sicherung des äußeren und inneren Gleichgewichtes, solidarisch zu agieren und im Falle einer Gefährdung der errungenen Stabilität zu intervenieren. Es galt als außenpolitisches Axiom, daß der Kampf gegen die Revolution im Zusammenwirken der europäischen Mächte geführt werden mußte. Dieses Weltsystem konnte sich als europäische Kraft bewähren, solange die Pentarchie politisch zusammenhielt und in ihren Völkern die Ruhetendenz überwog; sein Bereich verengte sich, als das erneuerte politische Staatensystem zerbröckelte und die neuen Ideen immer mehr Boden gewannen; es brach zusammen, als die nationale und freiheitliche Idee Weltbürgertum und soziales Beharren, der einzelstaatliche Realismus den politischen Universalismus besiegte.[12]

Aber noch folgte man den Ideen dieses politischen Universalismus, um, im Zusammenwirken der europäischen Mächte, revolutionäre Bewegungen zu verhindern. Die Kongresse von Aachen (1818), Troppau (1820), Laibach (1821) und Verona (1822) waren die aristokratisch-konservative Reaktion auf deutsche, spanische, portugiesische, italienische und griechische Freiheitsbestrebungen.

Als wesentliche innerstaatliche begleitende Aktion im unmittelbaren Einflußbereich Metternichs, im Deutschen Bund und damit auch in Österreich, gelten die Karlsbader Beschlüsse des Jahres 1819 und die Wiener Schlußakte des folgenden Jahres. Die kurz zuvor, 1817, auf dem Wartburgfest erstmals in der Öffentlichkeit aufgetretenen deutschen Burschenschaften wurden nun aufgelöst, die Universitäten einer strengen Überwachung unterworfen, ein sehr enges Pressegesetz, begleitet von einschneidenden Zensurbestimmungen, wurde erlassen und in Mainz eine Zentralkommission zur Untersuchung revolutionärer Umtriebe eingerichtet.[13]

Den nicht gerade unerwünschten Anlaß für diese bedrückenden Maßnahmen lieferte die Ermordung des deutschen Schriftstellers und russischen Staatsrats August von Kotzebue durch den Erlanger Theolo-

Die Schlittenfahrt nach Schönbrunn, Kat. I/24

giestudenten Karl Ludwig Sand am 23. März 1819. Der Attentäter, der von der Idee des in Deutschland nahezu unbekannten politischen Mordes geradezu besessen war, folgte der radikalen Ideologie des Gießener Dozenten der Rechte Karl Follen. Hier verbanden sich Elemente der Philosophie Rousseaus mit den extremsten revolutionären Positionen Robespierres zum überzeugenden Argument für das politische Attentat. In konfuser Weise wurden mit dieser kriminellen Ideologie Elemente des naturrechtlichen Widerstandsrechts und des christlichen Opfertods vermengt.[14] Nicht nur das am 1. Juli 1819 auf den nassauischen Staatsrat Karl von Ibell verübte Attentat — das Opfer überlebte — zeigte die Gefährlichkeit dieser extremen geistigen Strömungen, auch daß Intellektuelle wie der evangelische Theologe Wilhelm de Wette oder der katholische Publizist Joseph Görres

für die Tat Sands Verständnis zeigten, bewies den Konservativen die bedrohliche Kraft einer werdenden Opposition.

Schien sich anfangs das geplante System der Intervention verwirklichen zu lassen, so zeigte gerade der Kongreß von Verona mit seiner weiteren Problemstellung, der griechischen Frage, die hier zusätzlich angeschnitten wurde, daß Europa keineswegs so geschlossen dachte, wie es konzipiert worden war. Nur noch Metternich war der Meinung, daß die »legitime« Herrschaft des Sultans nicht angetastet werden dürfe; weder Rußland noch England waren bereit, der romantischen Begeisterung für die griechischen Freiheitskämpfer, die auch von der deutschen Öffentlichkeit enthusiastisch gefeiert wurden, einen Riegel vorzuschieben. Verona bedeutete das Ende der »Heiligen Allianz«, und als die offene Intervention anglofranzösischer Flotteneinheiten und russischer Armee-abteilungen Griechenland die Freiheit brachten und der Londoner Kongreß am 3. Februar 1830 eine Aktion legalisierte und besiegelte, die im Gegensatz zum Interventionsprinzip gestanden hatte, war der Traum von einer antirevolutionären Weltordnung gescheitert.[15]

Im Juli des gleichen Jahres erfolgte in Paris der entscheidende Einbruch in das konservative europäische Staatensystem. In Frankreich, eine der fünf entscheidenden Großmächte, war nun das vom Wiener Kongreß und der Heiligen Allianz hochgehaltene Prinzip der Legitimität durchbrochen worden: Eine dreitägige Revolution genügte, um den Bourbonen Karl X. seinen Thron verlieren und den Prinzen Louis Philippe von Orléans die Krone eines »Roi des Français« aus den Händen des von einer bürgerlich-liberalen Mehrheit dominierten Parlaments annehmen zu lassen. Der »Bürgerkönig« und die am 14. August 1830 erlassene »Charte Constitutionelle Française« waren eine schlimmere Verlegenheit für das monarchische Prinzip als der unglückliche König Murat von Neapel.

In unmittelbarer Folge zerbrach der großniederländische Barrierestaat, das Königreich Belgien wurde geschaffen, in Warschau erhoben sich polnische Patrioten gegen die Herrschaft des Zaren, in Modena, Parma und im Kirchenstaat brachen heftige Unruhen aus. Erfolgreich waren revolutionäre Erhebungen in Braunschweig, Hannover, Kurhessen und Sachsen, die überhaupt noch keine Verfassung des frühkonstitutionellen Typs besaßen. Liberalisierungen und konstitutionelle Veränderungen waren die Folge.

Während österreichische Truppen auf der Apenninenhalbinsel erfolgreich im Sinne der konservativen Ordnung intervenierten, warf russisches Militär den polnischen Aufstand nieder. Rußland hob die polnische Verfassung auf und regierte das Land von nun an als unterworfene Provinz. Polnische Revolutionäre flüchteten ins Ausland, mit ihrer Teilnahme an Erhebungen, wo immer sie auch stattfinden mochten, war künftig zu rechnen.[16]

Wohl hofften die konservativen Mächte in noch engerem Bündnis dem liberalen Übergewicht Westeuropas begegnen zu können, aber die Eigeninteressen machten es immer schwieriger, die gemeinsame Plattform nicht zu verlassen. Der auf dem Wiener Kongreß vermiedene russische Machtzuwachs auf Kosten Polens war nun eine Gegebenheit mit einer

gefährlichen Sprengkraft gegenüber dem ausgewogenen Bau der europäischen Einheit.

Natürlich wurden alle diese Ereignisse auch in Österreich bekannt, sie blieben jedoch ohne politische Folgen. Auch das Hambacher Fest des Jahres 1832, von dem der Konservativismus sehr wohl erkannte, daß es fast die Bedeutung einer deutschen Nationalversammlung hatte, und auch der Frankfurter Wachensturm des Jahres 1833 zeitigten keine direkten Auswirkungen.

Die Zensur

Und dennoch kann es geradezu als sicher gelten, daß alle diese Ereignisse in jenen Kreisen, die dem herrschenden System kritisch gegenüberstanden, die Gegnerschaft nur stärkten und bestätigten. Schon 1828 hatte der bereits 1823 emigrierte und unter dem Pseudonym Charles Sealsfield publizierende Karl Postl[17] mit seinem »Austria as it is« eine bittere Abrechnung über das Österreich Metternichs vorgelegt, die er 1834 mit seiner Anklage »Seufzer aus Österreich und seinen Provinzen« wiederholte.

Karl Postl war wirklich nicht die einzige kritische Stimme, die trotz aller Zensur zu hören war. Die »Spaziergänge eines Wiener Poeten« von Anastasius Grün,[18] 1831 in Deutschland erstmals erschienen, fanden ihren Weg immer wieder nach Österreich und zeigen sehr deutlich, daß die Kritik an den herrschenden Zuständen auch in den Kreisen der Hocharistokratie formuliert wurde: Anton Alexander Graf Auersperg verbarg sich hinter dem symbolträchtigen Pseudonym.[19]

Und Karl Postl und Anastasius Grün waren keineswegs die einzigen, die ihre Kritik laut werden ließen: so sehr wuchs der Unmut über die Unterdrückung geistiger Freiheit an, daß am 11. März 1845 neunundneunzig österreichische Schriftsteller und Gelehrte dem Staats- und Konferenzminister Anton Graf Kolowrat eine »Denkschrift über die gegenwärtigen Zustände der Censur in Österreich«[20] vorlegten.

Am konzeptlos gleichförmigen Lauf der Staatsmaschine im habsburgischen Kaiserreich änderte sich jedoch nichts, die »Obrigkeit« ließ den Menschen zwischen Gängelung und freiem Spiel keine echten Alternativen, sondern nur untaugliche, aufgezwungene Möglichkeiten.

Da es zu leidvoll war, was die staatliche Enge Österreichs damals auch verschuldete,[21] erscheint es unangebracht, es bloß eine Ironie zu nennen, daß jene Zensur, die rational aufgeklärtem Bemühen entsprungen war und damit zumindest ein Streben nach belehrend-väterlicher Wohlfahrt für sich reklamieren durfte, zum alleinigen und damit gleichsam staatstragenden Abwehrsystem der geradezu irrational gefürchteten Revolution pervertierte. Von diesem Instrument polizeilicher Methode konnte man sich nichts erwarten, wenn bereits 1820 das ausgelieferte Taschenbuch »Aglaja« wieder eingezogen werden mußte, weil es ein Gedicht Grillparzers enthielt, das einer Zeile wegen bei der Zensur Anstoß erregt hatte. Mit: »Thut es weg dies heil'ge Zeichen!«[22] kritisierte Grillparzer in seinem »Campo vaccino« die Anbringung des Kreuzes an den Ruinen des Kolosseums. Es war aber kein jakobinischer Religionsverächter, der dies schrieb, sondern ein dem Humanismus verpflichteter, vom Gedankengut des Klassizismus bewegter Romfreund, der mit staunender Begeisterung ein Monument antiker Leistung bewunderte und es gleichsam in puritanischer Strenge erleben wollte. Dieses zum Mahnmal christlichen Märtyrertums

gewordene Bauwerk war ihm Sinnbild römischer Ratio, und so und nur so wollte er das Kolosseum erleben. Solchen Nuancen menschlicher Psyche ließ die Zensur[23] jedoch keinen Spielraum.

Unter Joseph II. zunächst als Instrument aufgeklärter Erziehung des Volkes institutionalisiert (Joseph II. hatte voll guten Willens versucht, die seit dem Reichstagsabschied von Speyer 1529 für das Reich gültige Zensur durch weitgehende Lockerungen zu modifizieren), war sie nun — zugegebenermaßen unter dem verheerenden Eindruck der Französischen Revolution — zum beschämenden Mittel der allgemeinen Entmündigung geworden. Gewiß, schon Joseph II. hatte gegen Ende seiner Regierungszeit viele Freiheiten seiner Zensurbestimmungen wieder zurückgenommen, und auch Leopold II. zog die Grenzen des Zulässigen enger, aber erst Franz II. (I.) zeichnete für jene Maßnahmen verantwortlich, die vielen, so auch Grillparzer, als »Zeiten des härtesten Geistesdruckes« erschienen. Als erster Schritt dazu wurden 1795 die bisherigen verschiedenen Zensurbestimmungen zur »General-Zensur-Verordnung« zusammengefaßt und 1801 der Polizeihofstelle die Überwachung dieser Ver-

Die Freiheit in Krähwinkel, Kat. X/4

ordnung übertragen: Die nunmehrige Polizei- und Zensurhofstelle blieb bis zu ihrer Auflösung 1848 unverändert bestehen.

Mit welchem Eifer die Zensurbehörden ihrer Aufgabe nachkamen, zeigte die »Rezensurierungs-Kommission«, die von 1803 bis 1805 alle bis 1792 erschienenen Bücher sichtete und mehr als 2500 auf die Verbotsliste setzte. Am 12. September 1803 erhielten die Zensoren in einer Zensurvorschrift, die nie veröffentlicht wurde, allgemeine und besondere Richtlinien für die Handhabung. Das Zensuredikt vom 14. September 1810, das gleichfalls nicht veröffentlicht wurde, brachte trotz der vorgeschlagenen Erleichterungen des Polizeichefs Hager nicht jene Milderungen, die dieses Gutachten vorsah und die Kaiser Franz unter Einfluß der starken Lockerung der Zensur während der französischen Besatzung von 1809 zu geben bereit war. Diese Absicht drückte sich mehr in der berühmten Einleitungsformel als in den übrigen Bestimmungen aus: »Kein Lichtstrahl, er komme, woher er wolle, soll in Hinkunft unbeachtet und unerkannt in der Monarchie bleiben, oder seiner möglichen nützlichen Wirksamkeit entzogen werden.« Lediglich in zwei Punkten unterschied sich diese Vorschrift von der des Jahres 1795, diese Passagen enthielten die angekündigten Verbesserungen. Bedeutende wissenschaftliche Werke sollten »mit der größten Nachsicht behandelt« werden »und ohne äußerst wichtige Gründe nicht verboten werden«. Außerdem war es Gelehrten gestattet, verbotene Bücher, die in ihr Fachgebiet fielen, mit Erlaubnis der Polizeihofstelle zu besitzen. Neben diesem Edikt von 1810 blieben alle früheren Bestimmungen in Kraft, soweit sie hier nicht geändert oder aufgehoben wurden.

Es war selbstverständlich, daß auch das Theater strengsten Zensurbestimmungen unterworfen war, wenngleich anzumerken ist, daß die polizeiliche Überwachung auch dieses Mediums schon viel früher begann: Maria Theresia hatte 1751 die Theaterzensur in Wien eingeführt.[24] Aber wieder war es Kaiser Franz, der auch diesen Bereich der Zensur zu einem bloßen Herrschaftsinstrument umformte: Es konnte nicht mehr genügen, die Handlungen der Menschen

zu kontrollieren, die Stimmung des Volkes war so zu beeinflussen, daß sie dem Staatsinteresse dienlich war. Die beklemmende Enge, in die jeder Autor geraten mußte, dem solches vorgegeben war, äußerte sich bei Ferdinand Raimund, als er 1826 dem Prager Theaterdirektor Johann Nepomuk Stepanek sein Stück »Das Mädchen aus der Feenwelt oder Der Bauer als Millionär« anbot[25]: »Ich hoffe, daß die Vorsicht welche ich in meinen Stücken gegen die Wiener Censur beobachtete, mir auch das Vertrauen der v. Prager erwerben wird, denn meine Stücke kommen beynahe so unverändert aus den Händen der Censur, wie sie eingesendet werden.«

Mit höhnendem Spott bedachte Johann Nestroy die Zensur, als dies 1848 endlich möglich war. In der »Freyheit in Krähwinkel« sagt Ultra: »Ein Censor ist ein Menschgewordener Bleystiften, oder ein Bleystiftgewordener Mensch; ein Fleischgewordener Strich über die Erzeugnisse des Geistes, ein Krokodil was an den Ufern des Ideenstromes lagert, und den darin schwimmenden Dichtern die Köpf' abbeißt . . . Die Censur ist die jüngere von zwei schändlichen Schwestern, die ältere heißt Inquisition; — die Censur is das lebendige Geständniß der Großen, daß sie nur verdummte Sclaven t r e t e n, aber keine freyen Völker r e g i e r e n können; die Censur is etwas, was tief unter dem Hencker steht, denn derselbe Aufklärungsstrahl, der vor 60 Jahren dem Hencker zur E h r l i c h k e i t verholfen, hat der Censur in neuester Zeit das Brandmahl d e r V e r a c h t u n g aufgedrückt.«[26]

Dabei hatte gerade der geistreich-witzig-hintergründige Satiriker Nestroy eine Meisterschaft sondergleichen entwickelt, trotz Zensur seine Botschaften an die Öffentlichkeit zu bringen. Bei seinen Stücken, die er der Polizei- und Zensurhofstelle einreichte, erlegte er sich durchaus eine strenge Selbstzensur auf, das Publikum durfte aber sicher sein, daß seine abendlichen Extempores nichts verschwiegen. Und Nestroy hatte sich offenbar daran gewöhnt, dafür mit Geld- und Gefängnisstrafen belegt zu werden.

Die Zensurbestimmungen bezogen sich aber nicht nur auf gesprochene oder gedruckte Texte (dazu zählten auch Musikalien![27]), sondern auch auf bildliche Darstellungen, die in Reproduktionstechniken Verbreitung finden sollten, ja sogar auf Geschäftsschilder, Ankündigungen und Grabinschriften. Natürlich entsprang der ursprüngliche Sinn dieser Maßnahmen einem durchaus verständlichen militärischen und staatlichen Sicherheitsdenken. Letzten Endes blieben

◁ *Friedrich Amerling, Kaiser Franz I., Kat. IX/3*

aber nicht einmal harmloseste bildliche Darstellungen davon ausgenommen, nichts durfte veröffentlicht werden, was nicht zuvor die Zensurbehörde passiert hatte.

Und mag es auch stimmen, daß die Zensur ein Faktor ist, der nicht bloß unterschiedlich empfunden und gewertet, sondern auch unterschiedlich gehandhabt werden kann, und darf angenommen werden, daß man in Österreich nicht immer so hart vorging wie anderswo, und kann auch davon ausgegangen werden, daß bei diesem »unerhörten Druck«, den die Zensur ausübte, des Österreichers angeborene Neigung zur Raunzerei und seine Freude an einem Gesprächsthema mitgespielt haben mögen,[28] so scheint eines unbestritten: Die Polizeimaßnahmen der Zensur hatten ein so enges staatliches Sicherheitsnetz gewoben, daß der politische Aufbruch der 30er Jahre Österreich nicht traf.

Metternich erkannte sehr wohl, daß ein so gelenkter Staat am Ende scheitern mußte. Zu entschiedenem Widerstand gegen Überkommenes, zu einem Abschütteln des tatenlosen Zusehens konnte er sich nicht aufraffen, die moralische Kraft fehlte ihm dazu.

Clemens Lothar Wenzel Fürst Metternich, Kat. I/10

Vormärz

Mit dem Tod Franz I. am 2. März 1835 gab es keine Chance mehr, konstruktive Arbeit für eine Neuordnung der inneren Verhältnisse Österreichs zu leisten. Auch der Wiener Humor zeigte sich in dieser Frage recht skeptisch, wie folgende nicht unbekannte Anekdote recht treffend ausführt: Am Abend des 2. März sammelte sich das Volk der Haupt- und Residenzstadt bei strömendem Regen auf dem Ballhausplatz und weinte unter aufgespannten Schirmen lautlos vor sich hin. Als Metternich nach dem Verscheiden des Kaisers Franz auf dem Balkon der Staatskanzlei erschien und hinunterrief: »Weint nicht, Kinder, es bleibt ja alles beim alten!«, antwortete die Menge: »Deshalb weinen wir ja!«

Niemand zweifelte daran, daß Ferdinand I. zur Regierung nicht befähigt war. Weder seine geistigen noch seine körperlichen Möglichkeiten reichten aus, Staatsaufgaben zu übernehmen. Bedauernswert im Leben Ferdinands, dessen beide Großelternpaare über ihre jeweiligen Ehepartner miteinander verschwistert waren,[29] war es, daß sein Vater niemals auch nur den geringsten Zweifel aufkommen ließ, daß sein erstgeborener Sohn einmal die Nachfolge auf dem österreichischen Kaiserthron einnehmen würde. Dieser im Grunde bedauernswerte, der steten Hilfe bedürftige Mensch wäre ohne die erregende Forderung, eine Majestät zu sein, im Grunde ein liebenswert-hilfloser Mann gewesen, der sich nur zeitlebens bemühte, die ihm angeborenen Schwächen zu überwinden.[30] Immerhin gelang es ihm, der von frühester Jugend an an Epilepsie litt — fallsüchtig war auch sein Onkel Erzherzog Carl — und der fast immer als schwachsinnig charakterisiert wird, Italienisch, Lateinisch, Französisch und Ungarisch zu erlernen und diese Sprachen auch praktisch anzuwenden. Für diesen verschreckten Menschen, dem alle deutlich zeigten, wie unzulänglich er war,[31] bedeutete es eine außerordentliche Leistung, eine natürliche Auffassung von der Würde seines Amtes zu entwickeln, die trotz seiner offenkundigen Sonderlichkeiten — es kam schon vor, daß er auf dem Glacis in Generalsuniform mit dem Regenschirm am Arm angetroffen wurde — das österreichische Kaisertum beim Volk nie in Mißkredit brachte.

Franz I. schwor nun seinen, der hilfreichen Leitung bedürftigen Sohn auf seine politische Überzeugung dadurch ein, daß er ihn mit seinem politischen Vermächtnis, an dessen Textierung Metternich beteiligt war, an seinen Willen band: »Ich folge der Stimme Meines Gewissens, wie jener Meines Herzens, in dem Ich dir — den die allwaltende Vorsehung zur schweren Pflicht der Regierung berief — die folgenden Ratschläge als den Ausfluß Meiner väterlichen Liebe für dich und die Monarchie zu empfehlen. Betrachte diese Regeln für dein Benehmen als ein theures Vermächtnis. Der Segen des Himmels wird auf deren Beachtung ruhen. Verrücke nicht an den Grundlagen des Staatsgebäudes; regiere, und verändere nicht; stelle dich fest und unerschütterlich auf die Grundsätze, mittels deren stetten Beachtung Ich die Monarchie nicht nur durch die Stürme harter Zeiten geführt, sondern derselben den ihr gebührenden hohen Standpunkt gesichert habe, den sie in der Welt einnimmt. Ehre die wohlerworbenen Rechte, dann kannst du gleich fest auf der Ehrfurcht bestehen, die deinen Regenten-Rechten gebührt. Betrachte die Einigkeit in der Familie, und bewahre sie als eines der höchsten Güter ... Übertrage auf den Fürsten Metternich, Meinen treuesten Diener und Freund, das Vertrauen, welches Ich ihm während einer so langen Reihe von Jahren gewidmet habe. Fasse über öffentliche Angelegenheiten, wie über Personen, keine Entschlüsse, ohne ihn darüber gehört zu haben. Dagegen mache Ich es ihm zur Pflicht, gegen dich mit der selben Aufrichtigkeit und treuen Anhänglichkeit vorzugehen, die er Mir stets bewiesen hat.«[32] Doch Metternichs Hoffnungen, mit Hilfe dieser so sehr auf seine Person ausgerichteten Passagen des Testaments entscheidenden Einfluß auf Ferdinand I. zu gewinnen, erfüllten sich nicht. Noch geltungsbedürftiger geworden, hatte er zwar zunächst versucht, so zu tun, als hätte sich nichts Wesentliches geändert, doch spätestens mit dem 12. Dezember 1836 mußte er erkennen, daß seinen ehrgeizigen Ambitionen erhebliche Widerstände entgegenstanden. Ab nun führte eine »Staatskonferenz« die eigentlichen Regierungsgeschäfte. Die Führung in diesem Regentschaftsrat hatten Metternich und Franz Graf Kolowrat-Liebsteinsky inne. Arbeitsfähig war diese Staatskonferenz jedoch nicht: Sie war gespalten durch den persönlichen Gegensatz der beiden zuletzt genannten Männer, gelähmt durch die Unbeweglichkeit des Vorsitzenden, des Erzherzogs Ludwig, und in ihrer Arbeit behindert durch die offene Gegnerschaft, mit der Mitglieder des Kaiserhauses dem Staatskanzler begegneten.

Entgegen den Absichten Metternichs hielt man an der zentralistischen Staatsverwaltung fest, der er einen gemäßigten Föderalismus mit dem starken Zentrum der regierenden Dynastie entgegenstellen wollte, um die Trennung der sprachlich und kulturell verschiedenen Teile vom Gesamtkörper zu verhindern. Aber schon unter Franz I. waren diese Überlegungen des Fürsten nur Überlegungen geblieben, jetzt, da von einer Regierung keine Rede war, denn alles konzentrierte sich nur auf eine, der Tradition folgende Verwaltung, kam als erschwerendes Versäumnis hinzu, daß ein österreichisches Staatsgefühl nicht entwickelt worden war.

Natürlich ließ auch die sich verschlimmernde Finanzlage des Staates die Basis nötiger Reformen auf vielen Gebieten immer schmäler werden. Andererseits erstarkten nun schon früher erwachte nationale und freiheitliche Regungen. In Böhmen verstärkten sich die Gegensätze zwischen Deutschen und Tschechen, panslawistische Ansätze zeigten sich recht deutlich. In Ungarn regte sich nicht nur der Magyarismus gegen den Illyrismus, hier opponierten auch soziale und politische Kräfte gegen altständischen Föderalismus. Polen standen gegen Ruthenen, und die italienischen Untertanen des Habsburgerreiches sahen keinen nennenswerten Grund, ein österreichisches Staatsgefühl zu entwickeln.

Einfluß hatte aber auch auf Österreich, was im Deutschen Bund und in Preußen geschah. Den Deutschen Bund erlebte man als große Polizeianstalt, in der Willkür möglich war. So brach Ernst August, König von Hannover, Herzog von Cumberland, 1837 ungestraft die Verfassung. Dieser Autokrat und Menschenverächter, von dem man damals in der englischen Öffentlichkeit schrieb: »Der Herzog von Cumberland hat bereits alle menschlichen Verbrechen begangen mit einer Ausnahme, des Selbstmordes«,[33] durfte sogar die ihn deswegen anklagenden »Göttinger Sieben« aus dem Staatsdienst entlassen und auch des Landes verweisen. Metternich verhinderte sogar, daß der Bundestag den Klagen stattgab. Aus der Sicht solchen Agierens mußte das zum Prinzip erhobene Konservative an Metternich, die alte europäische Tradition vom Primat des Rechtes vor der Willkür der Macht, denn doch vieles an Glanz verlieren.

In Preußen hingegen erwachte der Liberalismus nach einer langen Ruhephase zu kräftigem Leben: Gegen den Rat Metternichs entschloß sich Friedrich Wilhelm IV., 1842 den Vereinigten Ausschuß des Provinziallandtages und 1847 den Vereinigten Land-

Karikatur auf die Flucht Metternich
Kat. X/34

tag einzuberufen. Der kommerziell und industriell erstarkte Mittelstand verlangte immer vernehmbarer nach einer Konstitution, forderte wirtschaftliche Bewegungsfreiheit und Befreiung vom bürokratischen Druck.

Die unteren Schichten hingegen gerieten immer mehr in existenzielles Elend. Wohl jung, aber durchaus hörbar waren die grellen Töne der radikalen Propaganda sozialistischer und kommunistischer Ideen, denen die Verarmung nicht bloß zu erduldendes Schicksal, sondern tiefster Mißstand war, den es zu überwinden galt.

Und wieder zeigte es sich in der Außenpolitik, daß das System alles andere als geschlossen war. Der Konflikt zwischen dem Sultan und seinem unbotmäßigen Vasallen, Mehmed Ali, dem Vizekönig von Ägypten, eskalierte 1839–1841 zur weltpolitischen Affäre, in der nur zögernd ein Konsens gefunden werden konnte. Ja, Österreich selbst trug dazu bei, daß ab 1846 die Schlußakte des Wiener Kongresses nicht länger Garant einer europäischen Ordnung sein konnte. Die Habsburgermonarchie nutzte den am Widerstand der polnischen und ruthenischen Bauern gescheiterten Adelsaufstand zur Annexion des Freistaates Krakau und beraubte damit einen Staat, dessen Bestand Metternich zu begründen geholfen hatte, seiner Existenz. Ein weiterer außenpolitischer Mißerfolg Metternichs war der Ausgang des Schweizer »Sonder-

bund«-Krieges: 1847 unterlagen die von Österreich unterstützten konservativ-katholischen Kantone ihren liberal-evangelischen Gegnern. Für den Staatskanzler blieb aber keine Zeit mehr, zu warten, welche Beispielsfolgen dies alles hätte haben können.

Das Jahr 1848 begann mit dem »Mailander Zigarrenrummel« und angespannter Stimmung in Böhmen. Der Umsturz in Österreich nahm jedoch in Budapest seinen Anfang, wo Ludwig Kossuth auf die Nachricht von der Pariser Februarrevolution sofort eine demokratische Repräsentativverfassung forderte. Am 13. März starben am Nachmittag in Wien die ersten Opfer[34] der österreichischen Revolution, am Abend suchte Metternich um seinen Rücktritt an: »Ich trete vor einer höheren Gewalt zurück als es die des Regenten selbst ist.«[35]

DR. GÜNTER DÜRIEGL, geboren 1940 in Wien. Studium der Geschichtswissenschaften, Anglistik und Germanistik an den Universitäten Wien und London. Seit 1968 im Historischen Museum der Stadt Wien: Referent für Topographie, Stadtgeschichte und historische Waffenkunde, 1977 Vertreter des Direktors, 1987 Direktor der Museen der Stadt Wien. Schwerpunkte der wissenschaftlichen Tätigkeit: Stadtgeschichte und Topographie Wiens, historische Waffenkunde, Türkenkriege

Anmerkungen

[1] Die erste Unterschrift leistete Metternich für Österreich (Autriche), die letzte setzte Löwenhjelm für Schweden (Swede).

[2] Erster Friede von Paris, gedruckte, für die Öffentlichkeit bestimmte Fassung, 1814 Mai 30, Paris
Wien, Österreichisches Staatsarchiv, Abteilung Haus-, Hof- und Staatsarchiv, AUR, fol. 1–12 (Druck).
Im Artikel 32 (der Vertrag enthält 33 Artikel) wurde festgehalten, daß alle Mächte, die am gegenwärtigen Krieg beteiligt waren, innerhalb zweier Monate Bevollmächtigte nach Wien senden würden, um auf einem allgemeinen Kongreß die Bestimmungen des Vertrages zu vervollständigen.

[3] Zu Metternich vgl.: Günter Düriegl, Metternich, in: Bürgersinn und Aufbegehren. Biedermeier und Vormärz in Wien 1815–1848. Katalog der 109. Sonderausstellung des Historischen Museums der Stadt Wien, 1987/88.

[4] Henry A. Kissinger, Großmacht Diplomatie. Von der Staatskunst Castlereaghs und Metternichs, Düsseldorf-Wien 1962, S. 11.

[5] Ebd.

[6] Der Wiener Kongreß verhängt über Napoleon die Acht. 1815 März 13, Wien.
Original, Papier, 8 Blätter. Wien, Österreichisches Staatsarchiv, Abteilung Haus-, Hof- und Staatsarchiv, Stk. Kongreßakten, Kart 2 (alt 3):
»... Les Puissances déclarent en conséquence que Napoléon Buonaparte s'est placé hors des relations civiles et sociales et que, comme ennemi et perturbateur du repos du monde, il s'est livré à la vindicte publique ...«

[7] Der Zar wollte Rußland einen großen Teil der ehemaligen polnischen Gebiete einverleiben und dafür Preußen, das dann erhebliche Gebiete seiner Erwerbungen aus den Teilungen Polens hätte abtreten müssen, durch sächsische Gebiete entschädigen. Preußen beanspruchte ganz Sachsen, da der sächsische König, der noch in der Schlacht bei Leipzig auf Napoleons Seite gestanden war, sein Thronrecht verwirkt hatte. Gegen diese Pläne wandten sich Österreich, England und Frankreich: am 3. 1. 1815 schlossen sie ein Bündnis gegen Rußland und Preußen.

[8] Erich Zöllner, Geschichte Österreichs von den Anfängen bis zur Gegenwart, 5. Aufl., Wien 1974, S. 347.

[9] Im Vertrag von Fontainebleau (12. April 1814) wurden diese Herzogtümer Marie Louise auf Lebenszeit zugesprochen, nach ihrem Ableben sollten sie an die Bourbonen zurückfallen. Damit schien sichergestellt, daß Napoleons Sohn nirgendwo souverän werden konnte.

[10] Jean de Bourgoing, Vom Wiener Kongreß, Wien-München 1964, S. 23f.

[11] Hans Urbanski, Der Wiener Kongreß, in: Wien 1815–1848. Bürgersinn und Aufbegehren. Die Zeit des Biedermeier und Vormärz, hrsg. von Robert Waissenberger, Wien 1986, 26.

[12] Heinrich Ritter v. Srbik, Klemens Lothar Metternich, in: Große Österreicher. Neue österreichische Biographie ab 1815, Bd. XI, Wien 1957, S. 20f.

[13] Günter Düriegl, Von Revolution zu Revolution, in: Wien 1815–1848. Bürgersinn und Aufbegehren. Die Zeit des Biedermeier und Vormärz, hrsg. von Robert Waissenberger, Wien 1986, S. 36.

[14] Eberhard Weis, Der Durchbruch des Bürgertums 1776–1847. Bd. 4 der Propyläen Geschichte Europas, o. J., S. 362

[15] Günter Düriegl (zit. Anm. 13), S. 36f.

[16] Günter Düriegl (zit. Anm. 13), S. 37

[17] Karl Anton Postl, geb. 3. 3. 1793 Popice (Mähren), gest. 26. 4. 1864 Solothurn, schrieb unter dem Pseudonym Charles Sealsfield. Verboten wurde sein 1828 erschienenes kritisches Pamphlet »Austria as it is«.

[18] Anastasius Grün (Pseudonym von Anton Alexander Graf Auersperg), geb. 11. 4. 1806 Laibach, gest. 12. 9. 1876 Graz. Politischer Lyriker und Vorkämpfer der Freiheit im Vormärz. Dem juristischen Studium in Wien und Graz folgten Reisen nach Italien, Deutschland, Frankreich und England, 1848/49 Mitglied des Frankfurter Parlaments. Er überragte an Form und Ausdruckskraft alle politischen Dichter des Vormärz und war Vorbild der zeitgenössischen politischen Lyrik des »Jungen Deutschland«.

[19] Günter Düriegl (zit. Anm. 13), S. 38

[20] Wien, Österreichisches Staatsarchiv, Abt. Haus-, Hof- und Staatsarchiv, Minister-Kolowrat-Akten Zl. 425/1845, fol. 1–22. fol. 18r: Beginn der Unterschriften:
Grillparzers Unterschrift steht an erster Stelle, nachdem ursprünglich vor ihm Hammer-Purgstall und Endlicher unterschrieben hatten, jedoch dann die Tilgung ihrer Namen vornehmen ließen.

[21] »... Die geisttötende Zensur übte einen Druck, der jedem charaktervollen Schriftsteller den Aufenthalt in Österreich unmöglich machte. Nur jene, welche um die Gnade der Mächtigen buhlten und ihre Feder zum Dienste des Absolutismus herabwürdigten, nur diese konnten daselbst ihr Leben fristen ...« (Ernst Violand, Die soziale Geschichte der Revolution in Österreich 1848, Herausgegeben von Wolfgang Häusler, Wien 1984, S. 80)

[22] Franz Grillparzer, Campo vaccino. Gedicht (begonnen in Rom, 20. 4. 1819), eigenhändiges Fragment, Wiener Stadt- und Landesbibliothek, H. I. N. 81.440

[23] Zur Zensur vgl. Julius Marx, Die österreichische Zensur im Vormärz, Wien 1959 und Hubert Kaut, Die Zensur. In: Wien 1800–1850, Empire und Biedermeier. Katalog der 26. Sonderausstellung des Historischen Museums der Stadt Wien, 1969, S. 137ff.

[24] Zur Theaterzensur vgl. Wilhelm Deutschmann: Die Theaterzensur in der ersten Hälfte des 19. Jahrhunderts oder ein Maulkorb für die Bühne, in: Die Aera Metternich. Katalog der 90. Sonderausstellung des Historischen Museums der Stadt Wien, 1984, S. 95ff.

[25] Ferdinand Raimund, Brief an Johann Nepomuk Stepanek, Wien, 7. 12. 1826.
Eigene Handschrift
Wiener Stadt- und Landesbibliothek, H. I. N. 3609

[26] Johann Nestroy, Freiheit in Krähwinkel (1848), Eigene Handschrift, 14. Szene, 1. Akt, Wiener Stadt- und Landesbibliothek, H. I. N. 39.417

[27] Maximilian Stadler, Fuge für Klavier oder Orgel, C-Moll, Eigenhändige Handschrift
Gesellschaft der Musikfreunde in Wien
Seite 4 trägt die Druckbewilligung der Zensurbehörde (»Excudatur«) vom 31. Jänner 1829.

[28] Vgl. Hanns Leo Mikoletzky, Österreich. Das entscheidende 19. Jahrhundert, Wien 1972, S. 231ff.

[29] Leopold II., Vater Franz I., war der Bruder der Karolina Maria, Mutter der 2. Gemahlin Franz I. Maria Theresia von Neapel Sizilien. Maria Ludovica, Mutter Franz I., war die Schwester Ferdinands I. beider Sizilien, Vater der 2. Gemahlin Franz I. Maria Theresia von Neapel Sizilien.

[30] Hanns Leo Mikoletzky (zit. Anm. 28), S. 299

[31] Die russische Zarin, Alexandra Feodorowna, eine Tochter Friedrich Wilhelm III., die Ferdinand I. 1835 anläßlich der Zusammenkunft in Teplitz sah, vermerkte in ihrem Tagebuch: »Großer Gott, ich hörte viel von ihm, von seiner kleinen, häßlichen, vermückerten Gestalt und seinem großen Kopf ohne Ausdruck als dem der Dähmlichkeit, aber die Wirklichkeit übersteigt alle Beschreibung.« Zit. nach Theodor Schiemann, Geschichte Rußlands unter Kaiser Nikolaus I., 3, 1913, S. 271/A.1.

[32] Politisches Vermächtnis des Kaiser Franz I. für seinen Sohn und Thronfolger Ferdinand I.
1835 Februar 28, Wien
Original, Papier, 2 Folien
Wien, Österreichisches Staatsarchiv, Abteilung Haus-, Hof- und Staatsarchiv; Familienurkunden Nr. 2347B, fol. 1—2

[33] Zitiert nach: Eberhard Weis, Der Durchbruch des Bürgertums 1776—1847. Bd. 4 der Propyläen Geschichte Europas, o.J., S. 392.

[34] Peter Fürst, Essigsieder, Hausbesitzer, Schußwunde
Karl Heinrich Spitzer, Technikstudent, Schußwunde
Isidor Langer, Strumpfwirker, Schußwunde
Bernhard Hirschmann, Webergeselle, Schädelzertrümmerung
Anna Serflinger, Pfründnerin, erdrückt.

[35] Metternich sucht um seinen Rücktritt an.
1848 März 13, Wien
Original, Papier, 2 Folien
Wien, Österreichisches Staatsarchiv, Abteilung Haus-, Hof- und Staatsarchiv, Minister-Kolowrat-Akten Zl. 640/1848, fol. 1—2.

BÜRGERLICHER ALLTAG IM WIENER BIEDERMEIER

Reingard Witzmann

Aus welcher Perspektive auch immer das Phänomen Biedermeier aufgerollt wird: Betrachtungen über das Alltagsleben und die damit verbundenen Wertvorstellungen der anonym gebliebenen Menschen bleiben kaum emotionslos. Entweder wird das Biedermeier mit der »guten alten Zeit« literarisch-nostalgisch verknüpft, oder es schwingt ein leichter spöttischer Unterton über Spießertum und Kleinbürgerlichkeit mit. In den jüngsten wissenschaftlichen Untersuchungen wird versucht, die soziale Realität der ersten Hälfte des 19. Jahrhunderts näher zu beleuchten.

Alltag besteht aber nicht nur aus sozialen Gegebenheiten, Problemen und Arbeitsbedingungen, sondern auch aus Alltagsverhalten, Sitte und Brauch, wie überhaupt das »tägliche Leben« den »Ort des Gleichgewichts« beziehungsweise den »Ort, an dem sich drohende Gleichgewichtsstörungen abzeichnen«, darstellt.[1] Diese Komplexität des Begriffes »Alltag« macht es so schwierig, sich ihm zu nähern.

In der Zeit des Biedermeier vollzogen sich enorme Veränderungen im wirtschaftlichen wie auch gesellschaftlichen Bereich, die schließlich zur Revolution 1848 führten. Es handelt sich also weniger um eine in sich geschlossene Epoche, auch nicht um einen Stilbegriff der Kunstgeschichte, sondern vielmehr um eine bestimmte Lebenshaltung, die sich im Umgang mit der Natur, der Menschen untereinander, in der Art zu wohnen, sich zu bewegen und zu kleiden äußert. Diese biedermeierliche Lebenshaltung ist vor allem in dem zunehmend erstarkenden Bürgertum, aber auch vereinzelt in adeligen Kreisen nachzuweisen. Die Tradition der Aufklärung und die philosophischen Nachwirkungen aus dem vorangegangenen Jahrhundert waren bei diesen gesellschaftlichen Formen merkbar, das Bildungsbewußtsein der Goethezeit stand als ferner Abglanz im Hintergrund.

Die Sehnsucht nach dem Frieden

Die Jahrzehnte vor dem Wiener Kongreß 1814/15 waren durch kriegerische Auseinandersetzungen geprägt. Zwei Jahre nach dem Abschluß der Türkenkriege Josephs II., die Tausende Opfer forderten, begannen 1795 die verlustreichen Kriege gegen Frankreich. Den Schrecken einer Beschießung und zwei blutige Schlachten vor den Toren ihrer Stadt erlebten die Wiener 1809. Freiwilligenkorps wurden gegründet, und selbst die Akademieschüler, die als einzige vom

Kriegsdienst befreit waren, folgten dem Aufruf. Gedruckte Glückwunschkarten erschienen, auf denen sich die Wiener zu Silvester für das kommende Jahr »Frieden« wünschten.[2] Noch Jahrzehnte später befaßten sich Biedermeiermaler wie zum Beispiel Peter Fendi in den Darstellungen mit der Thematik der Trauer und persönlicher Not.

Eine Zäsur bildete der Wiener Kongreß. Am 21. Jänner 1815 schrieb der kaiserliche Rechnungsbeamte Matthias Perth in Wien in sein Tagebuch: »... von welchen Drangsalen mußten wir erlöst werden, welche Thaten mußten vollführt, welches Opfer der Ruhe der Welt gebracht werden, ehe wir nach 22 kummervollen Jahren in Freiheit und Friede vor Gott versammelt sind. — Welche Umwälzungen hat jene Schreckensperiode auf unserem Erdballe hervorgebracht, welche Ströme von Blut einzig aus dieser Quelle hergeleitet. Wohl uns, diese grauenvolle Zeit ist vorüber und eine neue beginnt. Ob sie aber heller und glücklicher seyn soll, hängt nicht von diesem oder jenem einzelnen Erfolg ab. Ob wir alle durch die Erfahrungen weiser, und durch die Leiden besser geworden sind, dies allein ist die Frage.«[3]

Die Hoffnung auf eine neue, bessere Zukunft spricht aus diesen Zeilen, und die erwähnten »Erfahrungen« und »Leiden« jener unruhigen Zeit wurden in Wien künstlerisch umgesetzt, mit einer Selbstbescheidung, die zu Größe und Anmut führte.

Die biedermeierliche Lebensphilosophie fand ihren Niederschlag in einer riesigen Produktion von Glückwunschkarten und Stammbüchern. Auf diesen sehr kunstvoll verfertigten Blättchen wurden Wünsche und Ideale auf knappstem Raum zum Ausdruck gebracht; so steht zum Beispiel auf dem Umschlag eines Stammbuches von 1825 das Leitbild »Tugend bewirkte, was Waffe nicht konnte« eingraviert.[4]

Die Zwänge des Alltags

Doch der Frieden hatte einen hohen Preis: Behördliche Regelungen reichten bis in die kleinsten Zeitabläufe des Alltags. Der Regierungsstil des Monarchen Franz I. (II.) war von einer antirevolutionären Haltung geprägt. Geistiger Druck durch Polizei und Zensur

Der Bäcker, Federlithographie koloriert um 1835

sollte jede Regung eines revolutionären Gedankens innerhalb Österreichs feststellen und unterdrücken.

Soziale Protestbewegungen wie der Seidenweberaufstand von 1792, wo zum ersten Mal der Problemkreis Frauenarbeit und Arbeitslosigkeit sichtbar wurde, oder der »Bäckerrummel« von 1805, bei dem es zu Plünderungen von Bäckerläden kam, wurden blutig niedergeschlagen. Die »soziale Schere« zwischen Arm und Reich vergrößerte sich im Biedermeier immer mehr, ohne daß vom Staat wirtschaftliche Maßnahmen ergriffen worden wären.

Seit dem neuen Zensuredikt vom 14. September 1810 erfolgte eine fast lückenlose Zensurierung des gesprochenen und gedruckten Wortes wie aller bildlichen Darstellungen, sogar wenn sie sich auf Geschäftsschildern und Grabsteinen befanden. Die Zensur richtete sich nicht gegen das Werk, sondern gegen seine Wirkung.[5] Staatskanzler Metternich sah das Recht der Zensur in deren Zweck begründet, »die Manifestation von Ideen zu verhindern, die den Frieden des Staates, seine Interessen und seine gute Ordnung verwirren«. Auch unterband die Regierung möglichst jede Vereinsgründung, da sie stets die Bildung von Geheimbünden und somit von Verschwörungen befürchtete.

Unter diesen Zwängen versuchten die Wiener ihren Alltag zu meistern, mit Poesie in kleineren Dimensionen, soweit die Mittel reichten. Teuerungen und Inflationen hatten die Wiener arm gemacht. Wien war in der Folge seine eigentliche politische und soziale Aussage genommen, und seine Vitalität konnte sich nur nach innen wenden. Der Kunsthistoriker Hans Tietze formulierte die neue Situation am Beginn des Biedermeiers: »Was mit dem wirklichen Leben zusammenhing, schien belanglos, was zur fiktiven Welt der Kunst gehörte, wurde ausschließlich wichtig. Zwei Hälften des städtischen Lebens verwuchsen nicht zu organischer Einheit.«[6]

Die Kunst an sich und der Wunsch nach eigener künstlerischer Betätigung standen im Mittelpunkt des bürgerlichen Interesses. Der einzelne nahm Anteil an dem neuen Schaffen, als Erlebender oder auch als Ausführender. Viele Amateurarbeiten aus dieser Zeit bezeugen den Versuch eigener aktiver Beteiligung, Gestaltung und Formung des Künstlerischen.

Diese Tendenz fiel mit der Entwicklung Wiens zur Großstadt zusammen. Von der Josephinischen Zeit Ende des 18. Jahrhunderts bis zum Revolutionsjahr 1848 verdoppelte sich nahezu die Zahl der Einwohner.[7] Wien zählte im Jahre 1800 im Bereich der Stadt

und der 35 Vorstädte innerhalb des Linienwalls 239 373 Einwohner, 1846 waren es 425 521 Einwohner.

Der Bevölkerungsanstieg und das Vordringen kapitalistischer Produktionsformen verbreiterten die Kluft zwischen vermögenden und immer mehr verarmten Bevölkerungsschichten. Die veränderte Sozialstruktur skizziert die Tatsache, daß im Zeitraum von 1837 bis 1841 die Zahl der selbständigen Gewerbetreibenden sich nur um 7,8 % vergrößerte, die der Fabrikanten aber um 164 %.[8] Viele »Aufsteiger« befanden sich unter ihnen, bekanntere Beispiele sind Johann Nepomuk Reithoffer, der aus Feldsberg in Mähren stammte und 1831 mit einer Gummiwarenerzeugung begann, oder Alois Miesbach, der 1820 auf dem Wiener Berg eine kleine Ziegelfabrik pachtete. Zuerst wurden hier pro Jahr 1,5 Millionen Ziegel geschlagen, 1857 waren es schließlich 90 Millionen. Johann Nestroy verwendete in seiner Posse »Der Zerrissene« (uraufgeführt 1844) als Berufsangabe des »Herrn von Lips« die knappe Bezeichnung: »Der Kapitalist«.

Uneinheitlich nach seiner sozialen Herkunft und gespalten in seinen Interessen war das österreichische Bürgertum. Die als »bürgerlich« bezeichnete Bevölkerung bestand aus scharf zu trennenden sozialen Schichten.[9] Die sehr idyllisch anmutenden Darstellungen der Handwerker und Zünfte geben kein adäquates Bild der Verhältnisse in der Residenzstadt. Durch neue Gesetze und Verordnungen hielt ab 1810 der wirtschaftliche Liberalismus seinen Einzug, doch kam es nicht zu der von liberalen Kreisen gewünschten vollkommenen Gewerbefreiheit (der Zunftzwang wurde endgültig erst 1859 beseitigt).

Die verheerende wirtschaftliche Depression nach 1815 und die Papiergeldinflation trafen vor allem das mittelständische Handwerk.[10] Auf der Gewerbe-Enquete 1833 wurde die »Herabwürdigung der Kaufleute zu bloßen Krämern und der Handwerker zu bloßen Taglöhnern« sowie die »Aufreibung der unteren Klassen und des Mittelstandes« beklagt.[10]

Auch innerhalb des Handwerks fand eine Proletarisierung statt, viele selbständige Handwerker waren nun eingebunden in ein Verlagssystem, viele Meister arbeiteten nur mehr allein oder höchstens mit einem Gesellen.[11] Mit der Änderung der Arbeitswelt und der gleichzeitigen Zunahme der Bevölkerung stieg auch die Arbeitslosigkeit. Die verbummelten, umherziehenden Handwerksburschen in Nestroys »Der böse Geist Lumpazivagabundus« — in Wien 1833 uraufgeführt — scheinen wie aus dem Leben gegriffen zu sein:

Choleraschutzmaßnahmen, Kat. X/1

Die drei Gesellen Leim, Zwirn und Knieriem haben nichts zu verlieren und ergeben sich resignierend ihrem Schicksal und dem Trunk. »Und is all's vertan / liegt uns a nix dran.«

Losgelöst von den Betrieben und überkommenen Bindungen waren viele Handwerksgesellen einer ungewissen Zukunft preisgegeben. Nestroy verdichtete symbolisch-bildhaft in seiner hintergründigen Komik jedoch die ganze Tragik: Für die Gesellen in der Theaterwelt steht der Weltuntergang bevor — »Aufs Jahr kommt der neue Komet, der die Welt z'grund richt't.« Sie spüren ihre Chancenlosigkeit, ohne allerdings aus eigenem etwas zu unternehmen. Auf der Bühne fand der Dichter zu einem Happy-End, das sich in der Realität mangels Feen und glücklicher Umstände wohl kaum wiederholte. Nicht von ungefähr malte Peter Fendi 1831 sozialkritisch das Bild mit dem Titel »Schlechte Zeiten«.[12]

Um 1830 spitzten sich die Verhältnisse immer mehr zu. Am Linienwall wurde die Einhebung einer »Verzehrsteuer« (1829) eingeführt, die die Lebenshaltung der arbeitenden Bevölkerung unerträglich verteuerte. Im September 1830 kam es u.a. bei der Lerchenfelder-Linie und der Tabor-Linie zu Volksaufläufen, die sich gegen die Steuerämter richteten. Man befürchtete im Gefolge der französischen Julirevolu-

tion eine politische Aufstandsbewegung, doch fehlten dafür zu jener Zeit jegliche Voraussetzungen.[13]

Jede Erschütterung im wirtschaftlichen Bereich stieß krisenanfällige »Grenzexistenzen« weiter in die Armut. Um 1830 — zur Zeit der Choleraepidemie und einer gesamteuropäisch schlechten wirtschaftlichen Lage — war dieses Problem nicht mehr zu übersehen. Für das Heer der Arbeitslosen wurden von der öffentlichen Hand sogenannte »Notstandsarbeiten« angeordnet. Für einen Taglohn von 20 kr. verrichteten die Stellenlosen verschiedene Fortifikationsarbeiten oder bauten an den Unratkanälen parallel zum Wienfluß. Auswärtige Handwerksgesellen, Juden und arbeitslose Dienstboten wurden aus der Stadt abgeschoben.

Die Massenarmut wurde, ebenfalls um 1830, zum ersten Mal auch in der zeitgenössischen Literatur diskutiert und der Begriff »Pauperismus« formuliert. Das Armenwesen entwickelte sich zu einer wichtigen Zeitfrage, die durch traditionelles Almosengeben, aber auch durch Zucht- und Arbeitshäuser nicht gelöst werden konnte.[14]

Die statistischen Zahlen aus der Zeit um 1830 zeigen eine nüchterne Bestandsaufnahme. Das durchschnittliche Heiratsalter betrug bei Männern 33,5, bei Frauen 29,7 Jahre. Die sozialen Verhältnisse, die Wohnungs-

Schmierers Kaffeehaus am Prater zum
Auge Gottes, Radierung, 1817

und Arbeitsbedingungen ließen vor allem bei unselb-
ständig Beschäftigten überhaupt keine Eheschlie-
ßung zu. So kamen in jener Zeit fast 50 Prozent der
Knder unehelich zur Welt. Die durchschnittliche
Lebenserwartung lag bei ungefähr 26 Jahren. Die
hohe Säuglingssterblichkeit drückte die statistischen
Werte ebenso wie die gefürchteten Lungenkrankhei-
ten, die vor allem Personen im Alter zwischen 20 und
40 Jahren trafen.[15] 1840 übten drei Viertel aller
Berufstätigen ihren Beruf bis zu dem Lebensende
aus.[16]

Solche Schlaglichter, auf die Zeit des Biedermeiers
geworfen, stimmen nicht mit dem Bild der heilen Welt
überein, von der besonders Reiseberichterstatter über
Wien erzählten. Sicherlich war Wien als Residenzstadt
und als Zentrum der Mode eine Konsum- und Luxus-
stadt und umgab sich dabei mit dem Flair einer
genußsüchtigen, walzertanzenden und lebensfrohen
Bevölkerung.

In der verklärenden Wiedergabe der Genrebilder
scheint das Leben vorwiegend aus Familienfesten zu
bestehen. Häufig herrscht eine sonntäglich-feierliche
oder festlich-fröhliche Stimmung vor. Auch auf Bildern, die in ihrer Themenstellung den Alltag der Wiener veranschaulichen sollen, sitzt man im Kaffeehaus
oder im Gasthaus. In der Reiseliteratur wurden solche

Szenen besonders ausgeschmückt, so daß der Wiener
— da man ihn hauptsächlich nur aus solchen Quellen
kannte — bald in den Ruf des Müßiggängers kam.

Freizeit und Muße

In der Zeit des Biedermeier vollzog sich der grund-
legende Wandel, der zum modernen Freizeitbegriff
geführt hat: Der Arbeitsplatz wurde immer häufiger
vom Wohnraum getrennt. Aus den gemeinsamen
Tisch- und Trinkgemeinschaften der Handwerker entwickelten sich nun formlose Wirtshausgemeinschaf-
ten. Ende des 18. Jahrhunderts traten auch — unterstützt von theoretischen Überlegungen — ein gestei-
gertes Arbeitsethos und daher auch eine intensivere
Arbeitsleistung ein. Eigene Freistunden zur »Rekrea-
tion« nach der Arbeit wurden nun immer notwendi-
ger. In der Zeit der Aufklärung wurde das Teilhaben
aller Menschen, nicht nur der Aristokraten, am »adeligen Müßiggang« gefordert. Die Freizeit sollte allerdings durch den Gebrauch der Vernunft zum Erwerb
von Bildung genutzt werden. Viel besser als Wirtshaus
und Branntweinschenke konnte nun das Café diesen
Bedürfnissen nachkommen. Hier wurde der Gast
durch ein belebendes Getränk und durch Informa-

tion aus Zeitungen inspiriert, das Spiel diente der Regeneration, und das Café wurde zum Zentrum der Aufgeschlossenen, vor allem der Künstler.

Das Kaffeehaus begann seine große Rolle im gesellschaftlichen Leben einzunehmen, allerdings lange Zeit nur für Männer. Lediglich in den Konzertcafés, in denen u.a. Josef Lanner und Johann Strauß Vater aufspielten, waren auch Frauen als Zuhörerinnen anzutreffen.

Nach dem bürgerlichen Familienmodell — das im Allgemeinen Bürgerlichen Gesetzbuch von 1811 formuliert wurde — war die Rolle der Frau gänzlich auf den häuslichen Bereich beschränkt. Die Frau stand auch gesetzlich unter der Vormundschaft des Mannes. Anstelle der bisherigen großen Haushaltsfamilie trat die Kleinfamilie, in der eine besondere Innerlichkeit zum Ausdruck kam. Freizeit und Muße betrieb der Bürger auch innerhalb seines familiären Kreises, der durch enge Freunde erweitert werden konnte. Man traf sich abends zum Gespräch, zum gemeinsamen Musizieren und Spiel. Das harmlose, aber belehrende Gesellschaftsspiel mit diversen Karten und Würfeln nahm in jener Zeit seinen ersten großen Aufschwung.

Das Leben dieser sich neu formierenden Leistungs-, aber auch beginnenden Konsumgesellschaft fand seine Durchlässigkeit, seine »Ventile« in der Freizeit. Mit Enthusiasmus wurde das Theater besucht, und einen eminent wichtigen Stellenwert nahm in Wien die Musik und der Tanz ein.

Bereits Ende des 18. Jahrhunderts begann die Entwicklung des öffentlichen städtischen Tanzschulwesens. Der Tanzlehrer war nun kein Angestellter eines Adeligen mehr, sondern erteilte in seiner Schule selbständig allen Interessenten Unterricht. In der Sammlung über Geschichte und Rechtswissenschaft wird berichtet[17]: »Diese Schullen sind erst durch einige Jahre in Wienn bekannt — hier kommt das junge Volk von Stubenmädchen bis zur Kucheldirn mit ihren Liebhabern Sonn- und Feiertag zusammen, ein sogenannter Tanzmeister lehrt ihnen die Mode, Anstand und Grimassen, die Schritte, den Menuett und den Langaus auf zwey dreymall.« Diese Einrichtungen sollten einem breiteren Publikum die neuesten Tänze in kürzester Zeit beibringen.

Die unterbrochene Lektion beim Tanzmeister, Radierung koloriert, 1844

Der Tanz auf dem Vulkan

Viele Berichte jener Zeit zeigen die besondere Tanzleidenschaft, ja eigentlich Tanzwut und Besessenheit auf, mit der in Wien am Beginn des 19. Jahrhunderts der Walzer getanzt wurde. Bereits viele Jahre vor dem Auftreten von Joseph Lanner und Johann Strauß Vater war die Choreographie des Walzertanzes in Wien ausgeformt worden. Fassungslos über das wilde Tanzen notiert J. Gerning, ein Besucher der Donaumetropole, 1802 in sein Tagebuch: »Windig und giftig ist Wien, sagt das Sprichwort, den häufigen Staub des Kiesel-Bodens kann manche schwache Brust nicht ertragen; Lungenentzündungen sind hier nicht selten, doch nicht sehr gefährlich, aber unter 10 bis 11000 Menschen, die jährlich hier sterben, ist gewöhnlich der 4. Theil mit Brustkrankheiten zu Grabe gegangen, woran auch das unmäßige Walzen die Schuld trägt.«[18]

Die neue Lebensmelodie stand im ¾-Takt des Walzers. Tanzgeschichtlich gesehen löste der Walzer in jener Zeit das gekünstelte höfische Menuett als Modetanz ab. Die Komponisten kamen dem Publikumsgeschmack mit neuen Tonstücken entgegen, die allerdings vorerst noch nicht Walzer genannt, sondern mit Deutscher Tanz oder Deutscher überschrieben wurden. Das klassische Dreigestirn Haydn, Mozart und Beethoven komponierte unter anderem als Auftragswerke viele Deutsche Tänze. Der meist für ein Orchester gesetzte Deutsche der Wiener Klassik ging dann fast nahtlos in die Walzerform über. Die Bezeichnung »Walzer« für ein Musikstück kam nur allmählich in Gebrauch. Joseph Lanner nannte seine Tänze erst seit dem op. 7 Walzer, vorher noch Deutsche Tänze oder Ländler; er war es auch, der als erster die formale Gliederung des Walzers in dessen musikalischer Gestalt festlegte.

Unter die Erforschung der musikalischen Entwicklung des Wiener Walzers ist allerdings noch kein Schlußstrich gezogen. Choreographisch stellte die Bezeichnung Deutscher Tanz für den frühen Walzer einen Oberbegriff dar. Einerseits sollte damit »die deutsche Art zu tanzen« — nämlich alle Paare sind in einer Kreisform angeordnet — zum Ausdruck kommen, andererseits bedeutete im damaligen Sprachgebrauch »deutsch« auch soviel wie »gemein, gewöhnlich« und zeigte somit eine Herkunft aus ländlichen und unteren Bevölkerungsschichten an.[19]

Der frühe Walzer besaß einen schwierigen, gesprungenen Schritt und verlangte von den Tänzern fließende und gekonnte Bewegungen. Durch die ununterbrochene Wiederholung der Drehfigur trat eine Verselbständigung des Körpers ein, die immer mit einem gewissen Maß an Ich-Aufgabe verbunden ist. Der rauschhafte Effekt des Walzertanzens blieb nicht aus und ließ die Paare ihre Sorgen des Alltags, die grauen Bedingungen und Begrenzungen des Lebens vergessen. Innerhalb breiter Bevölkerungsschichten setzte eine Tanzfaszination ein; der Tanz bildete einen Freiraum, der im Rausch der Bewegung ausgenützt wurde. Im Fasching gingen die Menschen in der stürmischen Aktivität des Tanzes auf, ließen sich vom Tanz fortreißen: im Ballsaal dominierte die Leidenschaft, nicht die Resignation oder Zurückgezogenheit der Wiener.

Doch die dynamische Spannkraft veränderte sich im Biedermeier. Ein entscheidender Wendepunkt zeichnet sich um 1830 ab: Einerseits tauchte — wie schon erwähnt — zum erstenmal der Begriff »Pauperismus« auf, andererseits manifestierte sich in den Modeartikeln eine neue Vorliebe für den Luxus. Auf Gebrauchsgegenständen und Möbeln begannen wieder Verzierungen zu wuchern, die reiche Frau ließ ihren Körper erneut in ein Korsett pressen, und im Tanzsaal gewannen Repräsentation und Dekoration immer mehr an Wert.

Auch der Wiener Walzer wurde nun je nach gesellschaftlicher Schicht unterschiedlich ausgeführt. Auf Kirchtagen — den Vergnügungsorten des »kleinen Mannes« — und Hausbällen blieb noch jahrzehntelang die ursprüngliche wilde, gesprungene Form des Bewegungsstils erhalten; in den vornehmen Ballsälen hatte sich hingegen die geschliffenere Form durchgesetzt.

Mit der äußeren Tanzgestalt veränderte sich allerdings auch der Inhalt des Wiener Walzers: Am Ende des 18. Jahrhunderts war er aus einer inneren Bewegtheit zum Gesellschaftstanz geformt worden. Ursprünglich war der Wiener Walzer ein revolutionärer leidenschaftlicher Tanz, der durch seine komplizierte Choreographie etwas ewig Gültiges an sich hatte: die Paare vollzogen und vollziehen heute noch, den Planeten ähnlich, eine doppelte Spiralenbahn. Während sich das Paar ständig um seine eigene Achse dreht, bewegt es sich gleichzeitig auf einer großzügigen Kreisbahn.

In jener Zeitenwende um 1800 war der Walzer als Gesellschaftstanz keine Flucht vor der Wirklichkeit, sondern als deren Umwertung und Neuordnung von therapeutischem Nutzen: er belebte, gab wieder Kraft zur Entwicklung neuer Spiritualität. Die Stilisierung der Drehung entschärfte die explosive Kraft. Die alte feudale Gesellschaftsordnung und das früher bestehende Gleichgewicht wurden aufgelöst, eine neue Ordnung vorbereitet. Der Tanz schuf die Verbindung.

Doch die Aufbruchstimmung hielt nicht lange an, die neuen Kräfte konnten sich nicht durchsetzen. Das politische System Metternich zementierte im Biedermeier die alte Ordnung ohne Rücksicht auf soziale und wirtschaftliche Veränderungen wieder ein. Der gesprungene, stürmische Bewegungsstil des Wiener Walzers verwandelte sich in ein Gleiten und Schweben, das von der Musik nun rhythmischere und stärkere Impulse verlangte. Die magisch-zauberhaften Walzerklänge von Joseph Lanner und Johann Strauß Vater beflügelten das Publikum und rissen es in einen seligen Taumel fort. Im Biedermeier begann der Walzertraum.

DR. REINGARD WITZMANN, geboren in Wien. Studium der Volkskunde, Theaterwissenschaft und Philosophie in Wien. Arbeiten an Wiener Theatern und im Österreichischen Museum für Volkskunde. Seit 1976 Referentin für Stadtvolkskunde und Museumspädagogik am Historischen Museum der Stadt Wien. Zahlreiche Publikationen zur Wiener Kulturgeschichte (Entstehung des Wiener Walzers, Wiener Kaffeehaus, Alltag usw.), über Populäre Druckgraphik und Frauengeschichte sowie Kinderzeitungen

Anmerkungen

[1] Henry Lefèbre: Das Alltagsleben in der modernen Welt, Frankfurt 1972, S. 51
[2] Vergleiche bei Reingard Witzmann: Freundschafts- und Glückwunschkarten aus dem Wiener Biedermeier (Die bibliophilen Taschenbücher 134), Dortmund 1979
[3] Abgedruckt in: Der Wiener Kongreß. Ausstellungskatalog Wien 1965, S. 6
[4] Siehe dazu Hubert Kaut: Ein Erinnerungsbuch von 1825 für die Wiener Kaufmannsfamilie Baumann; in: Studien aus Wien (Wiener Schriften, Heft 5), Wien 1957, S. 127—168
[5] Julius Marx: Die österreichische Zensur im Vormärz, Wien 1959
[6] Hans Tietze: Wien — Kultur, Kunst, Geschichte. Wien und Leipzig 1931, S. 314
[7] Wolfgang Häusler: Von der Massenarmut zur Arbeiterbewegung. Wien, München 1979, S. 86
[8] Ebenda, S. 92
[9] Winfried Bammer: Beiträge zur Sozialstruktur der Bevölkerung Wiens auf Grund der Verlassenschaftsakten des Jahres 1820. Wien, Dissertation 1968, S. 363
[10] Heinrich Reschauer: Geschichte des Kampfes der Handwerkerzünfte und der Kaufmannsgremien mit der österreichischen Bürokratie. Vom Ende des 17. Jahrhunderts bis zum Jahr 1860, Wien 1882, S. 108
[11] Josef Ehmer: Produktion und Reproduktion in der Wiener Manufakturperiode; in: Wien im Vormärz (Forschungen und Beiträge zur Wiener Stadtgeschichte, 8), Wien 1980, S. 114
[12] Peter Fendi, Schlechte Zeiten, 1831. Öl auf Holz, Historisches Museum der Stadt Wien, Inv. Nr. 60.851
[13] Häusler, wie Anmerkung 7, S. 89
[14] Hannes Stekl: Österreichs Zucht- und Arbeitshäuser 1671 bis 1920. Institutionen zwischen Fürsorge und Strafvollzug (Sozial- und wirtschaftshistorische Studien, 12), Wien 1978
[15] Sämtliche Daten bei Bammer, wie Anmerkung 9. Siehe auch bei Birgit Frieben: Die Sozialstruktur Wiens am Anfang des Vormärz. Wien, Dissertation 1967. — Die Aera Metternich, Katalog zur 90. Sonderausstellung des Historischen Museums der Stadt Wien, Wien 1984
[16] Erika Silber: Beiträge zur Sozialstruktur Wiens im Vormärz. Eine sozial- und wirtschaftsgeschichtliche Arbeit auf Grund der magistratischen Verlassenschaftsakten des Jahres 1840. Wien, Dissertation, 3 Bde., 1978
[17] Sammlung über Geschichte und Rechtswissenschaft, Österreichische Nationalbibliothek, Handschriftensammlung, cod. 13.920
[18] J. Gerning: Reise durch Österreich und Italien, Frankfurt am Main 1802, 1. Teil, S. 30
[19] Siehe Näheres bei Reingard Witzmann: Der Ländler in Wien. Ein Beitrag zur Entwicklungsgeschichte des Wiener Walzers bis in die Zeit des Wiener Kongresses, Wien 1976. — Dieselbe: Fasching in Wien; in: Fasching in Wien — Der Wiener Walzer 1750 bis 1850, Katalog zur 58. Sonderausstellung des Historischen Museums der Stadt Wien, Wien 1978/1979. — Dieselbe: Von der Tanzekstase zum Walzertraum; in: Wien 1815—1848. Bürgersinn und Aufbegehren. Die Zeit des Biedermeier und Vormärz, hrsg. von Robert Waissenberger. Freiburg, Wien 1986, S. 92—108

Schöner Wohnen im Biedermeier und Vormärz

Peter Parenzan

Kaum eine Epoche wird so eindeutig durch ihr Mobiliar charakterisiert wie die 1. Hälfte des 19. Jahrhunderts. Was war geschehen, daß auch heute noch der Inbegriff des gemütlichen Wohnens klischeehaft mit dem Biedermeier verbunden scheint?

Nach dem Ende der Napoleonischen Kriege entwickelte sich in Wien ein selbstbewußtes Bürgertum, dessen hauptsächliches Interesse der Familie und damit auch dem dazu notwendigen Ambiente galt.

Kaiser Franz I. (II.) schrieb unter anderem in seinem Testament:

»Bewahre die Einigkeit in der Familie und betrachte sie als eines der höchsten Güter«[1]. Wenn der Kaiser beim Hinweis auf die Familie zum Teil dynastische Hintergedanken gehabt haben mag, so sprach aus ihm doch auch der Zeitgeist, denn die Familie und alles, was damit im romantischen Sinne assoziiert wurde und immer noch wird, wie Geborgenheit, Glück und Zufriedenheit, war zwar nicht eine Erfindung dieser Ära — diese Entwicklung war schon in der zweiten Hälfte des 18. Jahrhunderts abzusehen —, rückte aber ins Zentrum des Denkens und Fühlens in jener Zeit, die wir das Biedermeier nennen.[2]

Das gepflegte Hauswesen, die Gestaltung desselben, war die Lebensform, die es ermöglichen sollte, mittels der bürgerlichen Tugenden wie Sparsamkeit, Fleiß und Ordnungsliebe auf den Menschen moralisch so positiv zu wirken, daß er genug Kräfte entwickelte, um dem Lebenskampf gegenüber gerüstet zu sein.[3]

Die Auswirkung dieser Einstellung zeigte sich nirgends so deutlich wie in der Einrichtung des häuslichen Ambiente. Eine Fülle von Interieurdarstellungen, sowohl von bekannten Künstlern als auch, und noch viel zahlreicher, von Dilettanten, bezeugen das Engagement der Zeitgenossen bei der Gestaltung des persönlichen Umfeldes. Die erhaltenen Gouachen geben uns die Möglichkeit, recht unvermittelt in die Wohnungen Einblick zu nehmen. Mit viel Liebe werden Bilder, Nippes, Souvenirs und Geschenke gesammelt und demonstrativ in Vitrinen oder Etageren ausgestellt. Es war die große Zeit der Museumsgründungen. Auch der Private erlag dem Sammlertrieb, und so wurde mancher Salon zum »Museum des kleinen Mannes«.

Das Interieur

Wann setzte diese so unvermittelt erscheinende Entdeckung des »Wohnens« ein? Im Lauf des Rokoko und

Klassizismus erfolgte eine allmähliche Trennung der Wohnbereiche, das heißt, weg vom Allzweckraum; Wohnen, Kochen, Essen und Schlafen erhielten eigene Räume zugeteilt. In der herrschaftlichen Sphäre entsprach dieser Entwicklung die Unterscheidung von Repräsentations- und Wohnräumen.[4]

Auch im österreichischen Kaiserhaus ist der Trend von der Repräsentations- zur Wohnkultur exemplarisch zu verfolgen. Zur Zeit Maria Theresias beginnt man kleine Kabinette kostbar, aber wohnlich einzurichten, damit sich die Familie, fern den Repräsentationspflichten, ungezwungen geben konnte. Unter Franz I. ist diese Trennung von privater und öffentlicher Sphäre konsequent vollzogen. Ein weiteres typisches Beispiel dafür ist das Palais Fries-Pallavicini am Wiener Josephsplatz, das der Architekt Ferdinand von Hohenberg 1783—1784 erbaute. Um der Intimität willen sind die Wohnräume in den niedrigen Zwischengeschossen eingerichtet, während die Beletage den Prunkräumen vorbehalten ist. Diese Einteilung wurde von den Zeitgenossen durchaus als Sensation empfunden.

Raumtypen

Die Unterscheidung der diversen Tätigkeitsbereiche führte zwangsläufig zur Erfindung besonderer Raumtypen, wie Speise-, Musik-, Billard-, Bibliotheks-, Arbeits-, Schreib-, Schlaf-, Empfangs-, Gesellschaftszimmer oder Boudoir, Salon u.a.m.[5]

In den Bürgerwohnungen, in denen derart zahlreiche Räume ja meist nicht zur Verfügung standen, rettete man die Ideen dieser verschiedenen Typen in sogenannte Wohninseln. So war es möglich, in einem Raum mehrere Tätigkeiten (Schreiben, Nähen, Musizieren) — durch verschiedenes Mobiliar gekennzeichnet und ganz bewußt voneinander getrennt — auszuführen.

Gleichzeitig, neben der Ausgestaltung des Wohnbereiches, wurde im Gegensatz oder eher als Ergänzung dazu die Natur entdeckt. Die Landschaftsvedute erfuhr genauso wie die Interieurdarstellung einen bemerkenswerten künstlerischen Aufschwung. Der kleine Hausgarten wurde durch Gartenmobiliar und Saletteln zum erweiterten Wohnraum, wie umgekehrt Versatzstücke der Natur in den geschlossenen Raum eingebracht wurden. So finden wir Paravents aus gezogenen Spalieren, Jardinieren und unzählige Vogel-

käfige in den Wohnzimmern, wo sie den Abbildungen von Blumen in den Mustern der Textilien, auf Bildern und Porzellan als Versatzstücke der echten Natur Konkurrenz machten.

Dieser Einrichtungswelle entsprach die enorme Zunahme von Manufakturen, die diese Nachfrage zu befriedigen hatten. Das Angebot wird rationalisiert, man konnte aus entsprechenden Katalogen seine Einrichtung zusammenstellen. So bietet zum Beispiel der Katalog der Firma Danhauser[6] neben Pfeifenständern, Nachtkästchen und Hirschgeweihmöbeln eine Mappe von Tischentwürfen mit folgenden Varianten zur Auswahl: 64 Canapee-Tische, 42 Tee-Tische, 28 Blumen-Tische, 22 Auszugs- und Aufschlag-Tische, 15 Wasch-Tische, 35 Trumeaux-Tische, 6 Creuzkasten-Tische und 38 Arbeits-Tische.

Wenn im Zusammenhang mit der Architektur dieser Zeit behauptet werden kann, daß »mit dem Zurücktreten einer zahlenmäßig begrenzten homogenen Auftraggeberschicht und einer neuen Breitenwirkung architektonischen Gestaltens auch der Charakter des Einmaligen und Unverwechselbaren schwindet«,[7] so setzt sich eben diese Einmaligkeit, die nun der Architektur zu mangeln scheint, das Phantasievolle in der Gestaltung, im Interieur fort.

Im Zuge der um 1900 erfolgten Wiederentdeckung des Biedermeier als letzten einheitlichen Stils vor dem Historismus idealisierte man diesen, indem man vor allem die Einfachheit und das Funktionale des Mobiliars als das Besondere hervorhob. Das Biedermeier wurde zum »Erzieher«,[8] man sah im Überschwang der Wiederentdeckung als hauptsächliches Qualitätsmerkmal die Funktionalität.

Auch heute noch ist der Blick allzusehr auf die klassische Komponente der Produkte dieser Zeit fixiert, wodurch es zur Überbetonung nur eines Aspektes kommt. Natürlich konnte man um 1815 auf einer soliden Basis aufbauen.

Der Ursprung

Ende des 18. Jahrhunderts — europaweit war der Klassizismus tonangebend — blühte in Wien mit speziellem Lokalkolorit der josephinische Stil. Die Einrichtungsgegenstände, die sich der Adel und auch das Kaiserhaus anfertigen ließen, zeigen in den Grundformen bereits alle typischen Eigenheiten, von denen 20 bis 30 Jahre später das Biedermeier ausgehen wird.

Wohnzimmer, Kat. VI/10

Die Formen der Schreibsekretäre, Kästen, Tische und Sitzmöbel waren auf die einfachsten geraden Umrisse reduziert; geometrisch gesprochen kamen nur das Quadrat und das Rechteck zu Wort. Dieser Stil gab sich noch höfisch, zeigte das Kostbare nur mehr in den streng zentrierten Intarsien und in der qualitätvollen Ausführung.

Während des um die Jahrhundertwende einsetzenden Empire kam eine spielerische Note hinzu. Im Gegensatz zum französischen Empire, das auf schwere antikische Repräsentation Wert legte, steigerte sich das Wiener Möbel mittels Bögen, gekurvter Stege und zierlichster Stäbe in eine am Ende zerbrechlich wirkende euphorische Gliederung hinein.[9]

Diese preziösen und aristokratischen Objekte inspirieren nun insofern das Biedermeier, als sie die Freude an experimenteller Holzbehandlung weckten und zusammen mit dem solideren Josephinischen eine ganz spezifische Mischung ergaben.

Publikationen verbreiten Ideen und Moden

Alle die Eindrücke, welche die Zeit zu bieten hatte, England und Frankreich voran, zusammen mit der beträchtlichen lokalen Tradition, wurden durch Musterbände und Zeitschriften an jeden Interessierten herangetragen.

Angeregt durch die zahlreich vorhandenen Publikationen, in denen Tischler und Kunsthandwerker ihre Entwürfe veröffentlichten — Sheraton und Hope in England, Percier und Fontaine in Paris —, boten auch einheimische Handwerker in Stichwerken ihre Vorstellungen von Möbeln und Einrichtungen an. Die Manufakturen legten Œuvre-Mappen vor, in denen vom einfachsten Kerzenleuchter bis zur vollständigen Zimmereinrichtung alles auf Abruf bereit zur Verfügung stand. Hier war der Schritt zum Versandkatalog bereits getan, den Michael Thonet 40 Jahre später für seine Bugholzprodukte (bis heute unerreicht) perfektionierte. Ja, auch Hieronymus Löschenkohl, der biedere »Bildreporter zwischen Barock und Biedermeier«, gab, angeregt durch Zeitschriften wie Meubles et Objets de Goût oder Journal des Luxus und der Moden, 1803 eine Mappe unter dem Titel »Muster der neuesten Londoner Pariser und Wiener Meubles etc.« heraus.[10]

Das emanzipierte Bürgertum begnügte sich nicht, die fürstliche Kultur einfach nachzuahmen, sondern schritt mittels der genannten Voraussetzungen mit ungeheurem kreativem Elan zur Ausformung eines ganz persönlichen Stils. Nun entwickelte sich das, was wir heute Design und Wohnkultur nennen. Es sind ja nicht die Möbel allein, die den typischen Eindruck eines Biedermeier-Zimmers ausmachen, genauso wichtig ist der gesamte Hausrat, der erst eine Einrichtung vervollständigt. So gehören Glas, Porzellan, Textilien und die Objekte aus Messing, Bronze und Silber zu den wichtigsten Accessoires, durch deren Auswahl man Geschmack und Kennerschaft bezeugt.

Das Sitzmöbel

Wenn von Biedermeier-Möbeln die Rede ist, so ist neben der Kommode wohl das Sitzmöbel — seien es Sessel oder Sitzbänke — ein klassischer Topos. Keine Zeit hatte bis dahin eine solche Vielfalt an Sitzgelegenheiten produziert; aus diesem Grunde seien diese Objekte hier stellvertretend näher in Betracht gezogen. Man könnte die folgenden Gedanken jedoch genauso an einer Serie von Spucknäpfen durchspielen, denn auch in diese hölzernen Kleinobjekte wurde ebensoviel Erfindungsgabe gesteckt wie in alle anderen Möbel. Die Schausammlung des ehemaligen k.k. Hofmobiliendepots ist in der glücklichen Lage, eine große Anzahl dieser Produkte biedermeierlicher Hygiene im Inventar zu haben.

Wie sieht es also mit der schon erwähnten Funktionalität aus? War diese wirklich die Voraussetzung für jegliche Gestaltung? Wenn man die noch vorhandenen Sessel betrachtet und dazu die Entwürfe durchblättert, die sich zum Glück in den verschiedenen Sammlungen erhalten haben,[11] überrascht die Variationsbreite, die sich aus dem einfachen Grundgedanken von vier Beinen, Sitzfläche und Lehne ergeben konnte. Im Laufe von 15 Jahren steigerten sich die Tischler in einen verspielten Formenreichtum hinein, dem erst wieder um die Jahrhundertwende im Jugendstil ein ähnliches Phänomen folgen wird. Es ist beachtenswert, daß diese kapriziösen Spielereien aber doch nie soweit gehen, die Funktion des Möbels ganz zu verleugnen. Doch kommt es vor, daß man — wenn sich die Beine eines Sofas in einem eleganten Schwung nach innen biegen — nicht ohne Humor klassische Strukturprinzipien in Frage stellte.

Zu dieser Verspieltheit in der Form kamen die Maschinenmöbel hinzu, die mit zahlreichen verborgenen Zügen wahre Wunder an Verwandlungskünsten vollbringen konnten. Das Biedermeier entdeckte mit Freude die Tatsache, daß man einem Sessel unzählige Gestalten geben konnte. Dabei erfuhr das Tischlerhandwerk einen rasanten Aufschwung.

Die Steueramtslisten von 1827 zeigen, nach Häufigkeit gereiht, 1772 Schuhmacher an erster, 1552 Schneider an zweiter und schon mit 914 die Tischler an dritter Stelle.

Die zum Teil kompliziert gekurvten Lehnen und Beine inspirierten M. Thonet, der in dieser Zeit bereits daran experimentierte, Möbelbestandteile zu biegen, zur Technik des Bugholzes, mit welcher die Schwünge und komplizierten Bögen einfacher und später in Massenproduktion hergestellt werden konnten. Die ungeheure Fülle an Einfällen mußte in eine Phase führen, die man bürgerlichen Manierismus nennen könnte, denn der Formenkanon der Klassik allein ließ diesem Gestaltungsdrang zu wenig Raum zur Entfaltung.

Aber nicht nur die Tischler hatten ihre große Zeit, auch die Tapezierer standen an phantasievollen Erfindungen in der Möbel- und Raumgestaltung nicht nach. Leider ist ihr Werk nur mehr in den Entwürfen nachvollziehbar. Das Werk des Tapeziermeisters gehört eben zu den ephemeren Künsten, und so müssen wir uns mit den Zeichnungen ihrer Vorstellungen begnügen. Das gefaltete Stoffplissee überzog Möbel, Wand und Decke und tobte mit Vorliebe in Alkoven um das Himmelbett.

Von der Warte »Funktion ergibt Form« aus gesehen sind diese Objekte subversiv; man könnte — der Gedanke ist nicht von der Hand zu weisen — von sublimiertem Widerstand sprechen.[12]

Ein Bericht Heinrich Laubes von einer Tanzveranstaltung des Johann Strauß Vater im Etablissement Sperl gibt uns den Eindruck eines Lebensgefühls weitab vom Klischee des zurückgezogenen häuslichen Daseins.[13]

Damenzimmer, Kat. VI/12

»In der Mitte des Gartens ist das Orchester, von dem verführerische Sirenentöne kommen, die neuen Walzer, der Ärger unserer gelehrten Musiker, die neuen Walzer, die gleich dem Stich einer Tarantel das junge Blut in Aufruhr bringen. In der Mitte des Gartens, bei jenem Orchester, steht der moderne Held Österreichs, Napoleon autrichien, der Musikdirektor Johann Strauß. Was den Franzosen die Napoleonischen Siege, das sind den Wienern die Straußschen Walzer.

Es ist eine bedenkliche Macht in dieses Mannes Hand gegeben. Er mag es sein besonderes Glück nennen, daß man sich unter Musik alles Mögliche denken kann, daß die Zensur sich mit den Walzern nicht zu schaffen macht und daß die Musik auf unmittelbarem Wege die Empfindungen anregt. Ich weiß nicht, was er außer Noten versteht, aber ich weiß, daß der Mann sehr viel Unheil anrichten könnte, wenn er Rousseausche Ideen geigte.

Die Wiener machten in einem Abende den ganzen contrat social mit ihm durch. Es ist bemerkenswert, daß die österreichische Sinnlichkeit nie gemein aussieht. Sie ist naiv und keine Sünderin. Die dortige Lust ist die Sünde vor dem Sündenfalle. Der Baum der Erkenntnis hat noch keine Definition, kein Raffinement nötig gemacht.«

Aber nicht nur in den erwähnten Fällen zeigt das Biedermeier eine extrovertierte Erscheinung, auch in der Wahl von Farben und Mustern demonstriert sich eine Lust an grellsten Kontrasten.[14]

Sieht man sich die Interieurdarstellungen dahingehend an, durchforscht man vor allem aber die Stoffe der Sammlung des »Fabriks-Producten-Cabinets«,[15] so ist festzustellen, daß es sowohl im Muster als auch in der Farbe eine solche Vielfalt an Entwürfen gab, daß man auf gar keinen Fall von *dem* »Biedermeier-Muster« sprechen kann. Gegebenenfalls könnte man alle Arten von Streumuster als typisch bezeichnen.

Möbelüberzüge machten mit grellen Tönen und Borten in kontrastierenden Komplementärfarben eine Sitzgarnitur zum Mittelpunkt. Diese stand vor einer geblümten Tapetenwand, und darunter lag ein Maschinenteppich in kräftigen bunten Karos. Kaschmirtücher lagen drapiert über dem Sofa, und Vorhänge versuchten ihre eigenen Töne in dieses fröhliche Farbenchaos zu bringen.

Der Fremde in Wien

Die Reiseliteratur der Zeit befaßt sich gerne mit der Kaiserstadt, und es ist aufschlußreich, was sie für

*Schlaf- und Wohn-
zimmer, Kat. VI/11*

berichtenswert hält. Es wird nicht nur das abwechs-
lungsreiche gesellschaftliche Leben betont, sondern
auch auf die erlesenen Produkte hingewiesen, die als
»Souvenir« erstanden werden konnten. Wie wichtig
das Kunsthandwerk genommen wurde, sollen Zitate
aus einem Fremdenführer des Jahres 1829 bezeugen.[16]
Bezeichnenderweise unter der Rubrik »öffentliche
Sammlungen« werden u.a. folgende Institutionen
empfohlen:
»Das National-Fabriks-Producten-Cabinet am k.k.
polytechnischen Institut ist in der Vorstadt Wieden
Nr. 28. In diese Sammlung können nur Meisterstücke,
die in ihrer Ausführung die Vollkommenheit eines
bestimmten Fabrikationszweiges darthun, aufgenommen werden. Solche Beyträge übersteigen schon die
Zahl von 18 000. Mit den Fabriks-Producten ist verbunden eine Sammlung von Musterwerkzeugen, über
3000 Stücke.«[17]
Im Geiste des Merkantilismus gründete Franz I.
1807 das »Fabriks-Producten-Cabinet«, um eine
Sammlung hervorragender Erzeugnisse, die Vorbild-
charakter für gewerbliche Produkte haben sollten,
stets der Öffentlichkeit zugänglich zu halten. Der
Staat hatte – über die in seinem Besitz befindlichen
Fabriken – einen beträchtlichen stilprägenden Ein-

fluß, den er verantwortungsbewußt nutzte. So gehörte
die k.k. Porzellanmanufaktur zu den besten Fabriken
ihrer Art, und eine Biedermeier-Wohnung ohne die
bemalten Bildteller, die sogenannten Wiener Teller,
Vasen, Duftgefäße, Schokoladetassen oder Biskuit-
figuren aus dieser Produktion wäre nicht vorstellbar:
»Die k.k. Porcellan-Manufaktur, in der Vorstadt Roßau
Nr. 137, war in ihrem Entstehen 1718 ein Privat-Unter-
nehmen. Seit 1744 besitzt sie aber das Ärarium. Die
Fabrik beschäftigt etwa 500 Arbeiter, und theilt sich in
die Fabrication, in die Weißdreherey, Bilderey und die
Mahlerey. Sie hat Meisterwerke der Kunst geliefert.
Das Porzellan dieser Fabrik ist wegen der Dauer,
Festigkeit, Weiße und Schönheit der Form, wegen
Mahlerey und Vergoldung berühmt, und hat sich
eines bedeutenden Absatzes, vorzüglich den der
Levante, nach Pohlen und Rußland, zu erfreuen.«[18]
Neben dem Porzellan schmückten die Vitrinen
aber auch bemalte und geschliffene Gläser. Die
böhmischen und schlesischen Glasmanufakturen
belieferten ganz Europa mit ihren Erzeugnissen.
Bemerkenswert waren die zahlreichen Experimente
und Erfindungen auch auf diesem Gebiet, so daß im
Hinblick auf Schliff, Farbe und Glasmasse die origi-
nellsten Produkte angefertigt wurden. In Wien waren

Gottlob S. Mohn und Anton Kothgasser die bekanntesten Glasproduzenten, die mit ihren Ranftgläsern und Freundschaftsbechern künstlerisch wertvollste Sammelobjekte anboten.[19]

Ebenso lieferten die Alt-Wiener Silberschmiede, zum Beispiel die Firma St. Mayerhofer, vollendet proportioniertes Dosen- und Silbergerät, das durch sein feines musikalisches Lineament besticht.

Neben den orientalischen Teppichen gab es eine preiswerte Variante, die im Idealfall in jeder Biedermeier-Einrichtung vorhanden zu sein hatte. Dazu lieferte die k.k. Linzer Wollzeug- und Teppichmanufaktur, seit 1754 ebenfalls ein Monopolbetrieb des Staates, die Ware.[20]

Die mit verschiedensten Mustern, seien es geometrische oder Streublumen, aber immer sehr bunt verzierten Maschinenteppiche konnten als Meterware erstanden werden und belegten den ganzen Raum. Das ist einer der Gründe, warum sich derart wenige Exemplare erhalten haben.

»Teppiche in größerer Auswahl im Verkaufslager der k.k. Linzer Wollzeug-Fabrik auf dem alten Fleischmarkte, im Laurenzergebäude Nro. 708. Dem Reisenden nicht unerwünscht dürfte folgende Nachricht über jene Anstalt selbst seyn: Die k.k. Linzer Wollzeug-Fabrik hat einen Linzer-Bürger, Nahmens Christian Sind, ihre Entstehung, und ihre Erweiterung der Orientalischen Compag. zu verdanken. Jene Epoche fällt in das Jahr 1672, und diese in das Jahr 1722.

Im Jahre 1774 übernahm sie die Staats-Verwaltung zur eigenen Regie, unter welcher sie auch heute noch betrieben wird. Zur Zeit ihres lebhaften Betriebes (zwischen 1780 u. 1790) erzeugte sie ein jährliches Quantum von 70 000−80 000 Stück Wollenzeuge und beschäftigte, mit Zurechnung der Spinner in Böhmen, beinahe 30 000 Menschen.«[21]

Es sieht so aus, als ob auch die Zeitgenossen den Wert jener Waren zu schätzen wußten, die heute die Zierde unserer Museen und privater Sammlungen sind. So werden dem Gast in Wien 1829 jene Firmen empfohlen, deren Namen auch heute noch ihren Glanz bewahrt haben.

Eine weitere Auswahl:

»Bronze-Waaren. Niederlage des Johann Danninger, in der Stadt, am Eck der Herrngasse Nr. 25. Fortepiano; bey Conrad Graf, Wien zum Mondschein nächst der Carlskirche Nr. 102, bey Stein und Nannette Streicher auf der Landstraße Ungergasse Nr. 371. Mathematische, optische und physikalische Instrumente bey Voigtländer, im Gumpendorf. Porzellan-Waaren. Außerordentlich schöne Gemählde auf Tassen und Tellern, Vasen-Blumenstücke-Figuren u.s.w. in der k.k. Porzellan-Niederlage am Josephsplatz Nro. 1155.

Shawls. Bekanntlich werden in Wien eben so schöne, als wohlfeine Shawls erzeugt, und es gehen von dieser Luxusware jährlich bedeutende Sendungen auf die Messen nach Frankfurt und Leipzig. Preiswürdige Fabrikate findet der Fremde in der Stadt, in großer Auswahl, bey Joseph Arthaber, Stephansplatz, Eck der Goldschmiedgasse.«[22]

Der Wiener Kongreß

»Jene Monate, wo in der Tat so ziemlich alles in Wien versammelt war, was mit Recht oder Unrecht, im Guten oder Schlimmen einen europäischen Namen besaß«[23].

Wien wirkte in diesen Jahren — als Folge der großen Völkerversammlung — mit seinen kunstgewerblichen Produkten, Moden und Stilen weit über die Grenzen des Reiches hinaus.

Durch diese äußeren Gegebenheiten und die Politik des Staatskanzlers Fürst Metternich wurde Wien zur europäischen Hauptstadt. Die Qualität des Handwerkes wurde von den Gästen offensichtlich erkannt, denn Herzog Ernst I. von Sachsen-Coburg-Saalfeld zum Beispiel »erwarb in Wien gleich anderen Kongreßteilnehmern, zahlreiche Luxusartikel und nahm Verbindung zu Künstlern und Kunsthandwerkern auf, die fortan für den Coburger Hof arbeiteten.«[24]

Wandel zum Historismus

Ab den dreißiger Jahren sind vor allem in den Möbelentwürfen immer stärkere Rückgriffe auf gotische, Empire- und sogar barocke Elemente festzustellen. Die Formen verhärten sich und zeigen ganz plötzlich Tendenzen zu bewußten Stilkopien. In der Mitte der vierziger Jahre wurden die Palais (zum Beispiel Fries-Pallavicini) wieder in Rokokoformen ausgestattet.

Im Gegensatz zum romantischen Zitieren vergangener Stile begründete man nun archäologisch wissenschaftlich, warum diese oder jene Formen, sei es

Arbeitsraum, Kat. VI/13

Gotik, Renaissance oder Barock, als Vorbild zur Gestaltung des Ambiente herangezogen wurden. Man wollte etwas »aussagen«, und damit ging die Unmittelbarkeit verloren. Dem jungen Kaiser Franz Joseph richtete seine Mutter Erzherzogin Sophie 1850 sein Appartement in der Hofburg wieder im »Blondelschen Stil«, d.h. in Rokoko, ein.[25]

Der Rückgriff auf diesen imperialen Stil hatte politische Bedeutung. Maßgebend war aber auch die natürliche Abkehr vom Stil der Väter, so daß man 1873 über die Zeit von 1820 nur mehr Negatives lesen kann.[26]

»Um die selbe Zeit scheint auch die Politur in Österreich Anwendung gefunden zu haben und selbst dieser Umstand wirkte ungünstig und hat seinen Anteil an der damaligen Geschmacksverirrung, man wollte nur recht große Flächen haben, um politieren zu können, jede Gliederung wurde vermieden. In der Zeit um 1816—1817 zeigt sich die Folge der Verarmung des Bürgerthums auch in dieser Sphäre, sowohl die künstlerische als die technische Seite in der Herstellung der Möbel sank auf die tiefste Stufe.«

Erst um die Jahrhundertwende, zur Zeit des Jugendstils, begann eine Rehabilitierung des Biedermeier einzusetzen, und es wird von der großen Architektengeneration, hier einträchtig Adolf Loos neben Josef Hoffmann, als würdig angesehen, in den Kreislauf der Stilrenaissancen aufgenommen zu werden.

Das Hofmobiliendepot

Die gesamte Entwicklung der Einrichtung von der zweiten Hälfte des 18. Jahrhunderts bis zum Ende des Historismus, wie sie hier skizziert wurde, kann lückenlos in den Sammlungen des ehemaligen k.k. Hofmobiliendepots nachvollzogen werden.

Franz I. unterstanden nicht nur zahlreiche ärarische Manufakturen, er bediente sich ihrer auch, ja er verlangte sogar in vielen Dekreten immer wieder, daß bei der Einrichtung der Appartements auf die Staatsbetriebe zurückgegriffen werden müsse. Um aus Anlaß des Wiener Kongresses alle hochrangigen Delegationen standesgemäß unterbringen zu können, mußten Unmengen von Mobiliar bei den Wiener Herstellerfirmen, allen voran Danhauser und Joseph Herbst, zunächst angemietet und dann gekauft werden. Diese Großeinkäufe versetzen uns heute in die glückliche Lage, einen umfassenden Überblick vom Spucknapf bis zum Giraffenklavier vorzufinden. Als Ergänzung muß auch die ehemalige Hoftafel- und Silberkammer genannt werden; dort geben die große Zahl der botanischen Porzellane, die Bildteller und Speiseservice aus der k.k. Porzellanmanufaktur einen Einblick in die Sammlertätigkeit des Kaisers, der, als Kind seiner Zeit, auch der »Blumistik« verfallen und daneben ein gelernter Gärtner und anerkannter Botaniker war.

Die Objekte dieser Sammlungen unterscheiden sich nicht von dem, was in gutbürgerlichen Häusern anzutreffen war — sie sind nicht imperialer oder kostbarer, nur weil sie vom Kaiserhaus angekauft wurden. Schon aus finanziellen Gründen konnte sich Kaiser Franz keinen übertriebenen Prunk leisten. Bei allen Einrichtungsfragen wurden von ihm stets die sparsamsten Varianten gefordert. So kann man kaum woanders in dieser Geschlossenheit in eine Epoche eintauchen, die uns heute sicher mehr zu bieten hat als den Inbegriff von Wohnlichkeit und liebenswerter kleinbürgerlicher Welt.

Wenn man im Biedermeier nur das sieht, was die Stilbezeichnung, die ursprünglich pejorativ gemeint war, impliziert, übersieht man, daß der durch die Zerrissenheit der Zeit erfolgte Rückzug in den häuslichen Bereich und die damit verbundene Auseinandersetzung mit dem umgebenden Ambiente neue Werte entstehen ließen, die zu einer Bereicherung des Lebens führten. Dieses Ideal hatte genug Kraft, um die großen und kleinen Dinge des täglichen Gebrauchs in das Konzept eines bürgerlichen Gesamtkunstwerkes einzubinden.

Die Hoffnung, daß schöne Umgebung positive moralische Kräfte freisetzen würde, war trügerisch, aber die wichtigsten Elemente dieses Stils prägen bis heute unsere Vorstellung vom »schönen Wohnen«. Das Ausschreiten der Möglichkeiten, bunte Phantasien in Wirklichkeit umzusetzen, und die Bewältigung der technischen Ansprüche ohne den Sündenfall industrieller Massenproduktion machen für uns den bleibenden Wert und auch den Reiz dieser Epoche aus.

DR. PETER PARENZAN, geboren 1939. Studium der Kunstgeschichte in Wien. Seit 1973 in der Bundesmobilienverwaltung tätig, seit 1984 wissenschaftlicher Leiter des ehemaligen Hofmobiliendepots und der ehemaligen Hofsilber- und Tafelkammer.
Forschungsschwerpunkte: Wiener Wohn- und Tafelkultur des 18. und 19. Jahrhunderts

Anmerkungen

[1] Politisches Testament Franz I. an Ferdinand I., seinem Sohn und Nachfolger, 28. Febr. 1835, Wien.
Österr. Staatsarchiv, Abt. Haus-, Hof- und Staatsarchiv, Familienurkunden Nr. 2347B

[2] Vgl. dazu Eva Schulze, Trautes Heim — Glück allein, Über die Domestizierung der Frau im Biedermeier, in: beiträge 4, München 1980, 63ff. — Philippe Ariès, Geschichte der Kindheit, Frankfurt am Main 1977

[3] Daß die Wirklichkeit anders aussah, soll hier nicht zur Debatte stehen. Es geht vor allem um die Darstellung von Idealen, die zur treibenden Kraft wurden

[4] Vgl. dazu Schulze. — R. Goebl, Innenraumgestaltung, in: Klassizismus in Wien, 56. Sonderausstellung des Historischen Museums der Stadt Wien, 15. Juni bis 1. Okt. 1978

[5] Vgl. dazu Goebl; Schulze, 64

[6] Die Firma Danhauser war von 1804 bis 1838 eine der größten Wiener Möbelmanufakturen und hinterließ eine umfangreiche Sammlung von Entwürfen; heute im Museum für angewandte Kunst

[7] Goebl, 41

[8] J. A. Lux, Biedermeier als Erzieher, zit. nach: Moderne Vergangenheit 1800—1900, Katalog zur Ausstellung, Wien 1981, 90ff.

[9] F. Windisch-Graetz, Der rätselhafte Meister P. Holl und die Wiener Kleinmöbel des frühen 19. Jahrhunderts, in: alte und moderne kunst 160/161, 1978, 29

[10] H. Löschenkohl, »Muster der neuesten Londoner Pariser und Wiener Meubles für Liebhaber des Geschmacks und der Bequemlichkeit, dann zum Gebrauch für Galanterie, Handelsleute, Silber- und Pronce-Arbeiter, Tischler, Tapezierer, Vergolder, Uhrmacher, etc. bey Löschenkohl in Wien 1803.« Historisches Museum der Stadt Wien, Inv. Nr. 111, 119/1—5. — R. Witzmann, H. Löschenkohl, Bildreporter zwischen Barock und Biedermeier, Wien 1978

[11] Museum für angewandte Kunst und Historisches Museum der Stadt Wien

[12] In diesem Zusammenhang sehe ich auch die folgenden Thesen von Thomas Pluch: »Im Biedermeier — so lautet meine Unterstellung zum Wesen dieser Stadt — durchlebte Wien seine Pubertät. Die Pubertät ist die Blütezeit des Unausgesprochenen, der gärenden Gefühle, der Flausen im Kopf, der süßen Schmerzen, der herben Enttäuschungen, der bitteren Verdrängungen, der endgültigen Komplexe. Wäre das Leben eine Landkarte, und könnte man die Pubertät als Landstrich auf ihr eintragen, so läge sie in der tiefsten Provinz, dort wo die weitschweifigsten Ideen den geringsten Handlungsspielraum haben, wo zwischen Vorsatz und Ausführung die größte Kluft liegt, wo die schönsten Hoffnungen versanden.« Th. Pluch, Gibt es eine Wien-Formel?, in: Wiener Zeitung, 18. 5. 1985

[13] H. Laube, Sperl in floribus, in: Reise durch das Biedermeier, Hamburg 1965, 247ff.

[14] Der heute allgemein als Biedermeierblümchenstreif angebotene Normstoff ist eigentlich einem josephinischen Kleiderstoff nachempfunden und wurde um 1900 zum Einheitsbezug deklariert

[15] Im Besitz des Museums für angewandte Kunst

[16] Wilhelm Hebenstreit, Der Fremde in Wien und der Wiener in der Heimath. Vollständiges Auskunftsbuch für den Reisenden nach Wien etc., Wien 1829

[17] »Ferner hat das Institut eine merkwürdige Sammlung von Mobilien; ein physikalisches Cabinet; ein mathematisches, eine mechanische und mathematische Werkstätte mit allen

Hilfsmaschinen; eine belehrende Sammlung für die Waaren-
kunde, und eine der chemischen Präparate und Fabrikate.
Eintritt vom 1. April bis Ende Octobers an jedem Sonn-
abende von 8—1 Uhr Mittags.« Die Objekte, Stoffe, Tapeten,
Beschläge usw. befinden sich heute im Inventar des Museums
für angewandte Kunst

[18] Als Beispiel für frühindustrielle Fabrikationsweise sei weiter
Hebenstreit angeführt: »Unter der Leitung ihres derzeitigen
Directors dürfte die Krisis, in welcher das Institut, durch die
Nacheiferung der böhmischen Steingut- und Porzellan-Fabri-
ken, gekommen ist, glücklich vorübergehen. Besonders se-
henswerth sind die neuen Anordnungen, nahmentlich der
Bau des sogenannten Berliner-Brennofens; die Anwendung
einer Dampfmaschine, von 4 Pferde Kraft, zum Zerstampfen
der Kapselschroben, und zum Feinmahlen des Flußspaths,
sowie die Röhren-Beheizung der zur ebenen Erde befindlichen Weißdreherey, und der Mahlerey im ersten Stock,
wobey der von der Dampfmaschine abgehende Dampf noch
als wärmendes Mittel benutzt wird«

[19] Hebenstreit empfiehlt als Einkaufsadressen: »Glaaswaren:
in der Handlung des Joseph Rohrwerk, auf dem Graben
Nro. 571 (besonders schön); der Gebrüder Görner in dem
Bürgerspital, in der Stadt Nro. 1099; in der Niederlage auf
dem Kohlmarkt und Michaeler Hause, und bey Jos. Lob-
mayer, am Eck der Weihburggasse, in der Kärnterstraße.
Feine Mahlerey, und treffliche Vergoldung auf Gläser liefert
Anton Kothgasser, in der Alservorstadt, Währingerstraße
Nro. 275«

[20] Dora Heinz, Linzer Teppiche, Wien 1955

[21] Hebenstreit

[22] Ebenda

[23] Egon Friedell, Kulturgeschichte der Neuzeit, ungekürzte Ausgabe in einem Band, München 1965, 957

[24] L. Seelig, Wiener Biedermeier in Coburg, in: alte und
moderne kunst 178/179, 1981. — Im Artikel von L. Seelig ist bis
ins Detail genau durch Korrespondenz, Rechnungen und
Abbildungen belegt, wie es zu umfangreichen Schloßeinrich-
tungen in Coburg durch Wiener Firmen, allen voran Josef
Danhauser, kam

[25] M. Zweig, Zweites Rokoko, Wien 1924

[26] W. F. Exner, Beiträge zur Geschichte der Gewerbe und Erfindungen Österreichs, 1872, 399; zit. nach Christian Witt-
Dörring, Schein und Sein — Form und Funktion. 1800 Das
moderne Möbel 1900; in: Moderne Vergangenheit, 22

Die Industrialisierung in der Metropole

Sylvia Mattl-Wurm

In seinem historischen Städtevergleich bescheinigt Donald J. Olsen der Habsburger-Residenz schon für das 19. Jahrhundert eine historisierende und künstlerische Aura, die sie von den dynamischen europäischen Metropolen trennen sollte. Der Mangel an Mechanisierung der innerstädtischen Verkehrsmittel und Zentralisierung der urbanen Energieversorgung, die Medium und Antriebskräfte in einem der sich industrialisierenden europäischen Großstädte waren, zählt zu den wiederkehrenden Wahrnehmungen zeitgenössischer Reiseberichte. Die Tendenz zur musealen Selbstkonservierung eines höfisch-aristokratischen Ambiente sperrte die Stadt gegen die modernen Zeiten und ihre Zeichen ab.[1]

1801 war in Wien die erste, aus England importierte mechanische Spinnmaschine der Monarchie zur Aufstellung gelangt. Die Baumwoll- und Seidenproduktion von Heimarbeitern, kleinen Gewerbebetrieben und Manufakturen bildete den wirtschaftlichen Rückhalt der Stadt. Doch die beginnende Industrialisierung führte nicht zur weiteren Konzentration von Wiener Unternehmungen, sondern zu deren Abwanderung. Auf der Suche nach billigen Arbeitskräften und ausreichenden Energiequellen setzte eine Flucht eingesessener Fabriken aus der Stadt ein. Bedeutsame Beispiele dieses Strukturwandels wurden die Übersiedelung der Hornbostelschen Seidenfabrik — mit mehr als 200 Webstühlen und 600 Beschäftigten ein »Großunternehmen« — im Jahre 1816 in den rund 40 Kilometer entfernten Ort Leobersdorf und jene des renommierten Teppichfabrikanten Phillip Haas 1840 ins nahegelegene niederösterreichische Dorf Ebergassing.[2]

Eine von der niederösterreichischen Statthalterei 1837 angeordnete Betriebszählung für Wien brachte die nach wie vor dominierende Stellung des Textilgewerbes zum Vorschein. Von 24 396 erfaßten Unternehmungen — darunter befanden sich auch Gastwirte und Viktualienhändler — gehörten mehr als 12 Prozent den Seide, Baumwolle oder Wollzeug verarbeitenden Zweigen an. Ein Vergleich mit jenen Unternehmungen, die den »reinen« Typus der Industrie verkörpern, spricht noch deutlicher: während die 57 mechanischen und Maschinenbauunternehmen 133 Gesellen und 14 Lehrlinge beschäftigten, arbeiteten 1151 Gesellen, 575 Lehrlinge und 1123 Arbeiterinnen bei den 533 Samt-, Seide- und Dünntuchfabriken.[3] Die Ergebnisse der Gewerbezählung von 1837 indizierten zugleich, daß der naheliegende Wandel der traditionellen Wiener

ARBEITS-SAAL N? 1 IM APOLLO-SAALE.

Apollo-Kerzen-Fabrik im Apollo-Saale, Kat. II/14a

Gewerbe- und Manufakturbetriebe hin zu einer städtischen Industrie im »Vormärz« unterblieben ist. Nur wenige Betriebe beschäftigten mehr als hundert Arbeiter, viele der als Fabriken registrierten Gebäude der Seiden-, Baumwoll- und Leinenunternehmen dienten oftmals nur als Lager, die Produktion mit bereitgestellten oder familieneigenen Werkzeugen fand jedoch in den Wohnungen statt. Während für die aufkommende Industrie die Kombination vieler Arbeiter an einer Arbeitsstätte, mit produktionsfördernder Arbeitsteilung nach möglichst kleinen Arbeitsschritten und die Verwendung von (dampfgetriebenen) Antriebs- und Werkzeugmaschinen entscheidend wurde, verblieb die eingesessene Wiener »Industrie« auf dem Niveau der handwerklichen Arbeitsorganisation und des hausindustriellen Systems. Ein initiativer Schuhmachermeister beispielsweise, der für den Export arbeiten ließ, beschäftigte von seinen rund 60 Arbeitern 30 im eigenen Betrieb und ebenso viele außer Haus im Stücklohn.[4]

Die Stadtstruktur mit ihrem begrenzten Angebot an geeigneten Betriebsflächen und Naturressourcen, den ungenügenden Transportsystemen, mit ihrer auf hand-

werkliche Luxusprodukte und persönliche Dienste eingestellten Nachfrage gab wenig Anregung zur Neuorientierung. Einen gleichwertigen Anteil hatte allerdings die absolutistische Regierungspolitik zu verantworten, die unter der Regentschaft von Franz I. eine sozial restaurative Tendenz verfocht. Das Festhalten an der obrigkeitlichen Grundherrschaft verhinderte die massive und sprunghafte Ansammlung von Kapital, die zur Ingangsetzung industrieller Akkumulation notwendig gewesen wäre. Zusätzliche Behinderungen erwuchsen aus der Aufrechterhaltung handelsbeschränkender Zollgrenzen innerhalb des Gebietes der Monarchie. Eine Reihe industriefeindlicher Gesetze verfolgte die Absicht, der Konzentration eines industriellen Proletariats vorzubeugen. Umkämpft waren unter anderem das 1822 erlassene (allerdings wenige Jahre später revidierte) Verbot der Erteilung weiterer Gewerbebefugnisse durch die zuständigen Polizeibehörden und die Vorschriften über den verpflichtenden Bau von Arbeiterwohnungen bei der Neuerrichtung von Fabriken, was durch Kostensteigerung eine eindämmende Wirkung ausüben sollte. Zollinien zur Einhebung sogenannter »Verzehrungs-

Apollo-Kerzen-Fabrik im Apollo-Saale,
Kat. II/14b

ARBEITS-SAAL Nº II IM APOLLO-SAALE.

steuern« innerhalb des Stadtgebietes schufen unter-
schiedliche Produktionskosten auf engstem Raum.

Eine liberale Hochbürokratie verstand es allerdings,
von Fall zu Fall die prohibitiven Bestimmungen zu
umgehen und die Ansiedlung von Maschinenindu-
strien zu ermöglichen. Als der Finanzfachmann und
Initiator der 1818 gegründeten Notenbank Karl Friedrich Freiherr von Kübeck 1840 sein Amt als Hofkam-
merpräsident antrat, äußerte er Metternich gegenüber seine skeptische Haltung zur bislang verfolgten
Wirtschaftspolitik des Regimes: »Die österreichische
Regierung«, meinte Kübeck, »hat in dem Bereiche der
Industrie und des Handels wohl verwaltende Maxi-
men und darauf begründete gesetzliche Bestimmungen und Maßregeln befolgt, aber eine ausgesprochene, positiv festgesetzte Richtung ihrer Politik fehlt
allerdings in diesem wichtigen Zweige.«[5]

John Komlos hat in seiner Studie über die wirtschaftliche Entwicklung der Habsburger-Monarchie
im 19. Jahrhundert gegen eine allzu simple Inan-
spruchnahme staatlicher Interventionen zur Erklärung von Wachstums- und Stagnationsprozessen treffend eingewandt, daß die schwachen ökonomischen

Potentiale des merkantilen und freihändlerischen
Staates eine politische Initialzündung zugunsten der
Industrialisierung wenig glaubhaft erscheinen lassen.[6] Für die Strukturbildung dagegen scheint der
Ausarbeitung industrieller Leitprojekte eine nicht
unerhebliche Bedeutung zuzukommen. Die »positive« Industriepolitik, von der Kübeck gesprochen
hat, ließ sich bereits ein Jahr nach seinem Amtsantritt
mit einem konkreten staatlichen Großprojekt verbinden, das auch der Reichshauptstadt Wien ein neues
Profil verleihen sollte: dem Eisenbahnbau.

Vom Eisenbahnbau waren nicht nur günstigere
Rohstoffkosten und intensivere Handelsbeziehungen
zu erwarten, sondern vielfältige volkswirtschaftliche
Effekte, die in der Stimulierung einer ganzen Reihe
von vor- und nachgelagerten Industrien, der beschleu-
nigten Einführung maschineller Antriebskräfte und
letztlich der Konzentration von Kapital in großem
Ausmaß bestanden. Die technischen und personellen
Voraussetzungen für den Eisenbahnbau in Österreich
waren gegeben: Paradoxerweise war gerade in Österreich die erste Eisenbahnlinie von bedeutender Länge
entstanden, und zwar die Pferdeeisenbahn von Linz

nach Budweis, die — 1807 erstmals geplant — im Jahre 1825 unter der Leitung des Wiener Ingenieurs Franz Anton von Gerstner in Bau ging. Nach sieben Jahren Bauzeit wurde die Grundstrecke auf einer Länge von 127 Kilometern in Betrieb genommen, die in den nachfolgenden vier Jahren um weitere 70 Kilometer bis zu den Gmundner Salinen erweitert worden ist. Schon bei dieser Pionierarbeit zeigte sich das Grundproblem des forcierten Bahnbaues in Österreich. Die Finanziers und Bankunternehmer Sina, Stamez und Geymüller, die auch die Subskription der Gesellschaftspapiere organisierten, lehnten den Plan Gerstners ab, einen Unterbau in Anwendung zu bringen, der die spätere Umstellung auf Dampfkraft hätte ermöglichen sollen; die Baukosten hatten sich zum Zeitpunkt dieser Entscheidung ohnedies bereits beinahe verdreifacht.

Die privaten Kapitalfonds reichten nicht hin, um in den 1830er Jahren ein volkswirtschaftlich brauchbares Schienennetz zu planen. Am 23. November 1837 ging die erste Teilstrecke der gleichfalls von einem Bankensyndikat finanzierten Kaiser-Ferdinand-Nordbahn zwischen Floridsdorf bei Wien und Deutsch-Wagram unter enthusiastischer öffentlicher Teilnahme in Betrieb, doch mit den bis 1840 erreichten 144 Kilometer Schienenstrang ließ sich der Rückstand im europäischen Vergleich nicht aufholen (vgl. Tabelle 1). 1841 faßten Kübeck und Metternich den Entschluß, eigene Staatsbahnen zu gründen, die Wien mit Prag (und Dresden) sowie mit Triest verbinden sollten.

Die günstigen Auswirkungen des Eisenbahnbaus auf die industrielle Produktion wurden bereits im ersten systematischen Überblick über die industriellen Verhältnisse Österreichs, der 1841 als »Tafeln zur Statistik der österreichischen Monarchie« erschienen ist, erkannt. Der Bericht hob neben gestiegenen Ansprüchen der Manufakturen »endlich das Entstehen der Dampfschiffahrt und der Eisenbahnen« als mächtigen Anstoß zur Entfaltung einer neuen, vielversprechenden Industrie hervor — jener des Maschinenbaues.

Von dieser Entwicklung ganz besonders bevorzugt wurde die Reichshaupt- und Residenzstadt Wien, die als Zentralstelle des aufkommenden Eisenbahnverkehrs zum bevorzugten Standort der Maschinenindustrie aufsteigen sollte (vgl. Tabelle 2). Über die Bedeutung für die Einführung neuer Techniken im Gesamtfeld der Industrie hinaus konnten die Maschinenfabriken durch ihre Arbeitsorganisation und die Beschäftigung einer Vielzahl von qualifizierten und unqualifizierten Arbeitern unter einer einheitlichen Leitung eine dominierende und die Entwicklung prägende Rolle einnehmen. Die Wien-Gloggnitzer Lokomotivfabrik beispielsweise, eine der fünf großbetrieblichen Maschinenfabriken in Wien (die allerdings, als ein weiteres Spezifikum der Branche, in vielen Fällen von der Führung durch englische Ingenieure wie John Haswell, den eigentlichen Begründer des österreichischen Lokomotivbaues, abhängig waren), verfügte 1845 bereits über 105 Maschinen und 600 bis 800 Arbeiter.

Die industrielle Revolution, die mit dem Maschinenbau im Dienste der Eisenbahn Mitte der 30er Jahre Wien erfaßt hatte, blieb zunächst ein reichlich hermetisches Fragment. Neue, mit den Bahnhöfen und den Maschinenbaufabriken verknüpfte Agglomerationszentren entstanden in den heutigen Bezirken 2, 3 und 4, ohne ihre Technologie in die Innere Stadt

Tabelle 1: Eisenbahnkilometer (ohne Pferdebahnen)

Land	1835	1840	1845	1850	auf 1000 km²	auf 1 Mio. Einwohner
Österreich	—	144	728	1 357	4,5	78
Ungarn	—	—	35	222	0,7	17
Großbritannien	253	1 349	4 038	10 660	33,5	393
Deutschland	6	468	2 143	5 859	10,8	166
Frankreich	142	427	871	3 009	5,6	85
Belgien	19	335	578	855	29,5	194
Rußland	—	27	151	618	0,1	10

Nach Matis, Technik, S. 22 (Anm. 2)

Tabelle 2: Industrielle Nutzung der Dampfkraft (ohne Lokomotiven und Dampfboote) im Jahr 1840

	Dampfmaschinen	in PS
Wien	35	395
Triest	13	913
Brünn	30	297
Prag	14	143

Tafeln zur Statistik der österreichischen Monarchie, 1841 (Anm. 7)

oder die Vorstädte und ihr Gewerbe vorzuschieben. Großteils werkten diese Fabriken für den eigenen Bedarf der Eisenbahngesellschaften, denen sie angegliedert waren. Die Werkstätte der Wien-Gloggnitzer Bahn etwa produzierte in den ersten Jahren ihres Bestehens 8 Lokomotiven, 81 Personenwagen, 73 Güterwagen, Drehscheiben und zahlreiche Hilfsmaschinen auf eigene Rechnung, aber bloß 2 Dampfkessel, 1 Stampf-, 1 Bohr-, 1 Hobel-, 1 Schraubenschneidmaschine und 2 Kreiserad für fremde Kunden, wie die »Tafeln zur Statistik der österreichischen Monarchie« akribisch festhielten. Die Eisenbahn repräsentierte gemeinsam mit der Dampfschiffahrt sozusagen einen Brückenkopf des Industriesystems in einer barocken Stadtordnung.

Während die innerstädtischen Verkehrssysteme von der Industrie wenig berührt wurden, nahmen die Eisenbahn und die Schiffahrt einen enormen Aufschwung. Die 1829 von John Andrews und Joseph Pritchard als Aktiengesellschaft gegründete K.K. privilegierte erste Donau-Dampfschiffahrts-Gesellschaft stellte ein gewaltig expandierendes Unternehmen dar, das seinen Teil zur allgemeinen Durchsetzung der Industrie beitrug — sowohl in der Beschleunigung und Vermehrung des Warenhandels als auch in ihrer Eigenschaft als einer der ersten und größten Nutznießer der industriellen Dampfkraft. Zwischen 1835 und 1841 verachtfachte sich der Personenverkehr auf der »DDSG« (allein im Bereich der oberen Donau) und vervielfachte sich das Frachtaufkommen um 1500 Prozent. Und während 1841 für Niederösterreich und Wien eine Dampfmaschinenleistung von 758 PS gezählt wurde, verfügte die aus zehn Schiffen bestehende Flotte der »DDSG« allein über 860 PS.[7]

Für den Massenverkehr viel bedeutsamer als der Schifftransport wurde die Eisenbahnreise, wobei zu

Beginn der 40er Jahre der Personenverkehr auf den wichtigsten Strecken den Warenverkehr weit übertraf. Die Greuelpropaganda der Eisenbahngegner, Bahnunfälle und die weitverbreitete Furcht vor dem Verlust überlieferter Ordnungssysteme konnten offenbar ebensowenig wie mangelnder Komfort die Anziehungskraft der Bahn behindern. 1841 beförderte die Nordbahn 334 433 Personen, die in den Süden Richtung Semmering führende Wien-Gloggnitzer Bahn bereits 1 306 951, und dies bei relativ hohen Preisen (die meisten Passagiere zogen deshalb die billigeren offenen Wagen der Dritten und Vierten Klasse vor).

Der hohe Stellenwert des Personentransports durch Bahn und Dampfschiff stand in scharfem Kontrast zur beschränkten Rückwirkung der neuen Technik auf das städtische Gefüge selbst. Während die Austauschbeziehungen der Stadt mit dem umliegenden Land durch die Eisenbahn und die Dampfschiffahrt einer radikalen Veränderung unterworfen worden sind, griffen die industrialisierte Infrastruktur und das ihr eigene Raumgefühl nur begrenzt in den innerstädtischen Bereich über. Die Stadtverwaltung beschränkte sich auf die Herstellung großzügigerer Verbindungen zwischen Zentrum und Vorstädten, wo dies durch Abbruchtätigkeiten möglich wurde. Die Mechanisierung der Stadt durch Gas- und Wasserleitungen blieb gegenüber den europäischen Metropolen wie London eklatant zurück. Die Anlage von Schienenstraßen und selbst die pferdegezogenen Linienbusse blieben einer späteren Entwicklung vorbehalten; im innerstädtischen Verkehr dominiert der Stellwagen, wie er — abgesehen von Qualitätsverbesserungen — bereits im ausgehenden 18. Jahrhundert anzutreffen war. Die Bemühungen der Stadtverwaltung gingen dahin, ein gut ausgebautes Straßennetz zur Verfügung zu stellen. Die Pflasterung der Innenstadt und die Erschließung der in den Industrialisierungsprozeß einbezogenen, immer wichtiger werdenden Vorstädte machte auf nicht wenige auswärtige Besucher Wiens einen nachhaltigen Eindruck. Die englische Schriftstellerin Frances Trollope, die auf einer ihrer Europareisen in Wien Station gemacht hat, schilderte: »Das Straßenpflaster ist hier bewundernswert; ob es von der Beschaffenheit der Steine oder von der geschickten Art, sie aneinanderzufügen, herrührt, weiß ich nicht, aber ich habe niemals Straßen in so vollkommen gutem Zustande von einem Stadtende zum anderen gesehen.«[8] — Der Wiener Magistrat hatte 1838 immerhin 8 Prozent der Gesamtausgaben der Hauptstadt für die Erhaltung der Straßen in den Vorstädten und die Pflasterung der Inneren Stadt ausgegeben (ein offenkundiges Defizit des städtischen Straßenwesens, das auch Frances Trollope heftig kritisierte, war dagegen das angeblich vollständige Fehlen von Trottoirs, das die Fußgänger völlig wehrlos dem Wagenverkehr ausgeliefert hat).

Die von Bahn und Dampfschiffahrt ausgehenden Impulse haben Wien in den 30er und 40er Jahren des 19. Jahrhunderts zu einem der Hauptzentren für eine entwicklungsfähige Industrie werden lassen. Die wachstumsfähigen und dynamischen Branchen, wie die Maschinenbau- und Metallindustrie, wurden in diesen Jahren grundgelegt, wenn sie auch erst in späterer Zeit ihre besondere und für Wien überaus günstige Bedeutung im Rahmen der Gesamtwirtschaft erreichen sollten. An die 50 Prozent aller Maschinenbaufirmen waren im »Vormärz« in der Haupt- und Residenzstadt angesiedelt. Nach wie vor dominierten in den 40er Jahren allerdings die alten Industrien, die Seiden- und Wollfabriken, die Baumwollwebereien, die Schalproduzenten, die Bandfabrikanten und Posamentierer, die 1841 mehr als die Hälfte der Wertproduktion der Wiener Industrien stellten. Und nach wie vor dominierte ein »protoindustrielles« System, das auf der Geschicklichkeit und Leidensfähigkeit von Manufaktur- und Hausarbeitern beruhte.

Anmerkungen

[1] Donald J. Olsen: Die Stadt als Kunstwerk. London, Paris, Wien, Frankfurt/New York 1988, S. 89ff.
[2] Für einen Überblick zur Wirtschaftsgeschichte Wiens in »Vormärz« und Biedermeier vgl.: Johann Slokar: Geschichte der österreichischen Industrie und ihrer Förderung unter Kaiser Franz I. Wien 1914; Josef Ehmer: Produktion und Reproduktion in der Wiener Manufakturperiode, in: Wien im Vormärz. Wien/München 1980, S. 107ff.; Renate Banik-Schweitzer/Gerhard Meißl: Industriestadt Wien. Die Durchsetzung der industriellen Marktproduktion in der Habsburgerresidenz, Wien 1983; Herbert Matis: Technik und Industrialisierung im österreichischen Vormärz, in: Technikgeschichte, Bd. 36/1969, Düsseldorf 1969.
[3] vgl. Ehmer, a.a.O., S. 116.
[4] vgl. Gerhard Meißl: Vom Brillantengrund zur Favoritenlinie. Zum Wandel der Produktion im Wiener Vormärz, in: Bürgersinn und Aufbegehren. Biedermeier und Vormärz in Wien 1815–1848, Wien 1987, S. 555/56.
[5] zit. nach Wolfgang Häusler: Von der Massenarmut zur Arbeiterbewegung. Demokratie und soziale Frage in der Wiener Revolution von 1848, Wien/München 1979, S. 47.
[6] John Komlos: Die Habsburger-Monarchie als Zollunion. Die Wirtschaftsentwicklung Österreich-Ungarns im 19. Jahrhundert, Wien 1986.
[7] vgl. Tafeln zur Statistik der österreichischen Monarchie 1841.
[8] Frances Trollope: Briefe aus der Kaiserstadt. Frankfurt/M. o.J., S. 29/30.

DR. SYLVIA MATTL-WURM, geboren in Wien. Studium der Geschichte und Kunstgeschichte in Wien. Mitarbeit bei Großausstellungen, 1980–1982 Arbeit in der Denkmalpflege. Seit 1984 wissenschaftliche Referentin am Historischen Museum der Stadt Wien

BIEDERMEIER

DIE GROSSE ZEIT DER WIENER MODE

Regina Karner

Politischer, kultureller und gesellschaftlicher Mittelpunkt, Treffpunkt der regierenden Monarchen und Staatsmänner, der schönsten Frauen, der Adabeis und Möchtegerne, das war Wien zur Zeit des Wiener Kongresses geworden. Mit Clemens Lothar Wenzel Fürst von Metternich, dem »Kutscher Europas«, als Staatskanzler sollte die Habsburger Monarchie in den nächsten Jahrzehnten eine dominierende Rolle unter den europäischen Staaten einnehmen. Kapitalkräftige und innovationsfreudige Unternehmer setzten nach den Kriegsjahren neue wirtschaftliche Impulse, die sich natürlich auch auf dem Sektor der modeverarbeitenden Branchen sowie der Mode selbst bemerkbar machten.

Der Seiden- und Baumwollindustrie, die 1817 eine arge Depression erlebte,[1] gelang es durch entscheidende Verbesserungen in der Produktionstechnik (Verwendung von selbstwebenden Stühlen, Stühlen für Herstellung schmälerer Stoffbahnen, Jacquardwebstühlen,[2] ohne welche die Streublumenmuster der Damenkleider und Herrenwesten der Biedermeierzeit nicht denkbar gewesen wären) und die Einbeziehung der oberitalienischen Provinzen in das Zollgebiet der Monarchie, um die Rohstoffversorgung (z.B. noch nicht gefärbte und verwebte Seide)[3] zu gewährleisten,[4] einen Konjunkturaufschwung in den zwanziger Jahren des 19. Jahrhunderts zu erzielen. Dieser Aufschwung kapitalkräftiger Großunternehmer brachte aber die Schließung vieler Kleinbetriebe mit sich, da diese konkurrenzunfähig geworden wären.[5] 1840 war die Umwandlung vom Klein- zum Großbetrieb vollzogen.

Trotz der Erfindung der Nähmaschine durch Josef Madersperger (1808) wurde die Kleidung der Biedermeierzeit noch handgenäht, so vielschichtig die Gründe dafür auch sein mögen, wie aus Ablehnung dem Neuen, Unbekannten gegenüber, aus Konkurrenzgründen und/oder weil diese Erfindung noch technischer Verbesserungen bedurfte, um sich nach der Jahrhundertmitte durchzusetzen. Der berühmteste Herrenkleidermacher in Wien war damals Josef Gunkel, den Johann Nestroy in seiner Posse »Der Zerrissene« mit Herrn von Lips verewigte: »Ich hab vierzehn Anzüg', teils licht und teils dunkel. Die Frack und die Pantalon, alles von Gunkel . . .«.[6] Sein Haus am Graben zählte zu den ersten Schneidergroßbetrieben. Er beschäftigte u.a. 25 Meister für die Herstellung der Herrenhosen, 30 Arbeiterinnen für die Herstellung von Herrenwesten und 80 Arbeiter.[7]

Die berühmtesten Damenkleidermacher waren Friedrich Bohlinger am Kohlmarkt, Gottfried Röhberg in der Dorotheergasse[8] und Thomas Petko am Heidenschuß.[9] Einen wichtigen Beitrag zur Verbreitung der Wiener Mode leistete Johann Schickh, Besitzer der Modewarenhandlung »Zu den drey Grazien« am Kohlmarkt.[10]

Er gründete 1816 die Wochenzeitschrift »Wiener Modenzeitung« und leitete damit für die Wiener Mode und die Wiener Schneider eine neue Ära ein. Es war ihnen jetzt möglich geworden, ihre Kreationen in dieser Zeitschrift zu veröffentlichen. Insgesamt erschienen in den 35 Jahren von 1816 bis 1848 über 1700 handkolorierte Modeblätter.[11] Sie geben uns heute noch einen ausgezeichneten Überblick über die Wiener Mode dieser Jahrzehnte. Abgesehen von den Modebeilagen wurden Prosa, Lyrik, Reisebeschreibungen, Theaterrezensionen, Nachrichten aus der Literatur-, Kunst- und Musikwelt veröffentlicht. U. a. schrieben Franz Grillparzer und Adalbert Stifter für die Zeitschrift.[12] 1817 wurde der Titel auf »Wiener Zeitschrift für Kunst, Literatur, Theater und Mode« geändert, der bis zur Einstellung 1848 blieb. Bedeutend waren die Modeblätter der Zeitschrift deshalb, weil sie bewußt nur Wiener Mode nach Originalentwürfen von Wiener Schneidern veröffentlichte, im Gegensatz zu Bäuerles »Theaterzeitung«, die Pariser Mode zeigte.[13] Die handkolorierten Kupferstiche zählten zu den schönsten Europas. Für die Damen- und Herrenmode sowie modische Accessoires waren als Zeichner der Maler Johann Nepomuk Ender und der Kostümdirektor beider Hoftheater, Philipp von Stubenrauch, als Stecher Franz Stöber engagiert. Neben den Modeblättern erschienen auch Beilagen mit Möbeln und Interieurs, die neuesten Wagenmodelle, seit 1840 Porträtbeilagen und nicht zuletzt Notenbeilagen mit Kompositionen von Franz Schubert und Conradin Kreutzer.[14]

Doch wie kleidete sich eine charmante Wienerin, ein eleganter Wiener der besseren Gesellschaft?

In den Jahren während des Kongresses bis etwa 1820 trug sie ein Kleid, das dem Schnitt des Empire voll entsprach. Es hatte eine hochangesetzte Taille, einen eher geraden, nur im Rücken gebogenen, leicht ausgestellten langen Rock und enganliegende lange Ärmel, die zumeist an den Schultern kleine Puffen hatten. Um ein Kleid für zweierlei Anlässe verwenden zu können, nahm die Dame die langen Ärmel ab, so daß nur die Puffen blieben, und sie hatte daraus ein

Ballkleid gemacht.[15] Blonden- oder Vapeurspitzen, Stickereien und Durchbrucharbeiten zierten oft den Halsausschnitt, das Oberteil, die Ärmelenden und den Rocksaum.[16] Weiß war die Modefarbe in diesen Jahren. Daneben gab es noch Kombinationen von Weiß-Blau, Weiß-Grün und zarten Pastelltönen.[17] Ab 1818 zeigte die Modenzeitung Tageskleidung mit quadrillierten Mustern,[18] für die die Wienerin in den nächsten Jahren eine besondere Vorliebe entwickelte. Die ersten karierten Kreationen stießen aber auf ziemliches Unverständnis, schenkt man einem Zeitgenossen Glauben, der schrieb: ». . . die jetzt mehr als je in seidenen Stoffen, Merinos und Galicos, zur größten Bekleidung eines an ruhige Licht- und Faltenbrechungen gewöhnten Auges, herrschende Mode in quadrillierten oder gewürfelten Mustern, sey eine barbarische Tracht (. . .). Wenn ich vorher nur noch in Beziehung auf diese schottischen Stoffe Herder's Ausspruch in Erinnerung gebracht habe: Unsere Kleidung hat Penia, die Dürftigkeit selbst erfunden und eine Megäre des Luxus und der Unvernunft vollendet.«[19] Die Stoffe der Kleider waren aus verschiedenen Baumwollgeweben (Perkal, Batist, Musselin, Popeline), aus Seiden (Gros de Naples, Taffet, Atlas, Marcelline) und aus Schafwolle (Merino).[20] Dem Schnitt des Kleides entsprach auch der des Mantels. Bevorzugte Farbkombinationen für die Überkleidung waren entweder Weiß-Grün oder Weiß-Blau, aber auch Stoffe mit Karo- und zarten Streifenmustern fanden Verwendung. Verziert waren die Mäntel zumeist mit Epauletten und Schnüren. Der Spenzer, eine kurze enganliegende Jacke, der nur bis zur Taillennaht des Kleides reichte und lange Ärmel hatte, bewährte sich ebenfalls jahrelang als Überkleidung in der Damenmode.[21]

Beliebte Accessoires waren ein Knickschirm, um das Gesicht vor der Sonne zu schützen, ein Fächer, Handschuhe und ein Kaschmir- oder Seidenschal. Dieser berühmte »Wiener Shawl«, vorerst rechteckig, später viereckig und so groß, daß sich die Dame fast vollständig umhüllen konnte, war von bunter Farbigkeit, mit gestreiftem, geblumtem, quadrilliertem oder türkischem Muster. Unerläßliche Kopfbedeckung war die Schute, ein breitkrempiger Hut aus Atlas oder Stroh, der mit Schleifen, Spitzen, Federn und Blumen verziert sein konnte. Eine treffende, wenn auch nicht gerade schmeichelhafte Beschreibung derselben lieferte Egon Friedell: ». . . eine Art Pferdehüte, sehr groß und sehr unpraktisch, das Gesicht wie Scheuklappen

Kat. VII/7   Kat. VII/9

einhüllend, so daß man in ihnen am Hören und
Sehen verhindert war«.[22] Daneben gab es aber auch
den Kopfmantel, »ein gegen die Kälte sehr zweckmä-
ßiges Putzstück, dessen sich die Damen zu Spazier-
fahrten, Theater usw. bedienen, und der sowohl über
Hüte als über den blossen Kopf gelegt, in Gesellschaft
aber abgenommen wird«; er war aus Vapeurspitzen
und konnte vier Wiener Ellen lang sein.[23] Die zier-
lichen Füße steckten in flachen Kreuzbandschuhen.
Als Modeneuheit von 1817 zeigte die Modenzeitung
den ersten Hosenrock für Damen mit folgender
Beschreibung: »Wenn die Dame auf Männerart reitet,
so überschlägt sie die Theile und knöpft selbe über
den Fuß, daß sie ein Beinkleid bilden.«[24] Durchsetzen konnte sich der Hosenrock in der Damenmode
allerdings nicht.

In den zwanziger Jahren besann sich die Bieder-
meier-Dame wieder ihrer Taille. Diese rutschte dem-
zufolge immer tiefer, wurde geschnürt und mit einem
breiten Gürtel betont, um 1836 ihre natürliche Stelle
wieder zu erreichen. Das Oberteil des Kleides mußte
enganliegend sein. Um das zu erreichen, blieb der
modebewußten Wienerin nichts anderes übrig, als
sich wieder in ein Mieder zu zwängen. Daß sie aber
darunter litt, zeigen Versuche von damals, dieses
erträglicher zu machen: eine Verbesserung brachte
J. N. Reithoffers und Purtschers Erfindung, Kautschuk
mit Flachs-, Woll- und Seidenfäden zu dehnbarem
Gewebe zu verarbeiten. Die Modenzeitung berichtete
am 28. August 1828 darüber: ». . . die elastischen
Gesundheitsmieder, ohne Metall- und Fischbeinfedern,
welche vollkommen anliegen, ohne im mindesten zu

Damenschuhe, vgl. Kat. VII/22—23

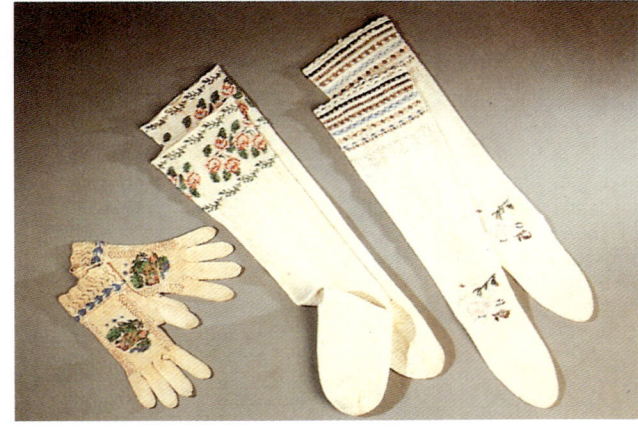

Damenstrümpfe und -handschuhe, vgl. Kat. VII/18—19

Herrenhalsbinden, vgl. Kat. VII/30—31

Damenstrumpfbänder, vgl. Kat. VII/20—21

Fächer, vgl. Kat. VII/16

Damenbeutel, vgl. Kat. VII/13—15

Schuten

Schuten, vgl. Kat. VII/10

Zylinder, vgl. Kat. VII/24

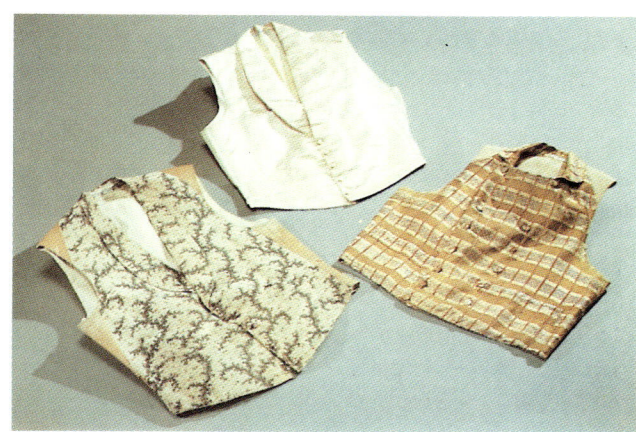

Herrenwesten, vgl. Kat. VII/25—26

Damenspenzer, vgl. Kat. VII/17

Schirme, vgl. Kat. VII/11—12

drücken, dürften besonders, und um so mehr beachtet werden, als sie sich auch durch ihre Dauerhaftigkeit auszeichnen«.[25] Patentmieder, wie das von August Piltz erfundene, sollten »bey Übelwerden der Dame mittels Anziehen einer kleinen, am Busen angebrachten Schleife augenblicklich und ohne Benötigung einer fremden Hand vom Leibe fallen«.[26] Allem Unbehagen zum Trotz, das Mieder war — so vielschichtig die Gründe — wiederum fester Bestandteil der Damenkleidung geworden. Der Rock stand im Gegensatz zum Oberteil immer weiter kreisrund ab und ließ Ende der zwanziger bis in die Mitte der dreißiger Jahre die Knöchel frei. Unter dem Rocksaum blitzten weiße oder cremefarbene Seidenstrümpfe mit Ajourarbeit am Rist und an der Fessel hervor. Vielfach wurden auch aus weißem Garn gestrickte Strümpfe getragen. Manchmal hatten diese ein Blumenmotiv als Verzierung am Rist, das aus mitgestrickten bunten Glasperlchen entstanden war. Diese bunten Glasperlchen säumten dann auch noch zusätzlich den Strumpfabschluß. Gehalten wurden die Strümpfe von oft zauberhaften Strumpfbändern aus Seide oder feinstem Rehleder, die bemalt oder bestickt waren und deren Sprüche eine — wenn auch diskrete — Erotik nicht zu verbergen suchten: »Wandle auf Rosen und Vergißmeinnicht«, »Mein Wunsch — Ihr Glück«, »Meine Bitte — Ihre Freundschaft«, »De vous je suis amoureux«.[27]

Plastische Verzierungen wie Girlanden, Blätter oder Bällchen aus Stoff zwischen Knie und Rocksaum waren in den zwanziger Jahren sehr beliebt. Ende der zwanziger Jahre trug die Dame gerne Röcke mit Volants.[28] Großen Wert legte man auf eine Übereinstimmung des Dekors von Rock und Oberteil. Ausladende Dekolletés, die die Schultern frei ließen und beim Ballkleid in Puffärmelchen, beim Tageskleid Ende der zwanziger Jahre in beginnende »Keulen-« oder »Schinkenärmel« übergingen, waren keine Seltenheit. Breitkrempige, mit Garnierung überladene Hüte vervollständigten die Tagesgarderobe. Für zu Hause wählte die Wienerin ein Häubchen als Kopfbedeckung, und für gesellschaftliche Ereignisse eroberte der Turban ihr Herz.

Kompliziert aufgesteckte Frisuren, die Haare in der Mitte gescheitelt, rechts und links gewellt, in der oberen Kopfmitte wie zu einer Masche gebunden und mit künstlichen Blumen, Federn, Spitzen oder Bändern verziert, boten sich dem Betrachter während einer rauschenden Ballnacht.[29] Ohrgehänge, Kolliers,

Broschen, breite Armbänder und Ferronieren (Stirnbänder) für den Abend waren die bevorzugt getragenen Schmuckstücke.

Mit den zwanziger Jahren verschwand endlich die Farblosigkeit aus der Damenmode. Eine Vorliebe für kräftige Farben, umgesetzt in quadrillierte, gestreifte und geblümte Stoffe, machte sich bemerkbar.[30] Ebenso bekundeten die Dessins für die Damenkleider Ende der zwanziger Jahre ein besonderes Interesse an der Tier- und Pflanzenwelt. Die Stoffe der Tageskleider waren aus Perkal und Popeline, die der Ballkleider aus Petinet und Organdin.[31] Der Wickler,[32] ein capeartiger Umhang, trat Mitte der zwanziger Jahre seinen Siegeszug in der Damenmode an, um Mitte der dreißiger Jahre von dem taillenbetonten, dem Schnitt der Kleider angepaßten Mantel verdrängt zu werden.

Ein Ereignis, das bereits ein Jahr vorher die Modemacher anregte, war der Einzug der ersten Giraffe in Wien (1828). Wien schwelgte in der Mode à la Giraffe. Kleider mit Giraffendessin,[33] Handschuhe, Nadeln, Ringe, Ohrgehänge und sogar Tabaksbeutel à la Giraffe wurden getragen.[34] Im selben Jahr tauchte das berühmte Cachuchakostüm von Fanny Elßler aus rosa Krepon mit schwarzem Spitzenbesatz, der das Dekolleté umrahmte und den Rocksaum zierte, in verschiedenen Abwandlungen, gearbeitet von Josef Georg Beer, in den Wiener Ballsälen auf.[35] Der Ferne Osten inspirierte die Damenkleidermacher Anfang der dreißiger Jahre. Sie fuhren auch wieder vor der jeweiligen Saison nach Paris, um sich dort neue Anregungen zu holen. Beer entwarf Hauskleider à la Mandarin mit Pagoden, Vögeln und Phantasieblüten[36] im Dessin sowie weite lose Mäntel aus chinesischem Kaschmir mit trichterförmigen chinesischen Ärmeln und langem Kragen.[37]

Eine besondere Entwicklung erfuhr der Ärmel. War er Anfang der zwanziger Jahre noch enganliegend, begann er sich in den folgenden Jahren aufzublähen, um zu dem vielberühmten, von Friedell[38] als »abenteuerlich« bezeichneten »Keulen- oder Schinkenärmel« zu führen. Roßhaareinlagen und Fischbeine schufen ballonartige Gebilde, die nicht nur in der Tagesmode der Dame vorherrschten, sondern sogar im Reitkleid einer modebewußten Amazone zu finden waren.[39] Wie kompliziert das vierhändige Klavierspielen mit einer Dame dazumal durch diese Ärmel geworden war, schilderte ein männlicher Leidtragender folgendermaßen: »Um das möglich zu machen,

Herrenhauskappe, Ka¹. VII/32

mußte der Ärmel mit der Stahlfeder in die Höhe geschlagen werden und durch eine Nadel an der Schulter befestigt werden, weil der Mitspieler sonst unaufhörlich an den Arm gestoßen wurde.«[40] Die größten Ausmaße hatten die Ärmel 1835/36 erreicht,[41] um daraufhin schlagartig aus der Damenmode zu verschwinden und den wieder enganliegenden, leicht gebauschten oder mit Volants verzierten Ärmeln Platz zu machen.[42]

Die Schute mit kleiner Krempe, die nur das Gesicht umrahmte und eine eher spärliche Garnierung aus Federn und Bändern aufwies, eroberte sich in den dreißiger Jahren wieder ihren festen Platz in der Damenmode. Die Kreuzbandschuhe waren weiterhin en vogue. Kräftige Farben waren Mitte der dreißiger Jahre sehr beliebt, ebenso Stoffe, die verschiedenfarbige Streifen, Schottenkaros, Streifen mit eingewebten Blumenmotiven, große Karos mit je einem einzelnen Blumenbukett zeigten.[43] Plastische Verzierungen, wie sie in den zwanziger Jahren modern waren, wurden immer seltener und verschwanden im Laufe des nächsten Jahrzehnts.

Ende der dreißiger Jahre begannen die Damenkleidermacher mit einer längst vergangenen Epoche, dem Rokoko, zu kokettieren. Die Modedame mußte daher in den nächsten Jahren versuchen, so grazil, so zart und so zierlich wie möglich zu erscheinen. Das mit seinen übertriebenen Formen und kräftigen

Farben bis 1836 dominierende Kleid hatte sie abgelegt. Um der neuen Modelinie gerecht zu werden, die die Dame, betrachtet man Modeblätter aus dieser Zeit, in eine Art zerbrechliches »Teepüppchen« verwandelte, trug sie ein eng am Körper anliegendes Oberteil, das in einer Schneppentaille auslief, und — um diese optisch noch schlanker erscheinen zu lassen — ein weit ausladendes Dekolleté, welches mit Spitzen und Bändern besetzt war; diese fanden sich auch auf den Ärmeln und oft auf dem weiten, mit Roßhaareinlagen verstärkten, kreisrund abstehenden, nur mehr die Fußspitzen sehen lassenden Rock wieder.[44] Bereits 1838 kreierte Josef Georg Beer den ersten Reifrock.[45] Doch wurde dieser nicht gerade als formschön betrachtet, liest man Friedells sarkastische Beschreibung desselben: »Zunächst gelangt wieder der unschöne Reifrock zur Herrschaft, wegen der Wülste aus Crin, Roßhaar, die ihn in Fasson halten, Krinoline genannt, dem die drei- und vierfachen Volants noch eine besondere Plumpheit verleihen: er wirkt jetzt nicht mehr als bizarres, aber unmutiges Instrument der Koketterie wie der Hühnerkorb des Rokokos oder als Requisit steifer, aber stilvoller Grandezza wie der Tugendwächter der Gegenreformation, sondern in der neuen verbürgerlichten und materialistischen Welt als lästige und skurrile Aufdonnerung«.[46]

Dekolletés trug die charmante Wienerin sowohl beim Tages- als auch beim Abendkleid in den vierziger Jahren, wobei der Ausschnitt vom Tageskleid mit

Herrenhausmütze, Kat. VII/33

einem Fichu bedeckt wurde. Das Tageskleid hatte zumeist lange Ärmel, die bis zum Ellbogen eng, ab da gebauscht waren und am Handgelenk durch ein schmales Bündchen gehalten wurden.[47] Eine Schute, deren Innenrand mit Schleifen und Stoffblumen verziert war, ein Knickschirm, manchmal fingerlose Handschuhe sowie die bereits seit Jahren in Mode gewesenen Kreuzbandschuhe waren die wichtigsten Accessoires für die Komplettierung der Tagesgarderobe. Der Ausschnitt der Balltoilette wurde sehr gerne mit einem breiten Spitzenbesatz, Berthe genannt,[48] verziert oder aber in einen an den Schultern mit Spangen gehaltenen breiten Kragen gelegt.[49] Die Balltoilette vervollständigten halblange Handschuhe, ein Fächer sowie eine Frisur mit Korkenzieherlocken oder mit einem im Nacken kunstvoll geschlungenen Chignon.[50]

Bemerkenswert ist, daß man in den vierziger Jahren wieder großes Augenmerk auf die Ausschmückung des Rockes legte, dafür traten das Oberteil und die Ärmel in den Hintergrund. So wurden Anfang der vierziger Jahre Röcke mit Mittelbahnen, die entweder durch Verzierungen oder durch einen Unterrock mit einem vorne offenen Überrock gebildet wurden, modern und konnten sich bis in die späten vierziger Jahre halten.[51] Ende der vierziger Jahre wurde dieser Rock vom Volantsrock abgelöst,[52] der die kreisrunde Form noch betonte und bis in die späten fünfziger Jahre die Damenmode beherrschte.

Auch die verwendeten Stoffe erinnerten an das Rokoko: für die Tageskleidung wurden Mischgewebe aus Seiden mit Baumwolle, Organdin und Chiffon, für die Abendkleidung Samt, Moiré, Brokat, Damast und Tüll verarbeitet. Mit der Einführung der Gasbeleuchtung machte sich eine häufige Verwendung von changierenden Stoffen bemerkbar.

Für den eleganten Herrn brachten die Jahre des Wiener Kongresses eine einschneidende Veränderung mit sich. Die Pantalons, die langen Hosen, wurden für den Tag gesellschaftsfähig. Das Wichtigste für den Herrenanzug war nach dem Arbiter elegantiarum George Bryan Brummel, daß die Eleganz darin bestand, nicht aufzufallen, sondern sich nur in ausgezeichnetem Schnitt und tadellosem Sitz zu äußern hatte.[53] Der Herrentagesanzug bestand aus einem dunklen Gehrock, einer hellen langen Hose, die über die Stiefeletten reichte und mittels eines Steges gehalten wurde, einer zum Gehrock und zu den Pantalons in der Farbe kontrastierenden Weste, einem weißen

Hemd, das bis um 1820 einen hohen Kragen hatte, den berühmten »Vatermörder«, von Friedell als »Provinzkomikerrequisit« betrachtet,[54] mit einer kunstvoll gebundenen Halsbinde, Handschuhen und einem Zylinder.[55]

Zum Ballanzug trug der Herr hingegen noch immer Kniehosen, die erst Ende der vierziger Jahre von der langen schwarzen Hose abgelöst wurden, mit schwarzen Seidenstrümpfen und flachen Pumps.[56] 1819 gab es ein Mittelding zwischen Kniehose und langer Hose für den Abend, die »bodenscheue« dreiviertellange Hose.[57] Bereits Ende der zwanziger Jahre war die lange Hose für den Abendanzug in der Wiener Modenzeitung vorgeschlagen worden, hatte sich zu dieser Zeit aber noch nicht durchsetzen können.[58]

Die Silhouette des Herrn war schlank, wie die der Damenmode in den zwanziger Jahren, wenn er auch einen Schnürleib zu Hilfe nehmen mußte. Einzig die Ärmel nahmen Ende der zwanziger Jahre, ähnlich den Ärmeln bei den Damenkleidern, doch nicht so extrem, etwas zu. Als Überkleidung wählte der modebewußte Herr den von Josef Gunkel entworfenen Doppelgehrock. In den dreißiger Jahren erhielt der Gehrock weitere Schöße, die Taille wurde, ähnlich wie in der Damenmode, betont.[59]

Der Schnitt der Herrenmode veränderte sich in den vierziger Jahren kaum. Beliebt waren quadrillierte Pantalons, andersfarbige Gehröcke und Gilets in leuchtend bunten Farben. Gerne kombinierte der Herr auch quadrillierte Pantalons mit quadrilliertem Gilet. Dominierende Farben für den Gehrock untertags waren verschiedene Braun, Blau und Grün, für den Frack abends Blau, Ende der vierziger Jahre Schwarz.[60] Als Überkleidung trug der elegante Herr entweder Mäntel, die dem Schnitt der Gehröcke entsprachen und mit Posamenterie in Anlehnung an die ungarischen und polnischen Uniformen verziert waren, oder capeartige, halblange Umhänge.[61] Für zu Hause wählte der modebewußte Herr in Anlehnung an die Orientmode gerne einen weiten, losen Morgenmantel aus Kaschmirtuch, der mit Palmettenmotiven bedruckt war, eine bequeme Hose aus leichtem Schafwollstoff, Pantoffeln mit aufgebogenen Spitzen, ein Hemd mit großem Kragen, um den er locker einen Schal band, und eine dem Fes ähnliche Kopfbedeckung, ein Käppchen, das mit Posamenterie verziert sein konnte.[62]

Das wichtigste Kleidungsstück des Herrn der Biedermeier-Zeit war wohl die Weste. Sie stellte den farbigen Akzent des Herrenanzuges dar, war entweder cremefarben mit Blumenmuster bestickt, gestreift, quadrilliert oder getupft. Im Frühbiedermeier trugen die Herren oft mehrere Westen übereinander, so zum Beispiel eine aus Pikee und darüber eine aus schwarzer Seide, wobei die aus Pikee vorschauen mußte. Seide und Samt, aber auch Kaschmir waren die bevorzugten Materialien für die Herrenwesten. Die Weste war das eine der zwei Kleidungsstücke, in welchen der Herr seine persönliche Note, sein modisches »Gewußt — wie«, seinen Kleiderluxus ausleben und zur Schau tragen konnte. 50 Westen zu besitzen galt damals keineswegs als Luxus. Ebenso mußte die Weste nach dem neuesten Schnitt gearbeitet und die Knopfart und -anzahl genauestens eingehalten werden.[63] 1821 soll sich der Schnitt und die Farbe der Weste fünfmal während acht Monaten geändert haben.[64]

Neben der Weste war es die Halsbinde, die den individuellen Geschmack ihres Trägers ausdrückte. Die Halsbinde für den Tagesanzug war meist bunt, auch quadrilliert, die für den Abendanzug weiß oder schwarz. Es gab vielerlei Arten, sie zu binden, zu schlingen und zu knoten. Eine wahre Flut an Literatur über die »Kunst des Krawattenbindens« setzte dazumal ein.[65] Niemand Geringerer als Honoré de Balzac beschäftigte sich in seiner »Physiologie de la toilette« mit der Krawatte. Sie lebte für ihn nur von der Originalität, durfte sich keiner Regel unterwerfen und mußte aus spontaner Eingebung schöpferisch gestaltet werden. Um mit Balzac dieses Thema zu beenden: »Die Kunst, seine Krawatte zu binden, ist für den Weltmann das, was für den Staatsmann die Kunst, ein Diner zu geben, bedeutet.«[66]

Die modischen Accessoires der Herrenmode dieser Epoche waren der Spazierstock oder die Reitgerte, die kurzen Handschuhe, die Uhrkette, die Lorgnette an einem Seidenband und der Zylinder, der die Kopfbedeckung für den Herrn schlechthin war. Er wechselte zwar des öfteren seine Form, war einmal niedriger, einmal höher, hatte einmal schmale Krempen, dann wieder breitere, ausladendere, konnte sich aber seinen Platz in der Herrenmode Jahrzehnte hindurch erhalten. Im Vormärz gelang es ihm sogar, politische Bedeutung zu gewinnen, galt er doch als die Kopfbedeckung des staatstreuen, konservativen Bürgers und erhielt den Namen »Angströhre«. In den dreißiger Jahren wurde auch der Kalabreser, eine Art von Kappe, getragen.[37] Den Schlapphut bevorzugten in den vierziger Jahren Liberale, Intellektuelle und

Spazierstöcke
Kat. VII/27—29

Künstler. Er war sichtbares Zeichen für die freigeistige Gesinnung seines Trägers und galt als Kopfbedeckung der Revolutionäre schlechthin.

Auch die Haar- und Barttracht spielte im Leben eines Mannes eine wesentliche Rolle.[68] Nach dem Wiener Kongreß war es nicht modern und auch nicht klug, Bart zu tragen, wollte man sich nicht der Gefahr aussetzen, als Revolutionär verdächtigt zu werden. Erst im Laufe der Jahre änderte sich diese Einstellung. Bereits in den zwanziger Jahren tauchten wieder Backenbärte und kleine Oberlippenbärte auf, die auch in den beiden folgenden Jahrzehnten getragen wurden. In den dreißiger Jahren kam der Kinnbart dazu. Der Vollbart der vierziger Jahre war wiederum Ausdruck liberalen Gedankenguts und galt als Symbol politischen Umtriebs. Im allgemeinen jedoch zeichnete sich die Herrenmode durch Nüchternheit und Sachlichkeit aus.

Für Egon Friedell war es die Tracht, wie sie die zur Herrschaft gelangte Großbourgeoisie geschaffen hatte: sachlich, wirklich und unspielerisch und daher langweilig, undekorativ und phantasielos wie alles, was der Financier außerhalb seines Kontors tut; praktisch, plebejisch, von tierischem Ernst; eine Tracht für Verdiener, Buchmacher und Geschäftsreisende . . .[69]

Dr. Regina Karner, geboren in Wien. Studium der Geschichte und Germanistik in Wien. Seit 1981 am Historischen Museum der Stadt Wien, wissenschaftliche Referentin für Mode und Kostümkunde, Leiterin der Modesammlung der Stadt Wien

Anmerkungen

1 Sylvia Lausecker, Vor- und frühindustrielle Produktionsformen am Beispiel der Seiden- und Baumwollindustrie in Wien und Niederösterreich 1740–1848, Wien, phil. Diss. 1975, S. 55

2 Leopoldine Springschitz, Wiener Mode im Wandel der Zeit, Wien 1949, S. 97

3 Josef Ehmer, Familienstruktur und Arbeitsorganisation im frühindustriellen Wien, Wien 1980, S. 30

4 Lausecker, S. 55

5 Ebenda, S. 56

6 Johann Nestroy, Der Zerrissene, 1. Akt, 5. Szene

7 Springschitz, S. 167

8 Ebenda, S. 89, 167, 169; Hubert Kaut, Modeblätter aus Wien, Wien 1970, S. 62

9 Kaut, S. 62; Wiener Zeitschrift für Kunst, Literatur, Theater und Mode, 12. Juni 1827, S. 584

10 Springschitz, S. 83

11 Kaut, S. 49

12 Wiener Zeitschrift für Kunst, Literatur, Theater und Mode, Jg. 1–33 (1816–1848), im folgenden zitiert als »Wr. Zs.«

13 Wiener Allgemeine Theaterzeitung, Modebeilagen 1831 bis 1858

14 S. Anm. 12

15 Im Bestand der Modesammlung des Historischen Museums der Stadt Wien

16 Wr. Zs., 22. 5. 1815, Modebild n. 220; 14. 8. 1816, Modebild n. 400; Blonden: ursprünglich gelbe Seidenspitzen. Vapeur: Baumwollgewebe

17 Wr. Zs. 15. 1. 1817, Modebild n. 40; 19. 2. 1817, Modebild n. 120; 14. 5. 1817, Modebild n. 328

18 Wr. Zs. 9. 7. 1818, Modebild n. 668; 29. 6. 1820, Modebild n. 636

19 Über die herrschende Mode der gewürfelten Stoffe in: Wr. Zs. 20. 11. 1821, S. 1169; 24. 11. 1821, S. 1189

20 Damen Konversationslexikon, 10 Bde., Leipzig 1834–1838

21 Wr. Zs. 1816–1840

22 Egon Friedell, Kulturgeschichte der Neuzeit, München 1983, 2. Bd., S. 1005

23 Wr. Zs. 8. 1. 1817, Modebild n. S. 24; 1 Wiener Elle = 92 cm

24 Wr. Zs. 11. 6. 1817, Modebild n. 400

25 Zusätzlich wurden elastische Schnürriemen, Hosenträger, Kniespangen, Leibbinden u.a. angeboten

26 Springschitz, S. 122

27 Kat. Nr. 7/6/35–38

28 Wr. Zs. 31. 1. 1828, Modebild n. 112; 7. 2. 1828, Modebild n. 136; 14. 2. 1828, Modebild n. 160; 24. 4. 1828, Modebild n. 404; 15. 5. 1828, Modebild n. 476; 3. 7. 1828, Modebild n. 656

29 Wr. Zs. 31. 1. 1828, Modebild n. 112; 7. 2. 1828, Modebild n. 136

30 Wr. Zs. 1826–1838

31 Perkal: Nesselstoff, Baumwolle; Popeline: Baumwolle, leinwandbandig; Organdin: Baumwollbatist

32 Wr. Zs. 14. 11. 1822, Modebild n. 1112; 28. 11. 1822, Modebild n. 1160; 4. 11. 1824, Modebild n. 1152; 11. 11. 1824, Modebild n. 1176

33 Wr. Zs. 8. 11. 1827, Modebild n. 1106

34 Springschitz, S. 131

35 Wr. Zs. 27. 9. 1827, Modebild n. 962

36 Wr. Zs. 7. 4. 1831, Modebild n. 336

37 Wr. Zs. 23. 10. 1831, Modebild n. 1036

38 Friedell, S. 1005

39 Wr. Zs. 7. 4. 1835, Modebild n. 348

40 Wolfgang Kudrnofsky, Mode-Brevier, Wien 1970, S. 99

41 Wr. Zs. 28. 5. 1835, Modebild n. 523; 6. 6. 1835, Modebild n. 568; 1. 9. 1836, Modebild n. 840; 10. 9. 1836, Modebild n. 888

42 Wr. Zs. 5. 4. 1838, Modebild n. 328; 24. 5. 1838, Modebild n. 496; 13. 9. 1838, Modebild n. 880

43 Wr. Zs. 1. 2. 1838, Modebild n. 112; 24. 5. 1838, Modebild n. 496; 19. 7. 1838, Modebild n. 688; 30. 8. 1838, Modebild n. 832; 27. 9. 1838, Modebild n. 928

44 Vgl. Anm. 43

45 Wr. Zs. 20. 12. 1838, Modebild n. 1216

46 Friedell, S. 1025

47 Vgl. Anm. 43

48 Wr. Zs. 19. 1. 1837, Modebild n. 69

49 Wr. Zs. 24. 1. 1839, Modebild n. 88; 14. 2. 1839, Modebild n. 160; 21. 2. 1839, Modebild n. 184; 21. 1. 1841, Modebild n. 96

50 Wr. Zs. 8. 10. 1840, Modebild n. 1288; 17. 12. 1840, Modebild n. 1608; 16. 2. 1841, Modebild n. 224

51 Wr. Zs. 7. 7. 1836, Modebild n. 648; 14. 1. 1841, Modebild n. 64; 4. 3. 1841, Modebild n. 288; 25. 3. 1841, Modebild n. 384; 27. 11. 1847, Modebild n. 940

52 Wr. Zs. 31. 7. 1847, Modebild n. 620

53 Friedell, S. 1005

54 Ebenda, S. 1024

55 Wr. Zs. 13. 6. 1822, Modebild n. 576; 12. 12. 1822, Modebild n. 1208

56 Wr. Zs. 10. 2. 1820, Modebild n. 144

57 Wr. Zs. 18. 2. 1819, Modebild n. 170

58 Wr. Zs. 10. 1. 1828, Modebild n. 40

59 Wr. Zs. 28. 4. 1835, Modebild n. 420; 3. 5. 1838, Modebild n. 424

60 Wr. Zs. 14. 2. 1828, Modebild n. 160; 13. 6. 1833, Modebild n. 580; 17. 8. 1837, Modebild n. 784; 6. 4. 1841, Modebild n. 440

61 Wr. Zs. 13. 3. 1828, Modebild n. 256; 11. 4. 1833, Modebild n. 364; 28. 12. 1837, Modebild n. 1240

62 Wr. Zs. 11. 3. 1830, Modebild n. 248; 29. 7. 1841, Modebild n. 960

63 Springschitz, S. 100 f.

64 Gabrielle Wittkop-Ménardeau, Unsere Kleidung, Frankfurt am Main 1985, S. 60

65 A. Varron, Die Kunst seine Krawatte zu binden. In: Ciba Rundschau 36, 1909, S. 1306

66 Ebenda, S. 1304

67 Wr. Zs. 14. 7. 1836, Modebild n. 672

68 Wr. Zs. 1816–1848

69 Friedell, S. 1026 f.

Malerei und Aquarell

Die Entwicklung der Lithographie als Medium zur Verbreitung der Idylle

Hans Bisanz

Die Wiener Malerei in der kurzen Zeitspanne vom Ende der zwanziger Jahre bis 1848 wirkt wie eine Ruhe vor dem Sturm. Das Hauptthema der Biedermeiermalerei, die häusliche Idyllik, entsprach keinesfalls den politischen Spannungen jener Jahre, sondern dem bürgerlichen Wunsch nach Rückbesinnung auf die ethischen Grundlagen der eigenen Existenz. Hinter den gemalten Alltagsszenen steht die Allegorik der an sich selbst festgestellten, anerzogenen Bürgertugenden: An erster Stelle steht die Tugend der Unauffälligkeit, sichtbar werdend durch Vermeidung jeglicher Dramatik zugunsten einer in sich ruhenden Intimität. Unauffällig blieb man auch durch Vermeidung alles Orts- und Alltagsfremden in der Kunst. Dieser Tabuisierung unterlagen dann folgerichtig auch die Themen aus der Antike, die im vorangegangenen Klassizismus so wichtig gewesen waren, wie auch die bei den Romantikern so häufig gepflegten Themen aus der Bibel und den Heiligenlegenden.

Der Unauffälligkeit verwandt ist die Biedermeiertugend der Bescheidenheit, die in der künstlerischen Abkehr von vergangenem, über die eigenen vier Wände hinausführendem Prunk- und Monumentalitätsbedürfnis erkennbar wird.

Zu Beginn des 20. Jahrhunderts wollte man in dieser wohlbehüteten Welt selbstgewählter Einschränkungen eine künstlerische Kapitulation vor dem System Metternich sehen: »Dieses bürgerliche Sittlichkeitsbewußtsein paart sich mit dem unbedingten Respekt vor Ordnung und Gesetz, d.i. vor hoher Obrigkeit in jeglicher Form (...). Der Maler darf nie vergessen, daß auch er vor allem und jedem loyaler Untertan ist, und die Wohlgesinntheit des Polizeistaates ist daher ein weiteres Hauptkennzeichen seines künstlerischen Schaffens.«[1]

Um 1900 bewunderte man außerdem, von einer zum Teil verwandten eigenen Position des »Gesamtkunstwerkes« ausgehend, die Einheitlichkeit des Biedermeier in Kunst, Wohnkultur und Kleidung über alle Standesunterschiede hinweg, so »daß die Räume aller Stände, vom Kaiser und dem Ersten Minister bis zum Kleinbürger hinab, dieselben Wesensmerkmale tragen.«[2] Später erst wurde die Ehrlichkeit des Kaisers und der Höflinge, die sich wie »jedermann« kleideten und porträtieren ließen, in Zweifel gezogen und zugleich die Gefährlichkeit einer solchen Vereinheitlichung aufgezeigt: »Der Anspruch des Aufklärungspotentaten, der erste Diener des Staates zu sein, verkümmert bei Kaiser Franz zum Pflichtgefühl des

Subalternbeamten. Seine auf bürgerliche Einfachheit posierende Erscheinung wird zum Vorbild für Adel und Gesellschaft, aber auch — da jedes Abweichen von den maßgebenden Schichten verdächtig macht — für die ganze Bevölkerung. Die Uniformierung ins Zivil (...) gilt auch fürs Geistige: hoch und niedrig trägt sich bürgerlich, pedantisch, wohlgesinnt.«[3]

Es wird nicht weiter verwundern, wenn die hier angeprangerte Schattenseite jeglicher bürgerlichen Kultur, der (bis zum Fremdenhaß reichende) Anpassungszwang, dann im Dritten Reich ins Positive gekehrt wurde: Die nach Uniformierung eines ganzen Landes strebende Diktatur propagierte das Biedermeier als beispielgebende und zugleich urdeutsche Kunst, deren Wirklichkeitsnähe den »artfremden« modernen Kunstrichtungen als Vorbild entgegengehalten wurde.

Wahr ist vielmehr, daß die Kunst des Biedermeier eine von den Vereinigten Staaten bis Rußland reichende internationale Erscheinung darstellte, die allerdings in Wien eine besonders starke Ausprägung fand — gerade in der Stadt, deren Ballhausplatz »als das Zentrum aller reaktionären Bewegungen auf dem Kontinent gehaßt und gefürchtet war.«[4]

Die reiche Produktion der Wiener Biedermeiermalerei und -graphik wirkt auf den ersten Blick als völlig einheitlicher Stil; genetisch lassen sich jedoch zwei Komponenten zurückverfolgen, eine »barocke« und eine »klassizistische«. Die »barocke« Komponente, deren zentrale Persönlichkeit *Peter Fendi* war, zeichnet sich durch eine malerische, weiche Formensprache aus, während die an den vorangegangenen Klassizismus nahtloser anschließende Gruppe um *Josef Danhauser* etwas härter und zeichnerischer wirkt.

Vorauszuschicken ist auch, daß bei der »klassizistischen« Komponente doch eher schärfere politische Einstellungen anzutreffen sind als bei den sanftmütigeren »barockisierenden« Wiener Biedermeiermalern. Bei den »Postklassizisten« war doch etwas von jener pathetischen Forderung nach »Wahrhaftigkeit« erhalten geblieben, die eine Brücke von der Französischen Revolution bis zu den Ereignissen von 1848 schlägt. Beide Richtungen vollziehen jedoch die für das Biedermeier so charakteristische Hinwendung zum Intimen unter Abkehr von früheren Manifestationen imperialer und religiöser Monumentalität. Bei der »barockisierenden« Richtung ist es dann nur noch die Formensprache, die an vergangene Vorbilder erinnert, denn die Selbstbeschränkung auf das

Introvertierte führte nicht nur zum Kleinerwerden der Bildformate, sondern auch zur Verkleinerung der inhaltlichen Dimensionen. »Das Weltbild des bürgerlichen Menschen verliert den Umfang des Universalen. Es verliert die räumlichen und zeitlichen Grenzenlosigkeiten des Barocks, jene Unendlichkeit der künstlerischen Perspektiven, die alle Grenzen des realen Lebens überspringt. (...) Aber diese ungeheure Einschränkung treibt in mächtigem Zwang die Forderung hoch: dies Sichtbare und Gegenwärtige der eigenen Lebenswirklichkeit künstlerisch zu fassen und zu bewältigen.«[5]

In der von barocker Formensprache beeinflußten Richtung, vor allem im Werk von *Peter Fendi*, findet das Biedermeier zu seinem zentralen Thema, der Genremalerei. Trotz einer klassizistischen Akademieausbildung (bei Johann Martin Fischer, Hubert Maurer und Johann B. Lampi d. Ä.) und trotz biographischer Bindungen an höfische und aristokratische Mäzene (Lamberg-Sprinzenstein, Stelle als Zeichner am Münz- und Antikenkabinett) wurden für Fendi andere Eindrücke entscheidend: die volkstümlichen Themen ·in der venezianischen (Carpaccio) und der niederländischen Kunst (Ostade, Teniers, Brouwer). Über eine Reise ins Salzburgische (1821) schreibt er: »Die Formen der Eiskletscher und alten Triften studirte ich so viel wie möglich in diesen wenigen Tagen, was aber für mich ganz ungeheuer intreßant war, daß waren die Menschen, die darauf lebten, ihre Sitten und Gebräuche.«[6]

In niederländischen Vorbildern fand Fendi beim Kopieren (in Zeichnungen, Radierungen und Lithographien) offenbar die von ihm angestrebte Ungezwungenheit der Körperdarstellung und -gruppierung fern von klassizistischer Eleganz. Die Übertragung der vergangenen holländischen Bauernszenen in das bürgerliche Milieu der eigenen Gegenwart führte ihn zur Herausbildung der biedermeierlichen Genreszene.

Sein erstes Bild dieser Art war das »Mädchen vor einem Lotteriegewölbe« (1829), wo einem Motiv aus der Wirklichkeit der einfachen Menschen mit sparsamsten Mitteln eine unaufdringliche, kaum nachweisbare Übertragbarkeit aus dem Augenblick ins Zeitlose, Allegorische verliehen wird.

Der traurige Grundton dieser ersten Genreszene fand dann seine Fortsetzung in einer Reihe charakteristischer »Mitleidsbilder« in zarten Molltönen wie »Das Milchmädchen« (Kat. IX/6), »Die Witwe«, »Trau-

Josef Danhauser, Das Kind und seine Welt, Kat. IX/1

rige Botschaft« (Kat. IX/5) oder »Die Pfändung«. Es geht Fendi hier, unter Verzicht auf Redseligkeit oder Pathos, nicht um Sozialkritik, sondern um ein stummes Hinweisen.

Neben der Genreszene mit ihrer dominierenden Stellung nehmen andere Arbeiten Fendis — vor allem Kinderporträts für höfische und aristokratische Auftraggeber — in seinem Werk nur eine marginale Position ein. Ebenso seine Illustrationen zu Schubert-Liedern, die nicht dazu verleiten sollten, in Fendi einen »malenden Schubert« zu sehen, wie dies ein Zeitgenosse getan hat.[7]

Dies würde zum Mißverstehen beider führen: Schubert — der eben nicht nur die biedermeierlichen »Deutschen Tänze« komponiert hat — reicht in seinem Werk in ungleich weitere Dimensionen des Seelischen, ins Dramatische und Religiöse hinüber, wogegen Fendi mit der sicherlich musikalischen Anmut seiner Pinselführung die »diesseitige« Manifestation der eigenen Zeit und Gesellschaftsschichte angestrebt hat.

In den Aquarellskizzen Fendis zeigt sich eine ungleich größere malerische Freiheit als in den danach ausgeführten Ölbildern. In diesen großzügig angeleg-

Friedrich Gauermann, Ein Alpenschiff im Sturm, Kat. IX/10

ten Aquarellen wird man »oft an den Farbenklang von barocken Decken und Skizzen erinnert«.[8]

Als seinen begabtesten Schüler bezeichnete Fendi den ebenfalls in Wien geborenen Carl Schindler, Sohn eines Zeichners und Zeichenlehrers. Sein spezifisches Thema, das auch auf französische Anregungen zurückgeht, wurde das »Soldatenstück«. Vorwiegend geht es Schindler — im Sinne biedermeierlicher Privatheit — um den Garnisonsalltag. Seine Skizzen reichen aber vom Idyllischen bis ins Bewegte, so daß in ihnen auch das »Chevalereske und selbst das Heroische der Franziszeisch-Ferdinandeischen Epoche in Erscheinung« tritt.[9]

Friedrich Treml, der 1842 die Nichte seines Lehrers Fendi heiratete, wandte sich ebenfalls der Militär-

genreszene zu und arbeitete seit 1849 vor allem für den kaiserlichen Hof.

Besonders stark von niederländischen Vorbildern inspiriert, aber etwas abseits vom Fendi-Kreis steht die Landschafts- und Tiermalerei von *Friedrich Gauermann*. Dieser erhielt seinen ersten Unterricht bei seinem Vater Jakob, dessen bevorzugte Thematik aus der Alpen- und Voralpenwelt er zunächst fortsetzte. Gauermann war an der allgemeinen Wendung der Kunst von der Ideallandschaft zur unmittelbar studierten Naturlandschaft beteiligt. Zunehmende Dramatisierung des Dargestellten, ab etwa 1850, zeigt dann in seinen Intentionen die Überschreitung der Grenzen der Biedermeiermalerei mit ihren auch draußen, in der Landschaft, gültigen Postulaten der Intimität und Verhaltenheit.

Biedermeierliche Zartheit und Musikalität herrscht in den Landschaftsbildern von Josef Höger und *Thomas Ender* vor — beide waren neben ihrer Malkunst auch ausübende Musiker. Die Verwandtschaft ihrer Landschaften mit Genreszenen des Fendi-Kreises zeigt sich vor allem im Aquarell, in der Bevorzugung klarer, ungemischter Farben.

Während Höger auch die junge Technik der Lithographie beherrschte und als Akademieprofessor eine Reihe von Lehrfolgen herausgab, erregte Ender durch seine Blumenmalerei die Aufmerksamkeit Metternichs. Er wurde unter anderem beauftragt, im Gefolge der Erzherzogin Leopoldine, der Braut von Dom Pedro, dem späteren Kaiser von Brasilien, mitzureisen (1817/1818). Von dieser Reise brachte er fast 800 Naturstudien (Aquarelle und Gouachen) nach Wien.

Im Gegensatz zur Gruppe barockisierender Biedermeiermaler betonte die andere Wiener Künstlergruppe die direkte Abstammung vom vorangegangenen Klassizismus. Diese Nachfolge verleiht ihren Werken eine zeichnerische Herbheit und Kühle, zugleich wird das Festhalten dieser Künstler an der klassizistischen Forderung nach »Wahrhaftigkeit« spürbar. Sie gerieten so auch — im Gegensatz zum neutraleren Fendi-Kreis — in Konflikte: *Danhauser* und *Waldmüller* stellten sich der Akademie entgegen, *Ranftl* lehnte das Regime überhaupt ab und bekannte sich dann eindeutig zur Revolution.

Für die figürliche Malerei der klassizistisch orientierten Biedermeierkünstler wurde das Werk von *Johann Peter Krafft* beispielgebend, der in seinen Darstellungen aus den Napoleonischen Kriegen die Wendung von der antikisierenden zur »vaterländischen« Historie vollzog. Darüber hinaus zeigt vor allem sein Bild »Abschied des Landwehrmannes« (1813) die Entscheidung für eine patriotische und zugleich völlig private Familienszene.

Auf diesem Wege gelangte der Krafft-Schüler *Josef Danhauser* zu seinen Genreszenen. In seinen frühen, noch großformatigen Gesellschaftsszenen wirken noch das Pathos und die Dramatik des Klassizismus nach. Bilder wie »Der Prasser« (1836) oder »Die Klostersuppe« sind aber nun nicht mehr auf die Antike, sondern auf die eigene Zeit bezogen. Zum Einfluß Kraffts kam nun auch die Einwirkung von David Wilkie hinzu, weshalb Danhauser später von einem Kritiker als der »Wiener Englishman von Anno dazumal« bezeichnet wurde.[10]

Thematisch stehen sowohl bei Wilkie als bei Danhauser wieder die Niederländer des 17. Jahrhunderts im Hintergrund, deren Beispiel hier aber im Gegensatz etwa zum Fendi-Kreis in einer etwas härteren, eher zeichnerischen Formensprache gefolgt wird. Ausgesprochene (kleinformatige und intime) Genreszenen entstanden im Werk Danhausers verhältnismäßig spät. Zehn Jahre nach Fendis erstem Genrebild entsteht sein Bild »Mutterliebe« (1839), gefolgt von einer ganzen Reihe von häuslichen Szenen, in denen der Maler seine eigenen Kinder als Modelle verwendete: »Die kleinen Virtuosen«, »Das ABC« oder »Das Kind und seine Welt« (Kat. IX/1). In diesen Bildern kann kindliche Ungezwungenheit bis zum Unfug reichen, etwa im Bild »Der eingeschlafene Maler«, an dessen Werk auf der Staffelei die Kinder »weitermalen«.

Einem anderen eingeschlafenen Maler werden seine Arbeiten von Hunden zerrissen, die deutlich die Gesichtszüge der unbeliebten, regimehörigen Kritiker Saphir und Zedlitz tragen. Aufgrund dieser Ähnlichkeiten wagte die Akademie es nicht, das Bild auszustellen, worauf Danhauser seine Professur niederlegte (1842).

Johann Mathias Ranftl, der ebenfalls bei Krafft studiert hatte, wurde durch seine zahlreichen Hundedarstellungen bekannt, die ihm den Spitznamen »Hunde-Raffael« eintrugen. Daneben war er als Porträtist und Illustrator tätig; 1838 zeichnete er bei einem Aufenthalt in London Karikaturen für das Witzblatt »Punch«. Zehn Jahre später konnte er seine beiden Talente — als Tierdarsteller und als Karikaturist — in seinen Illustrationen für Eduard von Bauernfelds Buch »Republik der Tiere« anwenden, das als Bekenntnis zur Revolution erschien. Hier treten die Hauptakteure des Dramas in Tiergestalt auf — darunter der verhaßte Metternich-Polizeichef Graf Sedlnitzky als »Polizeidirektor Ochse«.

Franz Eybl, ein weiterer Krafft-Schüler, befaßte sich vor allem mit der biedermeierlichen Porträt- und Landschaftsmalerei. Von ihm stammen über 400 lithographierte Porträts — andererseits, in Fortentwicklung der Familienidylle, sein Ölbild »Schmiede« (1847), eines der »wenigen reinen Arbeitsbilder der ersten Hälfte des 19. Jahrhunderts in Österreich«.[11]

Die Entwicklung der charakteristischen Biedermeier-Landschaftsmalerei ist in erster Linie *Franz Steinfeld* zu danken, der von der Vedutenkunst des berühmten Wiener Verlages Artaria ausging. Seine Abkehr von der schematischen Akademie-Landschaft

Ferdinand Georg Waldmüller, Die Gratulation zu Großvaters Geburtstag, Kat. IX/9

zugunsten reiner Naturbeobachtung führte zu seinen charakteristischen »Stimmungslandschaften«, in denen durch Farbdämpfungen und Formenglättungen die Natur »domestiziert«, den häuslichen Vorstellungen des Biedermeier angepaßt wird.

Nur mit Vorbehalten kann in diesem Zusammenhang *Ferdinand Georg Waldmüller* genannt werden, obwohl er gerne als besonders »echter« Biedermeiermaler gesehen wird. Diese weit ins Populäre reichende Charakterisierung gilt nur für seine frühen, kleinformatigen Landschaften und Porträts, etwa für seine in sich ruhenden Salzkammergutlandschaften der dreißiger Jahre oder seine intimen Porträts »Erzherzog Franz Joseph als Kind« (1832) bis zum »Mädchen in weißem Atlaskleid« (1838). Schon in den vierziger Jahren ist in seinen Werken eine — dann noch weiterreichende — Steigerung der Darstellung ins Dramatische und Monumentale festzustellen. Für Waldmüller gilt, was zu seinen berühmten Zeitgenossen Schubert, Beethoven, Grillparzer oder Stifter gesagt werden muß, für die alle die (volkstümlicherweise so gerne gehandhabte) Einordnung ins Biedermeier einer nicht zu verantwortenden Einengung gleichkommt.

Ähnliches gilt für Porträtisten wie *Friedrich von Amerling, Joseph Kriehuber* oder *Johann Baptist Reiter,* die dem großbürgerlichen Repräsentationsbedürfnis durch Überschreitung der biedermeierlichen »Bescheidenheit« entgegenkommen. Auch die noch vom Klassizismus her nachwirkende objektive Kühle bei *Rudolf von Alt,* seine »skeptisch-gläubige Liebe zur Wirklichkeit des Daseins«[12], entspricht nicht ganz der biedermeierlichen Liebe zur Intimität des Häuslichen. Frühwerke seines Bruders Franz, der an der Akademie unter anderem bei Danhauser studiert hatte, lassen sich dagegen sehr wohl dem Biedermeier zuordnen, vor allem sein autobiographisches Bild »Pfänderspiel im Garten des Mohrenköpflhauses« (1840).

Jakob Alt, der Vater beider, hatte zu den Pionieren

der jungen Druckkunst der Lithographie gehört, die von ihrem Erfinder Senefelder in Wien 1801 eingeführt worden war und sich ab etwa 1815/16 als eigene Kunstgattung etablierte.[13] Jakob Alts »Donau-Ansichten vom Ursprunge bis zum Ausflusse ins Meer« (ab 1820) erschienen im Verlag von Adolph Friedrich Kunike, der selbst in Wien als einer der ersten Lithographen tätig war. Zu den frühen Vertretern dieser Technik gehörte auch Josef Lanzedelli, gefolgt von den meisten hier schon als Maler behandelten Wiener Biedermeierkünstlern. Die neue Drucktechnik kam ihnen nicht nur in der Weichheit der Linienführung entgegen, sondern auch in ihrer schnellen und billigen Ausführbarkeit in großen Auflagen. Während der Kupferstich in seiner dezenten Kühle den Vorstellungen der für Hof und Aristokratie tätigen Klassizisten entsprochen hatte, ermöglichte nun die Lithographie ein Heraustreten der Kunst aus der bis dahin beachteten Exklusivität. Die bürgerliche Welt beherrschte im Biedermeier die Thematik der Künste — die neue Technik versetzte nun die Bewohner jener Welt in die Lage, die Kunstwerke, die eigenen Spiegelbilder, auch erwerben zu können.

Anmerkungen

[1] L. Hevesi, Österreichische Kunst im 19. Jahrhundert. Leipzig 1903, S. 256.
[2] J. A. Lux, Biedermeier als Erzieher, in: Hohe Warte, Wien 1904/05.
[3] H. Tietze, Wien. Wien-Leipzig 1931, S. 320.
[4] H. Tietze Anm. 3, S. 313.
[5] B. Grimschitz, Die österreichische Zeichnung im 19. Jahrhundert. Zürich-Wien-Leipzig 1928, S. 33f.
[6] Ausstellungskatalog Peter Fendi (Österreichische Galerie 1963), S. 9f.
[7] Ausstellungskatalog Unvergängliches Österreich (Essen, Villa Hügel 1960), S. 46.
[8] F. Novotny, in Ausstellungskatalog Anm. 6, S. 4.
[9] Zitiert nach F. Novotny Anm. 8, S. 71.
[10] Hevesi Anm. 1, S. 64.
[11] Novotny Anm. 8, S. 43.
[12] Novotny Anm. 8, S. 32.
[13] E. Herrmann-Fichtenau, in: Ausstellungskatalog Bürgersinn und Aufbegehren (Historisches Museum der Stadt Wien — im Künstlerhaus — 1987/88), S. 174.

Dr. Hans Bisanz, geboren 1929 in Lemberg. Lebt seit 1945 in Wien. Studium an der Hochschule für Musik (Violine, Chorgesang) und an der Wiener Universität (Kunstgeschichte, Archäologie). Seit 1961 am Historischen Museum der Stadt Wien. Publikationen: »Wilhelm Traeger — Wien 1932« (gemeinsam mit Paul Patera, 1976), »Alfred Kubin — Zeichner, Schriftsteller und Philosoph« (1977), »Peter Altenberg — Mein äußerstes Ideal« (1987). Aufsätze in Fachzeitschriften sowie zahlreiche Ausstellungskataloge für das Historische Museum der Stadt Wien (Schwerpunkte: Österreichische Kunst des 19. und 20. Jahrhunderts)

Musik in Wien zur Zeit des Biedermeier

Adelbert Schusser

Während der Begriff Biedermeier vor allem in bezug auf den Lebensstil der Menschen von 1815 bis 1848 angewendet wird, bezeichnet man die genannte Epoche in kultureller Hinsicht vielfach als »Romantik«. »Biedermeierliche Musik« wäre kein sachlich richtiger Begriff, da sich laut E. Hilmar keine stilistischen Merkmale finden lassen, die die Geisteshaltung des Biedermeier auch nur annähernd zu charakterisieren vermögen.[1] Allerdings könnte man hier anmerken, daß in der Melodik kleiner Formen wie beispielsweise der des Volks- und Theaterliedes mehr oder weniger ein Zug zum Idyllischen, Volkstümlichen und Biedermeierlichen (gemeint ist hier: zu besonderer Innigkeit) zu finden ist.

Wenn überhaupt »biedermeierliche« Töne aus musikalischen Werken dieser Zeit herausgehört werden wollen, so mag dies am ehesten bei Liedern und Klaviermusik Franz Schuberts sowie der Tanzmusik von Joseph Lanner und Johann Strauß Vater der Fall sein. Für das kompositorische Schaffen dieser Epoche im allgemeinen aber kann gesagt werden, daß die Formen der Wiener Klassik ihre Gültigkeit behielten.

»Anheimelnde Idylle, behagliche Nestwärme, familiäre Gemütlichkeit bei Kaffee und Tee, geruhsames Leben, bedächtiges Treiben, Hausmusik, Postkutsche, Tabakspfeife und Zuckerwerk: das und ähnliches, vom gefälligen Rahmen des Intimen und Kleinen umgeben und in den Raum des Bürgerlichen gestellt,« wird häufig zur Beschreibung des Begriffes Biedermeier herangezogen.[2]

Allerdings erfolgten in dieser — nach dem dominierenden Staatsmann auch als Ära Metternich bezeichneten — Epoche direkte Eingriffe in jede Form geistigen Schaffens durch die Zensur. Die Zeit des Vormärz, wie die Jahre vor Ausbruch der Revolution im März 1848 auch genannt werden, war also keineswegs »harmlos-freundlich«.[3]

Dennoch mag die Musik in ihrer speziellen Ausdruckskraft gegenüber den anderen Künsten in einer relativ besseren Lage gewesen sein, wenngleich auch hier revolutionäre Textstellen von den Zensoren gnadenlos gestrichen wurden. So mußte beispielsweise der Titel von Franz Schuberts Oper »Die Verschworenen« D 787 (nach einem Text von Ignaz Castelli) aus Zensurgründen in »Der häusliche Krieg« umbenannt werden.

Wien, seit vielen Jahrzehnten die Stadt zahlreicher öffentlicher und privater Musikveranstaltungen, zeigte sich besonders glanzvoll zur Zeit des Wiener Kongres-

A. Zampis, Soiree im Volksgarten
Kreidelithographie koloriert

ses (1814/1815), als sich die führenden Politiker Europas in ebendieser Stadt trafen, um nach den Napoleonischen Kriegen die Grenzen dieses Kontinents neu festzulegen und gleichzeitig eine Ära des Friedens einzuleiten.

Die musikalischen Siegesfeierlichkeiten hatten in Wien übrigens schon zu Ende des Jahres 1813 (nach der Völkerschlacht bei Leipzig) eingesetzt. Zahlreiche europäische Musiker dieser Zeit bezeugten mit ihren Kompositionen ihre Anteilnahme an den in Wien und anderen Städten stattfindenden Feierlichkeiten. Für die Wiener und Tausende von Fremden aus vielen Ländern Europas gab es hervorragende Theatervorstellungen, Konzerte, Ballveranstaltungen, Volksfeste und Vergnügungen aller Art in der Habsburger Metropole.

Aus dem gesamten musikalischen Geschehen dieser Stadt zur Zeit des Wiener Kongresses aber ragt das Wirken *Ludwig van Beethoven*s (1770—1827) heraus, der im Jahre 1792 zum zweiten Mal nach Wien gekommen war, um bei Joseph Haydn zu studieren. Vor seiner Abreise aus Bonn hatte ihm sein Gönner Ferdinand Ernst Graf von Waldstein ins Stammbuch geschrieben: »Durch ununterbrochenen Fleiß erhalten Sie: Mozarts Geist aus Haydens (!) Händen.« In der Tat entwickelte sich Beethoven in Wien sehr rasch zum dritten Protagonisten der Wiener Klassik. Beethoven, der

sich vornehmlich im Kreise des Adels, aus dem seine Gönner, Verehrer und Schüler kamen, bewegte, gehörte im ersten Jahrzehnt des Biedermeier bereits zu den namhaften Größen im Musikleben Wiens. Besonders überschwenglich wurde er gefeiert, als er am 23. Mai 1814 im Kärntnertortheater die dritte und endgültige Fassung seiner einzigen Oper »Fidelio« selbst dirigierte. Der Komponist litt damals schon so sehr unter seiner bereits seit den neunziger Jahren spürbaren Schwerhörigkeit, daß in Wirklichkeit Michael Umlauff hinter dem Rücken Beethovens das Orchester leiten mußte. Ausverkaufte Häuser hatten Beethoven aber auch schon die Uraufführung seines symphonischen Werkes »Wellingtons Sieg in der Schlacht bei Vittoria«, sowie seiner 7. Symphonie A-Dur (Wohltätigkeitskonzert im Festsaal der Wiener Universität am 8. Dezember 1813) und seiner 8. Symphonie (am 27. Februar 1814 im großen Redoutensaal der Wiener Hofburg) gebracht.

Beethoven zählte übrigens keineswegs zu den als gesellig geschilderten Biedermeiermenschen. Der Komponist erwies sich oftmals als schroff im Umgang mit seinen Mitmenschen, war eher selten in Gesellschaft zu sehen und lebte wie ein Besessener ganz für die Musik. Desgleichen sind seine letzten großen Kompositionen, die nichts Gefälliges an sich haben, keineswegs einer »biedermeierlichen« Musik zuzu-

ordnen. Zudem hatten es beispielsweise seine »Missa solemnis« oder seine neunte Symphonie wegen ihrer technischen Aufführungsschwierigkeiten schwer, das allgemeine Publikum zu erreichen.

Der zweite Protagonist der Zeit des Wiener Biedermeier war *Franz Schubert* (1797–1828), der hinsichtlich der Stilistik seines Schaffens gleichfalls der Wiener Klassik in der Musik zuzuzählen ist.

Zwar ahnte man in den Jahren des Wiener Kongresses noch nichts von Schuberts genialem Wirken, doch waren seine ersten bedeutenden Kompositionen bereits in dieser Zeit entstanden.

Schubert, ein gebürtiger Wiener, hatte von 1808 bis 1813 als Hofsängerknabe (Sopranist) in der kaiserlichen Hofmusikkapelle gewirkt und somit die im damaligen Wien bestmögliche musikalische Ausbildung genossen. Er wohnte damals im Internat »k. k. Stadtkonvikt«, welches sich in der Wiener Innenstadt in einem noch heute existierenden alten Universitätsgebäude (heute Wien 1, Dr. Ignaz Seipel-Platz 1) befindet. Hofkapellmeister Antonio Salieri (1750–1825), der den Musik- und Instrumentalunterricht der Hofsängerknaben zu beaufsichtigen hatte, förderte übrigens Schubert ab dem Jahre 1812 für einige Zeit auch durch private Unterrichtsstunden. Da Schubert im Jahre 1813 als Schüler des nahe dem Stadtkonvikt gelegenen Akademischen Gymnasiums, einer Wiener Eli-

teschule, Schwierigkeiten in Mathematik bekam, zog er es vor, Schule und Stadtkonvikt zu verlassen, und besuchte ab Herbst 1813 eine einjährige Lehrerbildungsanstalt in Wien, um zunächst Schulgehilfe seines Vaters zu werden. Bereits nach wenigen Jahren brach er allerdings aus der durch das väterliche Vorbild vorgezeichneten Lehrerlaufbahn aus in die neue Welt des freischaffenden Künstlers, wie Beethoven sie vorgelebt hatte. Schubert komponierte in diesen Jahren beinahe Tag und Nacht, er fühlte sich zum Komponieren geboren.

Obgleich Schuberts Kompositionen verschiedensten Gattungen der Musik zuzuschreiben sind, bildet doch das Lied (Schubert schuf mehr als 600 Lieder) die Hauptleistung seines Lebens. Mit seinen 1814 bzw. 1815 nach Texten von Goethe entstandenen Liedern »Gretchen am Spinnrade« sowie »Erlkönig«, die mit einer besonderen Dramatik ausgestattet waren, gelang Schubert der Durchbruch eines neuartigen Ausdrucksliedes. Die innere Einheit von Wort und Ton, die enge Verbundenheit von Musik, Dichtung und Natur waren das Neue, das dem Lied Schuberts zu danken ist.

Eine Art geistiger Heimstätte fand Schubert in seinem Freundeskreis, der sich aus geistig hochstehenden Personen des Bürgertums (Musikern, Literaten, Malern, Beamten usw.) rekrutierte. Man traf einander

L. Kupelwieser, Gesellschaftsspiel der
Schubertianer in Atzenbrugg, Kat. IV/5

zu gemeinsamen geselligen Abenden, sogenannten »Schubertiaden«, an denen oftmals Schuberts Kompositionen zum ersten Mal erklangen. Schubert schuf aber auch Hervorragendes an Instrumentalmusik (Symphonien, Sonaten, Kammermusikwerke, Walzer).

Während Beethoven von seinen Zeitgenossen in seinen wahren Dimensionen geschätzt wurde, gelangten aus dem Schaffen Schuberts erst nach seinem Ableben bedeutsame Werke als Drucke an die Öffentlichkeit.

Obgleich nach dem Tod Beethovens (1827) und Franz Schuberts (1828) überragende Komponisten auf dem Gebiet der ernsten Musik (mit Ausnahme der Kirchenmusik) fehlten, was übrigens zur Folge hatte, daß sich das Zentrum europäischen Musiklebens vorübergehend nach Paris verlagerte, blieb Wien dennoch ein Sammelpunkt an Komponisten.

Antonio Salieri, der von 1788 bis 1824 als Hofkapellmeister in Wien gewirkt hatte, war auch Lehrer vieler seiner Zeitgenossen und vermittelte so auch den Generationen nach ihm wichtige Impulse.

Das Schaffen seines Schülers und Nachfolgers *Joseph Eybler* (1765—1846; Hofkapellmeister 1825—1846) zeigt die für viele Komponisten der Zeit charakteristischen Schwerpunkte von Kirchen- und Kammermusik. Ein weiterer Schüler Salieris war *Ignaz Aßmayer* (1790—1862; ab 1846 Hofkapellmeister in Wien), der

neben Joseph Preindl (1756—1823; Schüler von J. G. Albrechtsberger, wirkte an verschiedenen Wiener Kirchen), Simon Sechter (1788—1867, er wurde der Lehrer Anton Bruckners), Ignaz Seyfried (1776—1841) und Johann Baptist Gänsbacher (1778—1844) zu den bedeutendsten Wiener Kirchenmusikern zählte.

Joseph Weigl (1766—1846) hingegen, der 1827 Vizehofkapellmeister wurde, war zwar als Kirchenkomponist geschätzt, erlangte seinen internationalen Ruf jedoch als Opernkomponist.

Adalbert Gyrowetz (1763—1850), der Joseph Haydn und Mozart zu seinen Freunden zählte und ab 1804 23 Jahre lang Compositeur und Kapellmeister des Hoftheaters in Wien war, schuf als Komponist zu allen Gattungen der Musik hervorragende Werke.

Neben zeitgenössischer Kirchenmusik gehörten auch die Messen von Mozart, Joseph und Michael Haydn sowie von Johann Georg Albrechtsberger zum Standardrepertoire der Wiener Kirchenmusikpflege.

Von der Vielzahl der Komponisten, die sich in der Zeit des Biedermeier in Wien mit Kammermusik (für die das Vorbild die Wiener Klassik war) auseinandersetzten, sei Franz Krommer (1759—1831) namentlich erwähnt. Der aus Kamenitz in Mähren stammende Geiger und Komponist wirkte hier ab 1810 als Ballettkapellmeister am Hoftheater und wurde 1818 Kaiserlicher Kammerkomponist. Seine Konzerte für eine oder zwei Klarinetten werden noch heute gespielt.

Eher »biedermeierlich« wirkte die Wiener Liedtradition. Hier sind außer Franz Schubert unter anderem Moritz Graf Dietrichstein (1775–1849), Nikolaus Freiherr von Krufft (1779–1818) und Heinrich Proch (1809–1878) besonders zu nennen.

Als Meister auf dem Pianoforte, die zeitweise in Wien musizierten, seien hier Johann Nepomuk Hummel (1778–1837), Ignaz Moscheles (1794–1870) und Carl Czerny (1791–1857; Schüler Beethovens, Lehrer von Franz Liszt) hervorgehoben. Der Komponist und Pianist Hummel, in Wien Schüler von Mozart, Salieri, Albrechtsberger und Joseph Haydn, verließ die Musikstadt 1816, um in Stuttgart, Weimar und anderswo Erfolge zu feiern.

An berühmten Violinisten, die in Wien mit großem Erfolg vor die Öffentlichkeit traten, seien Ignaz Schuppanzigh (1776–1830), Joseph Mayseder (1789 bis 1863) und Joseph Böhm (1795–1876) herausgegriffen.

Schuppanzighs Streichquartett brachte vor allem die Kammermusik Beethovens und Schuberts zu Gehör. Darüber hinaus gilt Schuppanzigh auch heutzutage als Begründer einer Wiener Streichquartett-Tradition. Seine 1816 bis 1823 nach Deutschland, Polen und Rußland unternommenen Konzerttourneen wurden von führenden Musikrezensenten seiner Zeit vollauf gewürdigt.

Obgleich sich das Zentrum europäischen Musiklebens Ende der zwanziger Jahre von Wien nach Paris verlagerte, blieb die Donaumetropole dennoch »Durchgangsstation vieler zu europäischer Berühmtheit gelangter Komponisten und Interpreten«.[4] Als symptomatisches Beispiel sei hier der berühmte Komponist und Klaviervirtuose Franz Liszt (1811–1886) angeführt. Dieser erhielt zwar den ersten bedeutenden Klavierunterricht bei Carl Czerny in Wien, ging jedoch nach Paris, um dort »seine entscheidende künstlerische und weltanschauliche Prägung«[5] zu erhalten. Jedesmal, wenn er später in Wien auftrat, konnte er hier wahre Triumphe feiern (so in den Jahren 1838, 1839 und 1846).

An Künstlern, die von auswärts kamen, um in Wien ihre Kunst zu zeigen, seien hervorgehoben: der Violinvirtuose Niccolò Paganini (1782–1840; dessen Konzerte im Jahre 1828 größte Begeisterung entfachten)[6], weiters der Pianist und Komponist Frédéric Chopin (1810–1849, der 1839 bis 1841 in Wien lebte) und schließlich der österreichische Klaviervirtuose Sigismund Thalberg (1812–1871).[7] Neben den Klavier- und

Violinvirtuosen, die in Wien auftraten, gab es auch auf den übrigen Instrumenten einheimische und gastierende Künstler in großer Zahl.[8]

Obgleich die Zahl der musikalischen Veranstaltungen in Wien nach Beendigung des Wiener Kongresses etwas abgenommen hatte, gab es hier auch in den folgenden Jahrzehnten eine musikdurchflutete Atmosphäre ohnegleichen.

Wohl als eine der Folgen der Napoleonischen Kriege der Zeit um 1800 machte sich vor allem im zweiten Jahrzehnt des 19. Jahrhunderts und danach eine tiefgreifende Umstrukturierung des musikalischen Lebens in Wien (wie auch im übrigen Europa) bemerkbar. Träger des Musiklebens war immer weniger der Adel und wurde zunehmend der Bürgerstand, und zwar sowohl bezüglich Organisation als auch Musikausübung.

Zahlreiche Musikvereine wurden gegründet, die insbesondere eine rege Konzerttätigkeit entfalteten. Einen besonderen Umfang erlangte die Hausmusik. Die große Verbreitung der Musik im bürgerlichen Leben hatte zur Folge, daß ein reichhaltiges Musikschrifttum entstand, Musikschulen gegründet wurden, Musikverlage (Haslinger, Artaria, Cappi, Mechetti, Mollo, Diabelli usw.) und Musikalienhandlungen (Mainzer, Haykul, Löschenkohl, Trentsensky usw.) gute Geschäfte machten und das Handwerk des Instrumentenbaues eine besondere Blüte erreichte.

Der Wiener Walzer trat nach dem Wiener Kongreß von Wien ausgehend einen Siegeszug um die ganze Welt an.

Charakteristisch für die erste Hälfte des 19. Jahrhunderts ist auch, daß der Komponist in der Regel nicht mehr für einen bestimmten Auftraggeber oder eine Gruppe mit vorausberechenbarem Geschmack arbeitete, sondern sich gewissermaßen dem gesamten Volk präsentierte. Aristokratische Musikkultur und Mäzenatentum verschwanden mehr und mehr von der Bildfläche. Da Komponisten kaum mehr höfische Dienstgeber fanden, wurde die Zahl der freischaffenden Künstler immer größer. Diese mußten meist vom Verkauf ihrer Werke leben, manche von ihnen, die keinen Posten hatten, behalfen sich des öfteren durch Bearbeitungen (sogenannte Arrangements) erfolgreicher Musikstücke. Als Vorlagen für Arrangements besonders beliebt waren Arien von Gioacchino Rossini, dessen Opern-Aufführungen in Wien und anderen österreichischen Städten einen regelrechten »Rossini-Taumel« hervorriefen. Allein in Wien wurden zwischen

1816 und 1825 25 verschiedene Opern von Rossini gespielt.[9]

Obgleich Wien um 1800 als Wohnort zahlreicher Komponisten wie W. A. Mozart, F. X. Süßmayr, P. Wranitzky, J. G. Albrechtsberger, J. Haydn, F. Teyber und J. B. Vanhal galt, fehlte bisher eine Institution zur Veranstaltung von öffentlich zugänglichen Konzerten.

Eine Reihe ernsthafter Wiener Musikdilettanten aus Kreisen des Adels und des Bürgertums gründeten daher 1812 in dem »Bestreben, der Symphonik im öffentlichen Leben wieder einen Stellenwert zu schaffen«,[10] die »Gesellschaft der Musikfreunde des Österreichischen Kaiserstaates« in Wien. Insgesamt waren es 507 prominente Gründungsmitglieder.[11]

Die wichtigsten Ziele dieses unabhängigen und demokratisch verwalteten Vereins waren die Errichtung einer musikalischen Schulungsstätte (die 1817 in Wien gegründete Singschule und die seit 1821 existierende Ausbildungsstätte für Instrumentalmusik wurden schließlich 1822 unter dem Namen »Konservatorium« vereinigt. 1909 wurde das Konservatorium in die k.k. Akademie, die heutige Hochschule für Musik und darstellende Kunst[12] übergeführt und dem Unterrichtsministerium unterstellt.), die Veranstaltung von Konzerten (das erste Gesellschaftskonzert fand am 3. Dezember 1815 im alten Musikvereinsgebäude Wien 1, Tuchlauben 12 statt) sowie die Errichtung einer Bibliothek und weiters einer Sammlung von Autographen, Erstausgaben und Musikinstrumenten. Für diese Sammlungen kam es übrigens 1866 zur Einsetzung eines Archivdirektors. Heutzutage gilt das »Archiv der Gesellschaft der Musikfreunde in Wien« als eine der größten musikalischen Sammlungen der Welt.

In besonderer Weise nahm sich die Gesellschaft der Musikfreunde der Wiener Konzertpflege an. So hielt der Verein von 1815 bis 1869 durchschnittlich etwa vier ordentliche Konzerte im Jahr ab. Neben außerordentlichen Veranstaltungen bot die Gesellschaft von 1815 bis 1840 auch wöchentliche »Musikalische Abendunterhaltungen«, bei denen vor allem Werke von Franz Schubert zu hören waren.

Weiters nahmen die 1819 ins Leben gerufenen und bis 1848 abgehaltenen »Concerts spirituels«, welche geistlicher und symphonischer Musik gewidmet waren, eine wichtige Stellung im Konzertleben Wiens ein. Leider ging dieser Verein an die Verwirklichung hochgesteckter Ziele oftmals ohne Proben, mit dem Ergebnis, daß diese Art der Musizierübung von Kritikern als »Winkelmusik« bezeichnet wurde.[13]

Neben regelmäßigen Musikdarbietungen größeren Stils gab es in Wien öffentliche Kammermusikabende, ungezählte Einzelveranstaltungen, Solistenkonzerte, Wohltätigkeitsakademien usw., vor allem von 1826 bis 1836.

Die Programmgestaltung von Konzerten war im Prinzip in Wien und anderen Städten der Österreichischen Monarchie dieselbe. Aufführungen geschlossener Werke waren fast ausschließlich auf Oratorien beschränkt. Im allgemeinen boten die Konzerte große Abwechslung. Sie bestanden aus Ouvertüren, Symphonie-Sätzen, Variationen, Potpourris, Polonaisen, Arien, Chören usw. sowie auch aus Ausschnitten von Opern.

Wie einerseits die Tanzmusik in mehr oder weniger stilisierter Form in die großen musikalischen Akademien eindrang, hatten andererseits die Tanzorchester, die ja keineswegs ausschließlich auf Bällen musizierten, auch ernste Musik in ihren Programmen.

Hinsichtlich der Musikausübung im Konzertwesen waren auf die Dauer gewisse Mängel nicht zu übersehen, so vor allem bei der Aufführung der Symphonien Beethovens. Um das Niveau der Darbietungen zu heben, mußten sich Musiker zu größeren Ensembles vereinen. Vorboten auf diesem Wege waren die 1842 durch den aus Ostpreußen stammenden Musiker Otto Nicolai (1810—1849) begründeten »Philharmonischen Konzerte«. Die Wiener Philharmoniker feiern Nicolai auch heute noch als ihren Begründer und ehren ihn jährlich durch ein Sonderkonzert. Das hervorragende Orchester der »Philharmonischen Konzerte« brachte in den folgenden Jahren alle Symphonien Beethovens zur Aufführung.

Hatte die Opernmusik in Wien einen verhältnismäßig großen Anteil am Konzertrepertoire, so erlebte hier gerade die Oper mitunter heftige Auseinandersetzungen und demgemäß ein wechselvolles Schicksal. Für die Theaterleidenschaft standen in der Inneren Stadt zwei Hofbühnen, und zwar das Burg- und das Kärntnertortheater, zur Verfügung. Seit 1810 gab es am Kärntnertortheater Opern und Ballette, an der Burg hingegen Sprechstücke. Neben den beiden Wiener Hofbühnen sind drei namhafte Vorstadttheater hervorzuheben: das Theater in der Leopoldstadt, das Theater an der Wien sowie das Theater in der Josefstadt.

Der Konkurrenzkampf zwischen deutscher und

italischer Opernkunst, der in Wien bereits im 18. Jahrhundert begonnen hatte, wurde zur Zeit des Biedermeier vor allem am Kärntnertortheater fortgesetzt. Ab dem Jahre 1816, als eine italienische Operntruppe unter dem Impresario Domenico Barbaja am Kärntnertortheater mit einer Oper (»L'inganno felice«) von Gioacchino Rossini gastierte, wurden in Wien etwa zwanzig Jahre lang immer wieder Opern Rossinis aufgeführt. Obgleich Carl Maria von Webers »Freischütz« noch im Jahr der Berliner Uraufführung, 1821, am Kärntnertortheater mit größtem Erfolg aufgeführt wurde, verharrte das Wiener Publikum in den folgenden Jahren in einem wahren Rossini-Taumel.

Domenico Barbaja, 1821 als Pachtinhaber des Kärntnertortheaters eingesetzt, führte an dieser Bühne ein »italienisches Zeitalter« ein, das bis in die vierziger Jahre anhielt. Neben Rossinis Werken wurden hier vor allem Opern von Vincenzo Bellini, Gaetano Donizetti, Giacomo Meyerbeer und Giuseppe Verdi aufgeführt. Daneben wurden von dieser Bühne dem Publikum freilich auch deutsche und französische Opernvorstellungen (insbesondere von Christoph Willibald Gluck, Carl Maria von Weber, Ludwig Spohr, Peter Lindpaintner, Conradin Kreutzer, Heinrich Marschner, Albert Lortzing und Friedrich von Flotow) geboten.

Großen Anteil hatte die Musik auch im Volksstück, der eigentlichen Domäne der Wiener Vorstadtbühnen. Den Höhepunkt erreichten die Wiener Volksstücke durch Ferdinand Raimund (1790–1836) und Johann Nestroy (1801–1862), beide sowohl Dichter als auch Schauspieler, die in ihren dramatischen Dichtungen erfolgreich einen musikalischen Teil einzusetzen verstanden.

Raimund, der bereits einige Jahre als Schauspieler am Theater in der Josefstadt gewirkt hatte, kam 1817 ans Leopoldstädter Theater, um hier ab 1823 auch als Dichter tätig zu werden. Eine Reihe seiner Meisterwerke brachte er hier zur Uraufführung, so beispielsweise 1823 die Zauberposse »Der Barometermacher auf der Zauberinsel« (mit Musik von Wenzel Müller, 1759–1835), 1826 das Märchenstück »Das Mädchen aus der Feenwelt oder: Der Bauer als Millionär« (mit Musik von Joseph Drechsler, 1782–1852), 1828 gleichfalls ein Märchenstück, und zwar »Der Alpenkönig und der Menschenfeind« (die Musik wieder von Wenzel Müller, einem der erfolgreichsten Theatermusiker des alten Wien).

Während es Raimund gelang, die musikalische

Volkskomödie (Zauberspiele, Possen, Parodien) neu zu beleben, ging Nestroy als Dramatiker und Satiriker in die Geschichte ein. Die Musik spielte in seinen Possen stets eine wichtige Rolle.

Nestroy, der 1830 seine Sängerkarriere beendete, wirkte später als Schauspieler und Bühnendichter vor allem am Theater an der Wien und am Carltheater in Wien. Von seinen weit über 60 Stücken seien hervorgehoben: »Zu ebener Erde und erster Stock« (1835), »Einen Jux will er sich machen« (1842) sowie »Das Mädel aus der Vorstadt« (1845). Als Nestroy 1832 am Theater an der Wien debütierte, war hier Adolf Müller sen. (1801–1886) seit 1828 als Kapellmeister und Hauskomponist tätig. Müller, der für viele Stücke Nestroys die Musik schrieb, komponierte übrigens etwa 500 Werke. Dank der gedeihlichen Zusammenarbeit von Nestroy und Müller erlangte das Theater an der Wien gegen Ende des Biedermeier eine besondere Blüte.

Unter Conradin Kreutzer (1780–1849), der ab 1833 als Kapellmeister am Theater in der Josefstadt wirkte, entwickelte sich dieses Theater in den folgenden Jahren zu einer richtigen Opernbühne. Am 13. Januar 1834 brachte er hier seine eigene romantische Oper »Das Nachtlager von Granada« mit großem Erfolg zur Uraufführung. Dieses »merkwürdig undramatische«[14] Werk wurde laut Gernot Gruber bereits des öfteren als typische Biedermeier-Oper bezeichnet.

Wahre Meisterleistungen erlebte Wien in der Epoche des Biedermeier auf dem Gebiet der Tanzmusik.

Nach den zahlreichen kriegerischen Auseinandersetzungen zu Beginn des 19. Jahrhunderts war das Tanzbedürfnis der Wiener zur Zeit des Wiener Kongresses (1814/15) und danach besonders groß. Ein weiterer Grund für die geradezu revolutionäre Entwicklung der Unterhaltungsmusik, insbesondere des Walzers, auf dem damaligen Wiener Boden ist in der restriktiven Politik unter Kaiser Franz I. und dessen Staatskanzler, Fürst Metternich, zu suchen. Je mehr die Bevölkerung bis hin zum Revolutionsjahr 1848 von politischen Entscheidungen ausgeschlossen wurde und zunehmend unter einer strengen Zensur zu leiden hatte, desto mehr suchte sie Vergnügen auf den immer zahlreicher werdenden Tanzböden Wiens.

Die beiden großen Walzerkomponisten und Vorgeiger Wiens waren *Joseph Lanner* (1801–1843) und *Johann Strauß Vater* (1804–1849). Sie kamen aus dem Milieu der Wiener Gast- und Kaffeehausmusiker. Beide begannen ihre Laufbahn unter Michael Pamer (1782 bis 1827), dessen Orchester sie jedoch nach kurzer Zeit verließen, um allmählich eine größere Kapelle zu bilden. 1827 gründete Strauß ein eigenes Ensemble, um fortan der Kapelle Lanners einen heftigen Konkurrenzkampf zu liefern. Im Repertoire der beiden Orchester nahmen neben originalen Walzern und anderen Tänzen Arrangements nach kursierenden Opernmotiven einen bedeutenden Platz ein. Lanner kommt das Verdienst zu, im Jahre 1827 die erste Walzerpartie mit Introduktion und Coda geschrieben zu haben. Obgleich Lanner mit seinen Kompositionen große Erfolge aufweisen konnte und als »Musikdirektor der k.k. Redoutensäle« auch hoffähig wurde, übernahm Strauß im Konkurrenzkampf um die Gunst der Wiener alsbald die Führung. Zudem machte er Konzertreisen nach Ungarn, Deutschland, Holland, Frankreich und England, wodurch er zu einer europäischen Berühmtheit wurde. Der Walzer, der damals in Wien seine spezifische Form erhalten hatte, trat so seinen Siegeslauf um die ganze Welt an.

Im Gegensatz zu Lanner gelang es Strauß Vater erst im Jahre 1846, »k.k. Hofballmusikdirektor« zu werden. Seinem gleichnamigen Sohn Johann (1825—1899), der 1844 mit einer eigenen Kapelle in Dommayer's Casino in Hietzing höchst erfolgreich debütierte, war es schließlich beschieden, den Walzer in eine noch heute gültige Form zu bringen.

Anmerkungen

1 Ernst Hilmar, Die Musik. Beethoven und Schubert. Lanner und Strauß. In: Wien 1815—1848. Bürgersinn und Aufbegehren. Die Zeit des Biedermeier und Vormärz 1986, hrsg. von Robert Waißenberger, S. 253.

2 Lothar Knessl, Musik im Biedermeier. Kulturhistorisches Feuilleton, Linz 1968, S. 5.

3 Siehe dazu auch Theophil Antonicek, Musik und Politik. In: Bürgersinn und Aufbegehren. Biedermeier und Vormärz in Wien 1815—1848. Katalog der 109. Sonderausstellung des Historischen Museums der Stadt Wien, 1987, S. 80—82.

4 Hilmar, a.a.O., S. 262f.

5 Gernot Gruber, Musik des Vormärz. In: Musik in Österreich. Eine Chronik in Daten, Dokumenten, Essays und Bildern. Wien 1989 (Verlag Christian Brandstätter). Hrsg. von Gottfried Kraus. S. 207.

6 Paganini, gebürtig aus Genua, konzertierte ab 1808 höchst erfolgreich in verschiedenen Konzertsälen Europas. 1828 trat er erstmals in Wien auf.

7 Thalberg, der in Genf zur Welt kam, war ein außerehelicher Sohn des österreichischen Komponisten Moritz Graf Dietrichstein.

8 Musikgeschichte Österreichs. Band 2. Vom Barock zur Gegenwart. Im Auftrag der Österreichischen Gesellschaft für Musikwissenschaft hrsg. von Rudolf Flotzinger und Gernot Gruber, Graz-Wien-Köln, 1979. S. 225ff.

9 Musik in Österreich. Eine Chronik in Daten, Dokumenten, Essays und Bildern, a.a.O., S. 179.

10 Hilmar, a.a.O., S. 263.

11 Musik in Österreich. Eine Chronik in Daten, Dokumenten, Essays und Bildern, a.a.O., S. 173.

12 Adresse: Wien 3, Lothringer Straße 18.

13 Hilmar, a.a.O., S. 263.

14 Gernot Gruber, Musik des Vormärz. In: Musik in Österreich. Eine Chronik in Daten, Dokumenten, Essays und Bildern, a.a.O., S. 206.

DR. ADELBERT SCHUSSER, geboren 1944 in Klagenfurt. Studium der Geschichte und Italienischen Philologie in Wien. 1972—1977 Vertragslehrer in Niederösterreich und an Wiener Gymnasien. Seit 1977 Referent für Musikgeschichte und Numismatik am Historischen Museum der Stadt Wien

LITERATUR IM ÖSTERREICHISCHEN BIEDERMEIER

Walter Obermaier

Epochenbezeichnungen, Abgrenzungen und womöglich noch qualitative oder entwicklungsbestimmende Beurteilungen haben in der Literatur — bei aller zugegebenen Nützlichkeit — doch immer etwas zutiefst Fragwürdiges an sich. Immerhin scheinen sich etwa beim österreichischen Biedermeier doch eine Reihe zumindest auf den ersten Blick ziemlich unbestrittener und allgemein zutreffender Merkmale nennen zu lassen: Dominanz des Bürgertums, Pflege der stillen Häuslichkeit, aber auch der kultivierten Geselligkeit, Konzentration auf das Glück und die Fülle des bescheidenen Alltags und dazu ein wohldosiertes Maß an Weltschmerz und Melancholie, um dem Gemüt nicht etwa die dunkleren Seiten der Empfindsamkeit vorzuenthalten. Außerdem läßt sich ein Hauch vorrevolutionären Aufbegehrens nicht verleugnen und im literarischen Bereich ein mildes Herüberglänzen der Goetheschen Abendsonne aus dem nicht allzu fernen Weimar.

Doch eben ein Blick auf die literarische Szene der Zeit von 1815 bis 1848 stellt dieses rasch zusammengezimmerte Instrumentarium einer Epochenbeschreibung ernstlich in Frage. Damit mag man sich behelfen können, wenn man an die Lyrik eines Johann Gabriel Seidl oder Anastasius Grün denkt, an Friedrich Halm, Eduard Bauernfeld und an die Altwiener Volkskomödie mit und um Raimund. Und auch die literarischen Gesellschaften der Zeit passen scheinbar mühelos ins Biedermeierklischee. Da verkehrte — von der Obrigkeit argwöhnisch beobachtet — beinahe das gesamte literarische Wien im legendären »Silbernen Kaffeehaus« in der Plankengasse. Einige davon fand man auch in der geselligen »Ludlamshöhle« wieder, die sich geistreich-unsinnige Narrenregeln gab und bei deren polizeilicher Auflösung 1826 wegen »Staatsgefährlichkeit und revolutionärer Umtriebe« auch Grillparzer sich eine Hausdurchsuchung gefallen lassen mußte. Und auch die späteren Vereine »Concordia«, »Soupiritum« oder »Baumannshöhle« vertragen sich in ihrem Erscheinungsbild durchaus mit jenem Biedermeierbegriff.

Aber wie sieht es mit den literarischen Galionsfiguren der Zeit aus, mit jenen, die für uns heute — und durchaus auch schon für die Zeitgenossen — die wesentlichen Repräsentanten österreichischer Literatur dieser Epoche sind? Grillparzer ein Biedermeierdichter? Wenn man ihn schon gründlich mißversteht, so doch wohl eher als »Klassikerepigonen« oder als »trockenen Beamtendichter«. Und Nikolaus Lenau mag ein Herzeigeobjekt für Weltschmerz und Melancholie sein — so richtig »biedermeierlich« will er uns auch nicht erscheinen. Adalbert Stifter ist wohl der Dichter des »sanften Gesetzes« — aber auch bei ihm paßt das Etikett »Biedermeier« nicht so recht. Vollends gilt dies für die Possen Johann Nestroys: Satire, Gesellschaftskritik und brillante Handhabung der Sprache dominieren; und wer etwa in der Schlußszene von »Lumpazivagabundus« eine biedermeierlich-bürgerliche Idylle sieht, der ist dem Dichter gründlich auf den Leim gegangen.

Bei näherer Betrachtung erweisen sich die Jahre von 1815 bis 1848 als erstaunlich vielfältig auf literarischem Gebiet, von keiner programmatischen Idee entscheidend geprägt und keinem klar vorgegebenen gemeinsamen künstlerischen Ziel verpflichtet. Es ist eine Zeit außerordentlich reich begabter Persönlichkeiten, die es verstanden, allen Widrigkeiten zum Trotz das auszudrücken und zu gestalten, was ihnen wesentlich war. Und Widrigkeiten gab es. Bei aller durchaus konstatierbaren Dichter- (oder Künstler-) freundlichkeit im alten Österreich existierte eine Zensurpraxis, die nicht nur als drückend und Kräfte raubend, sondern geradezu als unerträglich empfunden wurde. Der Kampf mit dieser Zensur, ihre mehr oder minder geschickte Umgehung, begleitete praktisch alle Dichter und Schriftsteller dieses Zeitraumes getreulich durchs Leben — soweit sie es in Einzelfällen nicht überhaupt vorgezogen hatten, sich in die liberaleren deutschen Staaten abzusetzen.

Die bedeutendste und prägendste Dichterpersönlichkeit der Zeit war *Franz Grillparzer* (1791—1872). Zu ihm blickte man schon ab den späteren zwanziger Jahren auf, und in dem Maß, in dem er unbestrittene Anerkennung fand, wurde er auch zu einem literarischen Orientierungspunkt erster Größe. Raimund klagte dem Verehrten gegenüber, daß ihm selbst »die vielen schönen Worte«, wie sie Grillparzer zur Verfügung habe, leider abgingen. Nestroy zitiert in seinen Stücken Grillparzer und läßt in »Theaterg'schichten« (1854) des Dichters »Sappho« als Stück im Stück vorkommen. Als 99 prominente Persönlichkeiten aus Kunst, Kultur und Wissenschaft im Jahre 1845 eine »Denkschrift über die gegenwärtigen Zustände der Zensur in Österreich« unterzeichnen, zeigt sich das Gewicht der Persönlichkeit Grillparzers darin, daß seine Mitunterzeichner durch eine Manipulation die Unterschrift des Dichters an die erste Stelle gelangen ließen.

J. Kriehuber, Franz Grillparzer, Kat. IV/21

Grillparzer war zuallererst Dramatiker, verschloß sich aber auch anderen literarischen Formen nicht. Seine einfühlende Beobachtungsgabe, der psychologische Blick auf die Umwelt und die glänzende Umsetzung vorgefundener Situationen in die Bühnenfiktion schaffen dramatische Charaktere von großer Eindringlichkeit. Dazu verfügt Grillparzer über eine dichterische Sprache von besonderer Qualität und ein Ethos, das sich am Bleibenden und der Gesetzmäßigkeit einer inneren Ordnung orientiert. Diese Grundrichtung läßt sich schon in dem frühen, 1817 im Theater an der Wien uraufgeführten Drama »Die Ahnfrau« erkennen. Das Schicksal waltet in dieser »Schicksalstragödie« keineswegs blind; vielmehr ist es dem Menschen gegeben, durch persönliche Freiheit auch persönliche Schuld auf sich zu laden.

Am Zustandekommen der »Ahnfrau« erwarb sich der Publizist, Bühnenautor und Kritiker *Joseph Schreyvogel* (1768—1832) durch seine beratende Anteilnahme große Verdienste. Schreyvogel, der ganz im Geiste der Aufklärung und des Josephinismus wirkte, war seit 1814 Sekretär des Burgtheaters und reformierte diese Bühne entscheidend. Nicht mehr historische und klassizistische Dramen sowie Schicksalstragödien bestimmten nun den Spielplan der ersten Bühne der Residenzstadt, sondern deutsche und übersetzte fremdsprachige Klassiker. Neben den bleibenden Werken der Weltliteratur sollte der Tagesdramatik nur mehr ein bescheidener Platz eingeräumt werden. Schreyvogel hatte Grillparzers Begabung erkannt und brachte den jungen Autor ans Burgtheater. Hier konnte er sich sowohl mit dem Künstler- und Seelendrama »Sappho« (1818) wie mit der Trilogie »Das goldene Vließ« (1821) entscheidend durchsetzen. Verzicht auf bürgerliches Glück und das Element des Schuldigwerdens lassen in den Stücken einen resignativen Grundton aufkommen, der auch im Leben Grillparzers selbst eine entscheidende Komponente bildete.

Schwierigkeiten mit der Zensur, die sich über ein Jahr hinzogen, verschoben die Uraufführung von »König Ottokars Glück und Ende« auf das Jahr 1825. Grillparzer bot hier keineswegs nur dramatisierte Geschichte und auch nicht eine Verherrlichung der Sendung Österreichs oder seiner Dynastie — sosehr manches davon aus seiner persönlichsten Überzeugung mit eingeflossen sein mag. Der tatsächliche Konflikt des Stückes entzündet sich am Zusammenprall von Macht (Ottokar) und Ordnung (Rudolf). Mehr oder weniger stark läßt sich Grillparzers Ordnungsdenken auch in »Ein treuer Diener seines Herrn« (1830) und in »Des Meeres und der Liebe Wellen« (1831) konstatieren. Den Gipfel seines Erfolges und seiner Popularität erreichte Grillparzer mit »Der Traum ein Leben« (1834), in dem er in sehr subtiler Weise das Problem von Sein und Schein, aber auch die Realität der Gedankenwelt behandelt. Vier Jahre später brachte ihm das Lustspiel »Weh dem, der lügt!« einen eklatanten Mißerfolg. Ein Publikum, das leicht geneigt war, »Lustspiel« mit »Posse« zu verwechseln, sah sich in seiner Erwartungshaltung getäuscht und war nicht bereit, auf die Intentionen des Dichters einzugehen. Grillparzer war so verstimmt, daß er seine öffentliche dramatische Wirksamkeit beendete. Als wohlbestallter Beamter konnte er es sich leisten, seine weiteren Dramen nur mehr für die Schreibtischlade zu verfassen: 1848 vollendete er »Libussa« und »Ein Bruderzwist in Habsburg« und 1851 »Die Jüdin von Toledo«.

Grillparzers dichterisches Ethos kann nicht einfach aus der Übernahme traditioneller Wertvorstellungen erklärt werden, gerade nicht mit Hinblick auf sein Ordnungsdenken. Es ist ihm mühsam erworbene Lebenshaltung und — bewußt oder unbewußt — ein Gegengewicht zu den disparaten Kräften des eigenen Lebens und der eigenen Vorstellungswelt. Dies zeigt nicht nur ein schärferer Blick auf sein dramatisches Werk, sondern es erweist sich stärker noch in seiner Lyrik, den Epigrammen, der Prosa und vor allem in den Tagebüchern und der Selbstbiographie. »Mißtrauen in mich selbst, wenn ich bedachte, was sein sollte, und damit abwechselnder Hochmut, wenn man mich herabsetzen oder vergleichen wollte«, begleiteten ihn, wie er selbst bekennt, durchs Leben. Diese Spannung zwischen Selbstzweifel und konsequenter Bejahung des eigenen Weges auch in seinen Widersprüchlichkeiten, die Ambivalenz von Verzicht und Selbstbewahrung, von Verlieren und Besitzen charakterisieren Grillparzers Leben und Werk mit.

Grillparzers Abgang von der Hoftheaterbühne ließ andere Autoren in den Vordergrund treten: vor allem Halm und Bauernfeld. *Friedrich Halm* (eigentlich Eligius von Münch-Bellinghausen, 1806—1871) schöpfte in seinen Stücken gerne aus mittelalterlichen Sagenstoffen. Die Dramen sind wenig originell, epigonenhaft und von gezwungener Problematik, doch waren sie sehr erfolgreich: vor allem »Griseldis« (1835), »Der Sohn der Wildnis« (1842) und »Der Fechter von Ravenna« (1854). Etwas gewandter zeigte sich Halm im Lustspiel, doch konnte er an die Erfolge *Eduard von Bauernfeld*s (1802—1890) in diesem Genre nicht herankommen. Dieser brachte das bürgerlich-liberale Konversationsstück zu voller Blüte, verfügte über eine flüssige, elegante und humorvolle Dialogführung und versuchte doch auch unaufdringlich sein Publikum zu Selbsterkenntnis und gelösterem Umgang mit den Regeln der Gesellschaftsordnung zu erziehen. Bauernfeld sah sehr genau die Mängel des herrschenden politischen Systems, hatte oft genug selbst Ursache, sich bitter über die Zensur zu beklagen, und griff in »Die Republik der Tiere« (1848) das System Metternich direkt an. Aber auch Bildungsdünkel und Pressekorruption waren Ziel seiner Ironie.

Das eigentliche Feld des Unterhaltungstheaters war aber nicht die Hofbühne, sondern das Theater der Vorstadt. Das Theater in der Leopoldstadt (seit 1781) und das Theater an der Wien (seit 1801) waren die erfolgreichsten Bühnen, zu denen noch das Theater in der Josefstadt (seit 1788) kam, das sich allerdings zeitweilig auf sehr niedrigem Niveau bewegte. Gespielt wurden mit Vorliebe Possen, Sittenstücke, Parodien und Travestien, Hanswurstiaden und Staberliaden, Singspiele, aber auch große Ausstattungsstücke, biblische und historische Dramen, Volksstücke aus dem Wiener Alltagsleben, mythologische Karikaturen und das so sehr beliebte Ballett. Gerne wurden echte Bäume und allerlei lebendiges Getier, Akrobaten, griechisches Feuer und andere spektakuläre Attraktionen auf die Bühne gebracht. Das Handlungsgerüst der Stücke wurde beliebigen — oft französischen — Vorlagen entnommen. Der Originaleinfall hatte noch nicht sein späteres Gewicht, und die Stoffe wurden (nicht nur auf den Vorstadtbühnen) einfach als Gemeinbesitz betrachtet.

Die führenden Autoren der Vorstadttheater waren Gleich, Meisl und Bäuerle. *Joseph Alois Gleich* (1772 bis 1841) schrieb über 200 Stücke, deren Stoff sehr oft der Sage oder dem Märchen entnommen war, und schuf so etwas wie ein wienerisches Zauberspiel. Gute Geister helfen den schwachen Menschen, sich zu bessern und die ideale Ordnung wiederherzustellen. *Karl Meisl* (1775—1853) wiederum pflegte in seinen über 180 Possen, Sitten- und Lokalstücken besonders die Parodie (er parodierte etwa auch Grillparzers »Die Ahnfrau«). In *Adolf Bäuerle*s (1786—1859) über 70 Stücken dominiert die Lokalposse, und die von ihm geschaffene Bühnenfigur des »Staberl«, in der langen Tradition Spaß machender Räsoneure stehend, erfreute sich durch Jahrzehnte ungebrochenen Publikumszuspruches. Bäuerle nahm aber auch als Herausgeber der »Theaterzeitung« seit 1806 entscheidenden Einfluß auf das Wiener Theaterleben. Ihm erwuchs mit *Moritz Gottlieb Saphir* (1795—1858) und seiner seit 1837 herausgegebenen Zeitung »Der Humorist« ein ernsthafter Konkurrent auf diesem Gebiet. Mehr noch als Saphirs anspruchslose, aber gerne gelesene Lyrik, seine deklamatorischen Akademien und die heute etwas gequält wirkenden humoristischen Vorlesungen hat seine scharfe, oft einseitige Kritik das Theater- und Literaturleben der Zeit mit bestimmt.

Ab 1823 aber entwickelte sich *Ferdinand Raimund* (1790—1836) zum unumstrittenen Klassiker des Wiener Volkstheaters. Mit Hilfe seiner volksliedhaft lyrischen Sprache und einem sicheren Gefühl für dichterische Poesie schuf er Theater von hoher Qualität. Dabei bediente er sich der Mittel des Zauber-, Märchen- und Feenspiels und suchte mit Allegorie

J. Kriehuber, Ferdinand Raimund, Kat. IV/22

und Phantastik erzieherisch zu wirken. Ein letztes Mal entfaltet sich hier der Zauber des schönen Scheins der Märchenwelt naiv und ungebrochen vor dem Zuschauer. Unter den sieben Stücken Raimunds sind es vor allem drei, in denen sich die Begabung des Dichters aufs glücklichste zeigt: »Der Bauer als Millionär« (1826), »Der Alpenkönig und der Menschenfeind« (1828) und »Der Verschwender« (1834). In allen drei Stücken wird die Läuterung der Hauptperson durch äußere Anlässe und Eingriffe aus dem Feen- und Geisterreich bewirkt, doch finden sich jeweils die Ansätze zu Selbsterkenntnis und Besserung auch im eigenen Herzen. Neben allem Humor, der in Raimunds Stücken durchaus zu seinem Recht kommt, neben da und dort anklingender Sozialkritik und dem Einsichtigwerden menschlicher Eigenschaften ist es der sittliche Anspruch Raimunds, der in schlichter Form und ohne peinliches Moralisieren auftritt, welcher den Erfolg seiner Stücke mitbedingte.

J. Kriehuber, Johann Nestroy, Kat. IV/23

Auch *Johann Nestroy* (1801–1862) war Sittlichkeit nicht fremd — aber die Zauberwelt war ihm brüchig geworden und die Besserungsfähigkeit des Menschen versah er mit einer gehörigen Portion Skepsis. Wie Raimund hatte er als Schauspieler begonnen; und wie dieser aus dem Ungenügen an der theatralischen Tagesproduktion der Zeit zum Dichter geworden war, so suchte auch Nestroy nach Möglichkeiten, seine sprachliche und schauspielerische Begabung, aber auch die Eigenart anderer Protagonisten der Vorstadtbühne in theaterwirksame Form zu bringen. Nestroys über 80 Stücke lassen sich in ihrer Mehrzahl vielleicht am besten als satirische Possen bezeichnen. Was immer sein ständig wacher und scharfblickender Geist an aktuellen Formen, Vorwürfen und Gegebenheiten vorfand, füllte er mit der unverwechselbaren Prägnanz seiner Spielfiguren, mit seinem auf einsamer Höhe stehenden Wortwitz, mit oft pessimisti-

schen Sarkasmen und einer satirischen Kraft, die sowohl objektbezogen als auch sprachimmanent ist. Die heile Komödienwelt wird desillusioniert, das Zauberspiel entlarvt und der versöhnliche Possenschluß als konventionelles Versatzstück zwar verwendet, aber gleichzeitig bloßgestellt: »Nein was's Jahr Onkel und Tanten sterben müssen, bloß damit alles gut ausgeht — !« (»Einen Jux will er sich machen«, 1842).

In »Der böse Geist Lumpazivagabundus« (1833) ist die Feenwelt wie in allen anderen Zauberspielen Nestroys ihres idealen Daseins entkleidet und vermenschlicht. Glück kann den Menschen nicht bessern und ist insbesondere gegen den Leichtsinn chancenlos. In »Zu ebener Erde und erster Stock« (1835) geht es nicht nur um den raschen Wechsel des Glücks, sondern auch um Sozialkritik. »Der Talisman« (1840) karikiert die verschiedenen Gesellschaftsschichten und prangert das Vorurteil und mehr noch egoistisches Zweckverhalten an. »Der Zerrissene« (1844) zielt auf die Zeitmode des Weltschmerzes und Überdrusses und »Der Unbedeutende« (1846) setzt sich unpathetisch und unsentimental für die Ehre des kleinen Mannes ein. Als 1848 die Revolution ausbrach, diente sie Nestroy als Vorwurf für seine Posse »Freiheit in Krähwinkel«, in der das gestürzte System ebenso wie das Verhalten der Revolutionäre aufs Korn genommen wurden. Nun konnte er sich auch endlich offen seine Verachtung der Zensur vom Herzen reden, die ihm zeitlebens ärgste Schwierigkeiten gemacht und Geldstrafen und Gefängnis beschert hatte: »Die Zensur ist das lebendige Geständnis der Großen, daß sie nur verdummte Sklaven treten, aber keine freien Völker regieren können.«

Neben Nestroy gab es nur einen wirklich erfolgreichen zeitgenössischen Autor auf der Vorstadtbühne: *Friedrich Kaiser* (1814–1874). Kaiser, der immer im Schatten Nestroys stand, versuchte durch positive Darstellung des bürgerlichen Lebens ein echtes, das heißt realistisches Volksstück auf die Bühne zu bringen. Besonders propagierte er seine »Lebens- und Charakterbilder«, bevorzugte aber auch genrehafte Gesellschaftsszenen und neigte fallweise zu sentimental-rührenden Momenten.

Bei Kaiser und Nestroy finden sich in den Couplets durchaus auch lyrische Momente; stärker gilt dies noch für die Lieder Ferdinand Raimunds. Grillparzer selbst hat ein umfangreiches, aber eher nüchternes lyrisches Werk hinterlassen, das sein Bestes in der Aphoristik und in sarkastisch-polemischen Sentenzen leistet. Halms Gedichte sind konventionell und die Bauernfelds dort am überzeugendsten, wo sie lokalbezogen sind (»Ein Buch von uns Wienern«, 1858). Besonders verbreitet waren die volkstümlichen Lieder und Balladen von *Johann Gabriel Seidl* (1804–1875), der den Text der sogenannten Volkshymne (»Gott erhalte Franz den Kaiser«) schrieb, und *Johann Nepomuk Vogl* (1802–1866). Auch die Dialektdichtung erfreute sich steigender Beliebtheit und erreichte einen ersten Höhepunkt (Franz Stelzhamer, Josef Misson, Ignaz Franz Castelli und andere). Almanache und Taschenbücher mit umfangreichen Lyrikbeiträgen wurden von immer weiteren, vor allem bürgerlichen Kreisen viel gelesen, stellten aber schließlich durch eine fortschreitende qualitative Verflachung ein literaturkonservatives Element dar, aus dem sich die bedeutenden Dichter nach und nach zurückzogen. Schließlich überwog eine Art Stammbuchlyrik für höhere Töchter.

Zu den gefeiertsten Lyrikern seiner Zeit zählte *Anastasius Grün* (eigentlich Anton Graf Auersperg, 1806 bis 1876). Es war weniger seine dichterische Kraft — obwohl schlichte Epigonenlyrik im Biedermeier durchaus geschätzt wurde — als sein politisches Engagement, aus dem Grüns Bedeutung erwuchs. Der freiheitliche Gedanke bestimmt sein gesamtes dichterisches Werk. Insbesondere die ungeachtet aller Verbote weit verbreiteten »Spaziergänge eines Wiener Poeten« (1831) nehmen gegen die Mißstände offen Stellung. Grün hatte das Buch in Deutschland drucken lassen, da es die österreichischen Zensurbehörden niemals passiert hätte. Auch in seinem Versepos »Schutt« (1835) preist Grün die Freiheit und insbesondere das freie Amerika.

Amerika war in den Jahren des Vormärz geradezu zum Mythos geworden und stand als nur wenig hinterfragtes Synonym für Freiheit. So sah es auch der bedeutendste Lyriker des österreichischen Biedermeier *Nikolaus Lenau* (eigentlich Nicolaus Niembsch von Strehlenau, 1802–1850). Naturgefühl, Wanderlust, exotische Bilder, Liebe und Freundschaft, anakreontische Motive und vor allem Melancholie und Weltschmerz durchziehen Lenaus gesamtes Werk. Seine überaus sensiblen Naturbilder nehmen den Menschen als wesentlichen Teil mit herein (»Schilflieder«, 1832). Eine auch in der Lyrik spürbare innere Unruhe veranlaßte Lenau, nach Amerika zu fahren, von wo er allzubald enttäuscht zurückkehrte. Kein Gedankenbild, kein Lebensentwurf vermochte ihn wirklich zu

Adalbert Stifter, Kat. IV/24

befriedigen, und an seinen vier großen Versepen läßt sich diese lebenslange Suche nach einer Ausrichtung des Daseins ablesen: »Faust« (1836), »Savonarola« (1837), »Die Albigenser« (1842) und »Don Juan« (1844) sind gleichzeitig des Dichters Auseinandersetzung mit Pantheismus, Christentum und dem personalen Gott, der autonomen Entwicklung des Geistes und schließlich mit Pessimismus, Lebensüberdruß und Weltekel. Lenau, den inneren Spannungen nicht mehr gewachsen, versank schließlich in geistiger Umnachtung.

So wie es mit Lenau nur einen wirklich bedeutenden Lyriker in der ersten Hälfte des 19. Jahrhunderts gab, so gab es auch nur einen Prosaisten, der sich einen dauernden Platz in der Literaturgeschichte behaupten konnte: *Adalbert Stifter*. Dabei war die Zeit keineswegs arm an Prosadichtung. Franz Grillparzers Erzählung »Der arme Spielmann« (1848) ist ein Meisterwerk, aber doch ein Außenseiter im Schaffen des Dichters. Bedeutsam sind zwar auch Grillparzers

Tagebücher, die Selbstbiographie und andere auto-biographische Schriften — doch wollte der Autor hier nicht als Prosaschriftsteller wirken, sondern reflektierte zumeist nur für sich selbst. Die zahllosen Romane der Vielschreiberin *Karoline Pichler* (1769 bis 1843), einer durchaus bemerkenswerten Dame, in deren Salon das geistige Wien verkehrte, sind heute zu Recht vergessen. Und die reiche Memoirenliteratur, historische Schriften und Reisebeschreibungen verdienen weniger vom literarischen als vom kulturhistorischen Standpunkt aus auch heute noch unser Interesse: neben den »Denkwürdigkeiten aus meinem Leben« (1844) der Pichler sind hier die Geschichtswerke *Joseph von Hormayr*s (1781—1848) zu nennen, aber auch die Bücher des bedeutenden Orientalisten *Joseph von Hammer-Purgstall* (1774—1856) und die Reiseschriften von *Jakob Philipp Fallmerayer* (1790—1861), *Anton Prokesch von Osten* (1795—1876) und *Friedrich Schwarzenberg* (1800—1870) sowie vor allem die »Reise einer Wienerin ins Heilige Land« (1844) der Weltreisenden *Ida Pfeiffer* (1797—1858).

Die wichtige Prosa von *Charles Sealsfield* (eigentlich Karl Postl, 1793—1864) blieb in Österreich vorerst nahezu völlig wirkungslos. Er hatte sich als junger Mann aus dem Kloster flüchtend ins Ausland begeben und lebte unter angenommenem Namen zuerst in den Vereinigten Staaten und dann in der Schweiz. Bekannt wurde seine streng verbotene Schrift »Austria as it is« (1828), in der er schonungslos die politisch-sozialen Zustände in Österreich kritisierte. Literarisch bedeutsamer sind aber seine großen Amerikaromane, die zwischen 1827 und 1836 erschienen sind, und »Das Kajütenbuch« (1841). Hinter eindrucksvollen Naturschilderungen und ethnographischen Beschreibungen entsteht ein romantisierendes und dadurch etwas realitätsfremd wirkendes Amerikabild. Sealsfields Hinneigung zum Puritanismus und zu einem patriarchalischen Gesellschaftssystem führten ihn zu einer heute etwas befremdlich anmutenden Verherrlichung der Südstaatenmentalität.

Ganz anders von Sprache, Art und Intention war die Prosa *Adalbert Stifter*s (1805—1868). Von 1844 bis 1850 sammelte er seine bisher an verstreuten Stellen erschienenen Erzählungen in den drei Bänden »Studien«. Stifters ethisches Postulat ist das »sanfte Gesetz«: »das Gesetz der Gerechtigkeit, das Gesetz der Sitte, das Gesetz, das will, daß jeder geachtet, geehrt, ungefährdet neben dem anderen bestehe, (...) daß er als Kleinod gehütet werde, wie jeder Mensch ein Kleinod für alle andern Menschen ist« (Vorrede zu »Bunte Steine«, 1853). Stifter ist zutiefst geprägt von einem bürgerlichen Humanismus, von tiefer Gläubigkeit und von unverzagtem Vertrauen in das geschaffene Sein. Alles hat seinen Platz in der von Gott gewollten und vorgegebenen Ordnung, jeder und gerade der kleinste Ausschnitt der Welt spiegelt das Gesamte wider, und im notwendigen Wandel der Zeit und der Dinge manifestiert sich doch nur die Dauer all dessen, was ist. In der schlichten Form der immer sich erneuernden Natur, in der Gebundenheit an Heimat, Dorf, Familie, Sitte und Religion, im Gefühl der Innigkeit und Reinheit ist für Stifter letztlich wahre Größe verborgen. Dieses Kunst- und Lebensideal, diese sittlich bedingte Grundordnung der Welt, versuchte er unbeirrbar zu vermitteln und damit erzieherisch zu wirken. Auch in seinen späteren großen Romanen »Nachsommer« (1857) und »Witiko« (1865—1867) stellt der als »Schilderer der Käfer und Butterblumen« verspottete Stifter den Bedrängnissen der Zeit unbeirrbar sein Menschenbild entgegen.

Das Ende des Biedermeier wird gemeinhin mit der Revolution des Jahres 1848 angesetzt. Freilich brachte sie genau betrachtet keinen Bruch in der literarischen Entwicklung, doch wirkte sie auf die meisten Schriftsteller schwer irritierend. Grillparzer verfaßte im Oktober 1848 ein Testament, in dem er resignierend auf die Möglichkeit verweist, in diesen Zeiten als ehrlicher Mensch zugrunde gehen zu müssen. Er bindet sich in der Folgezeit immer mehr an das konservativ-staatstragende Lager und wird schließlich sogar wie der ähnlich reagierende Anastasius Grün ins Herrenhaus berufen. Und auch Nestroy, der die zentrifugale und damit staatszerstörende Kraft des erstarkenden Nationalismus fürchtet, denkt ähnlich. Adalbert Stifter wiederum bekennt, daß ihm das Jahr 1848 das Herz leer gemacht habe. In ihrem Versuch, zu bewahren und Kontinuität auch im literarischen Bereich zu erwirken, schwingt aber schon die Ahnung mit, daß die Forderung einer neuen Generation auch literarisch nach neuen Ausdrucksformen und Antworten verlangen werde.

Dr. Walter Obermaier, geboren 1942 in Wien. Studium der Geschichte und Germanistik. Ab 1967 wissenschaftlicher Bibliothekar an der Wiener Stadt- und Landesbibliothek, seit 1974 Leiter der Handschriftensammlung.

DAS REVOLUTIONSJAHR 1848 IN WIEN

Elisabeth Klamper

»Das Licht vom Himmel läßt sich nicht versprengen,
Noch läßt der Sonnenaufgang sich verhängen
Mit Purpurmänteln oder dunklen Kutten;
Den Albigensern folgten die Hussiten
Und zahlen blutig heim, was jene litten;
Nach Huß und Ziska kommen Luther, Hutten,
Die dreißig Jahre, die Cevennenstreiter,
Die Stürmer der Bastille und so weiter.«

Nikolaus Lenau, »Die Albigenser«

Die »Idylle« vor dem Sturm

Als der Berliner Schriftsteller Adolf Glaßbrenner 1835
Wien besuchte, erschien ihm die Stadt — um ein öster-
reichspezifisches Klischee der jüngeren Vergangenheit zu bemühen — als »Insel der Seligen« inmitten
eines unruhigen, gärenden, revolutionären Europa:
»Während ringsumher von der Meerenge von Gibral-
tar bis zu dem Irischen Meere und der Ostsee Europa
in den Geburtswehen einer neuen Zeit liegt, während
alles krampfhaft durchzuckt ist und fieberhaft erbebt,
während überall das moderne Leben sich in den härtesten Gegensätzen abarbeitet, überall neue Zustände,
neue soziale Verhältnisse sich hervorbilden, Spekula-
tionen aller Art erwachen, findet sich dort absolute
Ruhe, verstummt dort der wilde Löwe, ermattet dort
der ungestüme Lauf der Bewegung. (. . .) Während das
ganze gebildete Europa der politischen Emanzipation
mit Enthusiasmus zufiel, regte sich hier kein Laut der
Teilnahme: Österreich allein besitzt keine Ansteckungs-
fähigkeit. Hierher allein hat der moderne Geist sich
nicht mehr brechen können. Hier herrscht noch die
sogenannte goldene Zeit, nachdem sie von der übrigen Erde verschwunden, hier ist der heitere Genuß,
unbefangene Lust ohne Reflexion, fast ohne Bewußtsein.«[1]

Die gesellschaftliche Realität stand freilich in ekla-
tantem Widerspruch zu diesem schönfärberischen,
klischeebehafteten Reisebericht. Zwar hatte das Habs-
burgerreich nach den Erschütterungen der Napoleonischen Kriege in den Jahren 1814 und 1815 wieder die
Stellung einer Großmacht erringen können, jedoch
war sein neuerlicher Einfluß mehr seiner zentralen
Lage im Gleichgewicht zwischen Ost und West zuzuschreiben als dem Gewicht seiner Militärmacht.

Vor allem aber hatten sich unter der scheinbar
ruhigen Oberfläche der allgemein als »Biedermeier«

bekannten Zeit des beginnenden 19. Jahrhunderts schwerwiegende politische, nationale und soziale Konflikte angehäuft.

Die zwanzig Friedensjahre der Franziszeischen Regierung nach dem Ende der Napoleonischen Kriege und ihre Fortsetzung unter Ferdinand, auch »Ferdinand der Gütige« genannt, dem geistig nicht sehr regen Nachfolger des kleinlichen Tyrannen Franz II. (I.), kamen einer Wiederherstellung des absolutistischen Regimes gleich, das zu Recht als »Polizeistaat« bezeichnet wurde. Die Polizei, die ursprünglich die Durchführung der Maßnahmen der Josephinischen Bürokratie überwachen sollte, spielte unter Franz I. und Ferdinand I. bzw. der an seiner Statt mit den Regierungsagenden betrauten Staatskonferenz, in der Fürst Metternich und der nicht weniger konservative Graf Anton Kolowrat den entscheidenden Einfluß besaßen, eine wichtige Rolle. Hauptaufgabe der Polizei unter dem einflußreichen Polizeichef Josef Sedlnitzky (von 1817 bis 1848 Präsident der Polizei und der Zensurbehörde) war es, die Ausbreitung auch nur andeutungsweise liberaler Ideen zu verhindern und so die Gefahr einer Revolution nach dem Muster der Französischen im Keime zu ersticken.

Trotz der reaktionären absolutistischen Regierungspolitik, die Friedrich Engels in einem Zeitungsartikel als »Feudalismus, Patriarchalismus und demütige Spießbürgerei unter dem Schutz des väterlichen Haselstockes«[2] charakterisierte, hatte die industrielle Revolution auch in den österreichischen Ländern alle Lebensverhältnisse und sozialen Beziehungen von Grund auf umzuwälzen begonnen. Allerdings setzten sich moderne kapitalistische Produktionsformen im Gegensatz zu England und Frankreich langsamer und nur sehr zögernd durch; die Ursachen dafür waren vielfältig.

Bereits zur Zeit des Merkantilismus erwies sich die zünftische Produktionsweise als hemmend für die frühkapitalistische, auf die Manufaktur ausgerichtete Wirtschaft, da sie nur wenig expansionsfähig war und daher auch die Konkurrenzfähigkeit gegenüber anderen Ländern Westeuropas bremste.

Die patriarchalisch-zünftische Betriebsführung bewirkte, daß sich private Unternehmerinitiativen in nur geringem Ausmaß entwickelten und seit Maria Theresia der Staat zum wichtigsten Träger ökonomischer Neuerungen und zum Lenker der Wirtschaft geworden war. Betrieb Joseph II. eine gegen die Zünfte und auf die Manufaktur ausgerichtete Wirtschaftspolitik, so änderte diese sich unter seinen Nachfolgern Leopold II. und Franz I.

Vor allem unter Franz I. vertieften sich die industriefeindlichen Tendenzen in der österreichischen Wirtschaft, die ursächlich mit seiner tiefverwurzelten Revolutionsangst zusammenhingen. Bereits in diesem frühen Stadium der kapitalistischen Produktionsweise zeichnete sich die Furcht des bürokratisch-feudalen, absolutistischen Regimes vor dem im Entstehen begriffenen Industrieproletariat ab. Schon damals galten die Manufakturarbeiter und die außerhalb der Zünfte stehenden Handwerkergesellen als gefährliche, revolutionäre und für die Ideen der Französischen Revolution — gegenüber denen Franz I. eine tiefverwurzelte Angst hegte — empfängliche staatsgefährdende Elemente. In einem Polizeibericht des Jahres 1792 heißt es über diese rechtlosen Opfer unmenschlicher Ausbeutung: »Diese Gattung nahrungsloser und größtenteils ungesitteter Menschen (sei es), welche jedem Staate die größte Gefahr, besonders bei jetzigen Zeiten androhe, da durch dieselbe die Jakobiner den Umsturz der französischen Regierung und das allgemeine Unglück Europas bewirkt haben.«[3]

Kaiser Franz I. verbot mehrmals — resultierend aus seiner Ablehnung gegenüber den modernen Produktionsformen bzw. dem sich daraus ergebenden sozialen Konfliktpotential — Fabrikniederlassungen in der Hauptstadt und ihrer Umgebung. Es ist daher nicht verwunderlich, daß die industrielle Entwicklung in Österreich durch das lange Neben- und Gegeneinander zünftischen und freien Gewerbes, sowie die inkonsequente Haltung der staatlichen Gewerbepolitik gegenüber den modernen Manufakturen entschieden verzögert und gehemmt wurde.

Schließlich konnten aber die liberalen Kräfte 1809 einen Sieg verzeichnen, als ein Hofkammerdekret verkündete, man solle »die Industrialfreiheit zur unabweichlichen Grundlage annehmen, insbesondere aber bei deren Entscheidungen in keinem Falle von dieser Richtschnur abweichen und in keinem Falle den gefährlichen Einstreuungen des Monopols und des Zunftgeistes Gehör geben, sondern die freie Konkurrenz mit Entfernung aller ängstlichen Nebenrücksichten standhaft behaupten.«[4]

Die Scheu vor der Konkurrenzwirtschaft bestand aber weiter und ließ immer wieder den Ruf nach staatlicher Protektion laut werden.

All diese Schwankungen konnten nicht verhindern, daß zu Beginn des 19. Jahrhunderts die wesentlichsten

Grundlagen für die industrielle Revolution in Österreich gelegt wurden. In wenigen Jahrzehnten wurden Teile Niederösterreichs, Böhmens und Vorarlbergs zu Industriebezirken, wobei wie in England die Baumwollindustrie eine führende Rolle spielte. Diese frühen Industriegründungen fanden freilich in besonders begünstigten Gegenden statt und blieben für lange Zeit Inseln inmitten eines weitgehend agrarischen Staates.

Die spezifische frühkapitalistische Entwicklung in Österreich bewirkte die Herausbildung eines Bürgertums, das sich von jenem in England oder Frankreich erheblich unterschied. Aufgrund der Tatsache, daß Industriegründungen teilweise von staatlicher Seite ausgegangen waren, entstammten viele Unternehmer der Aristokratie bzw. waren aus dem Ausland nach Österreich berufen worden.

Manche der frühen österreichischen Unternehmer waren mit besonderen Privilegien versehene Juden, ein Umstand, der im Revolutionsjahr antisemitische Strömungen begünstigte. Es war ein Charakteristikum der österreichischen Bourgeoisie, daß sie nicht wie in Frankreich und England einer spezifisch bürgerlichen Lebensform zum Durchbruch verhalf, sondern bestrebt war, den Lebensstil des Adels zu imitieren. Es scheint fast, als wäre nicht die Vermehrung des Kapitals Ziel des österreichischen Besitzbürgertums gewesen, sondern die Verleihung eines Adelstitels. Typisch für das österreichische Unternehmertum auch, daß es vielfach seinen Aufstieg durch die Hintertüren der halbfeudalen absolutistischen Bürokratie gemacht hatte und von daher nach exklusiven Privilegien anstatt nach freiem Wettbewerb strebte.

Bereits vor der Revolution von 1848 war das österreichische Bürgertum nicht nur von seiner sozialen Herkunft her inhomogen strukturiert, sondern auch in seinen politischen Interessen gespalten. Einerseits bejahte es die Habsburgermonarchie und rief bei wirtschaftlichen Krisen und vor allem im Falle sozialer Unruhen (z.B. bei den immer wiederkehrenden Hungerkrawallen) nach dem Schutz von Bürokratie und Staat, andererseits befürwortete es aber auch die liberalen, aus Westeuropa kommenden politischen Ideen und kritisierte einzelne Aspekte der Politik der vormärzlichen Regierung.

Hand in Hand mit der industriellen Entwicklung ging die Auflösung der alten agrarischen Gemeinschaftsformen. Zwar hatte die Tagelöhnerarbeit an Stelle des Zwangsgesindetages die ländlichen Unter-schichten aus alten Bindungen befreit und ihnen erhöhte soziale Mobilität ermöglicht, trotzdem belastete aber die überlebte grundherrschaftliche Organisation der Landwirtschaft die allgemeine soziale und wirtschaftliche Entwicklung bis zur (allerdings nur halbherzig durchgeführten) Befreiung der Bauern im Jahre 1848. Der soziale Abstieg der Häusler (besitzlose ländliche Unterschicht) und Kleinbauern, aber auch der Umstand, daß früher hochqualifizierte und relativ gut entlohnte Handwerker durch ungelernte Arbeiter, Frauen, Kinder und Jugendliche ersetzt wurden, führte dem entstehenden Industrieproletariat immer neue Bevölkerungsschichten zu und bewirkte, daß es in den Vorstädten Wiens, den wichtigsten Industriezentren neben jenen in der Provinz, einerseits zu einer Bevölkerungsexplosion, andererseits zu einem rapiden Anstieg der Arbeitslosigkeit kam, so daß die Gemeindeverwaltung bereits vor 1848 trachtete, dieses Problems mit der Einrichtung von Notstandsarbeiten (hauptsächlich Erd- und Bauarbeiten der Stadt) Herr zu werden.

Verschärft wurde dieser konfliktträchtige gesellschaftliche Umwandlungsprozeß durch häufige Mißernten (nicht zuletzt auf Grund der veralteten feudalen Landwirtschaft), permanente Lebensmittelknappheit und den damit verbundenen Anstieg der Lebensmittelpreise (Hungerkrawalle, die unter anderem ihren Ausdruck in der Plünderung von Bäckerläden fanden, waren bekannte Wiener Phänomene), katastrophale Wohnverhältnisse und wiederholte Cholera- und Typhusepidemien. Die nach Aufhebung der Kontinentalsperre einsetzende Währungsabwertung hatte immer drückender werdende Steuerlasten zur Folge und bewirkte eine rapide Verelendung des traditionellen Mittelstandes.

Trotz Metternichscher Polizei, Spitzelunwesen und Zensur gelang es liberalen Intellektuellen und Studenten, sich im Vormärz mit den Schriften der Frühsozialisten und Utopisten (Saint-Simon, Fourier, Robert Owen) auseinanderzusetzen. Die Studenten entstammten mehrheitlich den Unterschichten und sympathisierten daher mit den Anliegen der Bauern und Arbeiter, bzw. hatten durch die Karlsbader Beschlüsse eine massive Unterdrückung ihres politischen Bewußtseins erfahren.

Kontakte zwischen Studenten und Arbeitern waren bereits vor dem Revolutionsjahr geknüpft worden, obwohl die Polizei bestrebt war, solche Allianzen

*Der erste Angriff der Kavallerie vor
dem bürgerlichen Zeughaus, Kat. X/7*

sowie Versuche der Arbeiter zu unterbinden, Selbst-
hilfeorganisationen ins Leben zu rufen.

Die Revolution von 1848 — es ist im Rahmen dieses
Katalogbeitrags nicht möglich, auf die nationalen
Erhebungen in den Ländern der Monarchie einzugehen — war der erste zögernde und tastende Versuch,
die Menschen aus ihrer politischen Unmündigkeit
des überlebten absolutistischen Herrschaftsverhält-
nisses zu befreien und ihnen zu einem menschenwür-
digen Leben zu verhelfen. Die Revolution mußte aber
scheitern, weil der antagonistische Widerspruch zwischen der zur Macht strebenden Bourgeoisie und dem
sich als Klasse formierenden Industrieproletariat von
Anfang an vorhanden war und das Bürgertum immer
wieder Kompromisse mit dem absolutistischen Regime eingehen ließ.

Die Revolution beginnt

Am 13. März 1848 begannen sich die Ereignisse in
Wien zu überstürzen. Bereits in den Tagen vorher
waren von seiten der Wiener Bürger mehrere Petitionen an den Hof gerichtet worden, die Forderungen
wie beispielsweise jene nach der Veröffentlichung des

Staatshaushaltes und Öffentlichkeit in der Rechts-
pflege und Verwaltung enthielten.

Die Wiener Bürger erhielten Unterstützung durch
die Studenten, die sich ihrerseits mit Petitionen
(Presse- und Redefreiheit, Lernfreiheit) an den Kaiser
wandten, und hie und da kam es in den Vorstädten
schon zu Unruhen unter den arbeitslosen Textilar-
beitern.

Am Vormittag des 13. März zogen die Studenten
zum Niederösterreichischen Landhaus in der Herrengasse, um anläßlich des Zusammentretens der Stände
ihren Petitionen nachdrücklich Geltung zu verleihen.
Innerhalb kurzer Zeit drängten sich nicht nur Studenten in der Herrengasse, sondern auch Bürger und
Arbeiter, denen es noch in den frühen Morgenstun-
den — vor dem Schließen der Stadttore unmittelbar
nach Beginn der Unruhen — gelungen war, aus den
Vorstädten in die Innenstadt vorzudringen.

Das Chaos war perfekt, die Situation erhielt jedoch
eine überraschende Wendung, als der junge Sekun-
dararzt des Allgemeinen Krankenhauses, Dr. Adolf
Fischhof, das Wort ergriff und mit seinen Forderungen nach bürgerlichen Freiheitsrechten und nationaler Gleichberechtigung ein klares politisches Programm proklamierte.

Fischhofs Rede, die erste verbürgte öffentliche politische Rede in Österreich, riß die Volksmenge nicht nur zu Beifallsstürmen hin, sondern gab der spontanen, unorganisierten Massenbewegung eine zielorientierte politische Stoßrichtung. Innerhalb kurzer Zeit wurde der Ruf nach dem Sturze des Staatskanzlers Fürst Metternich laut, dem Exponenten des bürokratisch-absolutistischen Regimes.

Als gegen zwei Uhr nachmittags Militär gegen die friedlichen Demonstranten eingesetzt wurde, kamen fünf Menschen ums Leben, und die Reformbewegung wandelte sich endgültig zur Revolution. Noch in derselben Nacht bewaffneten sich Bürger und Studenten und bildeten Nationalgarde und Akademische Legion. Auch die Bürgergarde, eher eine kostümierte als eine kriegerisch bewaffnete Einheit, schloß sich der Revolution an.

In den Abend- und Nachtstunden kam es in den Wiener Vorstädten zu beträchtlichen Ausschreitungen der Arbeiter und Handwerker: Sie machten ihrem Groll über die herrschenden sozialen Verhältnisse Luft, indem sie Fabriken stürmten und die verhaßten Maschinen zerstörten, da sie in diesen die Ursache für ihre Verelendung sahen.

Die Tumulte in den Vorstädten trugen wesentlich dazu bei, daß Staatskanzler Metternich gegen neun Uhr abends tatsächlich zurücktrat. Die Vorgänge in den Vorstädten beunruhigten das Besitzbürgertum zutiefst, und zu Recht erkannte es in dem sich formierenden Industrieproletariat die künftige Gefahr für die eigene soziale und wirtschaftliche Vormachtstellung. Angesichts der Gefahr, die von dem revoltierenden »Pöbel« ausging, wurden die Arbeiter nicht nur nicht bewaffnet, sondern das Bürgertum war auch bereit, Kompromisse mit der alten absolutistischen Macht zu schließen und vom Hof Truppen zur Wiederherstellung der Ruhe und Ordnung in den Vorstädten anzufordern.

Das Militär wurde schließlich tatsächlich in den Vorstädten eingesetzt, was Dutzende Tote zur Folge hatte; die Zahl der Todesopfer in den Vorstädten übertraf jene in der Innenstadt bei weitem.

Während der Monate März und April kam es unter den Wiener Arbeitern immer wieder zu Arbeitsnie-

Bekanntmachung der Konstitution
Kat. X/10

derlegungen und Kundgebungen, um ihren Forderungen nach Arbeitszeitverkürzung (üblich waren bis dahin wöchentlich sechs Arbeitstage von 12—16 Stunden) und Lohnerhöhungen Nachdruck zu verleihen (die Durchschnittslöhne deckten damals nicht einmal mehr die elementarsten Lebensbedürfnisse). Die Ergebnisse dieser Arbeitskämpfe waren jedoch mehr als unbefriedigend und das Besitzbürgertum weit davon entfernt, den sozialen Forderungen der Arbeiter und Handwerker Verständnis entgegenzubringen, geschweige denn, diese zu befürworten.

Um die Arbeiterunruhen zu beenden, wurden schließlich öffentliche Arbeiten, wie der Bau von Versorgungs- und Altersheimen, Kirchen etc., in Angriff genommen und im Mai ein Ministerium für öffentliche Arbeiten gegründet.

Der Kampf um die Verfassung

Nachdem Staatskanzler Fürst Metternich am 13. März zurückgetreten war, mußten am 14. März der nicht weniger verhaßte Polizeiminister Josef Graf Sedlnitzky und der unbeliebte Bürgermeister Ignaz Czapka seinem Beispiel folgen.

Am selben Tag wurde die Zensur aufgehoben, ein Pressegesetz sollte folgen.

Am 15. März versprach Kaiser Ferdinand I., eine freiheitliche Verfassung in Österreich einzuführen, mit deren Ausarbeitung die neu zu bildende Staatsverwaltung betraut wurde: Die Hofstellen, Hofkanzleien und Hofkammern wurden durch Ministerien ersetzt bzw. aufgelöst, an die Stelle von Staatsrat und Staatskonferenz trat der Ministerrat.

Die neue Regierung bestand allerdings ausschließlich aus Vertretern der alten Führungsschicht und schwankte daher naturgemäß zwischen Zugeständnissen und Widerstand gegen die revolutionäre Volksstimmung.

Am 25. April verkündete Innenminister Franz Baron Pillersdorf die neue, nach dem Muster der belgischen Konstitution ausgearbeitete Verfassung. Diese oktroyierte, weil ohne Volksvertretung vom Staatsoberhaupt erlassene Verfassung sah vor, daß die österreichischen Länder zentralistisch zusammengefaßt werden, wobei Ungarn verfassungsrechtlich den Status der Selbständigkeit erhalten sollte. Die oberste Gewalt sollte beim Kaiser liegen, zwei Kammern, ein Ober- und ein Unterhaus, ihm zur Seite stehen. Fragen wie jene nach konfessioneller Gleichberechtigung, Presse- und Vereinsgesetz, Schwurgerichtsordnung, aber auch die Agrarfrage blieben ungeklärt.

Ein Sturm der Empörung, der sich in Kundgebungen und Demonstrationen manifestierte, war die Folge des Oktroys. Verschärft wurde die ohnehin schon angespannte Situation durch die am 9. Mai verkündete Wahlverordnung Pillersdorfs, die von einem allgemeinen Wahlrecht meilenweit entfernt war. Am 15. und 16. Mai forderten Nationalgarden, Studenten und Arbeiter in einer Sturmpetition vor der Hofburg, wo der Ministerrat tagte, die Rücknahme der oktroyierten Verfassung sowie die Einberufung eines konstituierenden Reichstages, der in allgemeiner, direkter und freier Wahl zu wählen sei.

In den engen Gassen der Wiener Innenstadt wurden von den Arbeitern der Vorstädte, die »mit Schaufeln, Spaten und Eisenstangen versehen«[5] durch die geöffneten Stadttore zum Michaeler- und Josefsplatz vorgedrungen waren, Barrikaden errichtet. In der Nacht zum 16. Mai bewilligte die Regierung schließlich die Forderungen, und am 18. Mai wurde eine Kaiserliche Proklamation mit der Erklärung, den ersten Reichstag als einen konstituierenden mit nur einer Kammer durchzuführen, verkündet.

Bereits einen Tag vorher waren Kaiser Ferdinand und der Hof nach Innsbruck geflohen, wo sie begeisterte Aufnahme fanden. Die Flucht des Kaisers und des Hofes lösten vor allem innerhalb der bürgerlichen Schichten, die loyal zum Kaiserhaus standen und in erster Linie die Aristokratie für alle Mißstände im Staat verantwortlich machten, Unwillen und in der Folge Ablehnung aller auch nur andeutungsweise republikanischen Ideen aus. Vor allem der Akademischen Legion haftete das Odium an, »Ferdinand den Gütigen« vertrieben zu haben.

Die reaktionären Kräfte im Kabinett glaubten, ihre Chancen, die Akademische Legion auflösen zu können, stünden günstig, und unter dem Vorwand, die Studenten begünstigten die italienische Revolution, beschloß der Ministerrat am 22./23. Mai die Schließung der Universität und die Auflösung der Akademischen Legion. Mit der Losung »Die Legion stirbt, doch sie ergibt sich nicht« stellten sich am 26. Mai die Studenten den anrückenden Truppen entgegen. Unterstützt wurden sie von den Handwerkern und Arbeitern der Vorstädte, die insgesamt 160 Barrikaden auf den Straßen und Plätzen der Wiener Innenstadt errichteten.

*Zug der Arbeiter in die Stadt zum
Barrikadenbau, Kat. X/13*

Die Regierung kapitulierte angesichts des ent-
schlossenen Vorgehens der Volksmassen; das Militär
erhielt Befehl, sich zurückzuziehen, die Akademische
Legion sollte weiter bestehen, und am 3. Juni versprach Kaiser Ferdinand die baldige Einberufung
eines konstituierenden Reichstags.

Wieder hatte die Revolution nur mit Hilfe der
Arbeiter siegen können, dennoch dachte das Bürgertum nicht im entferntesten daran, den Forderungen
der Arbeiter nach Verbesserung ihrer sozialen Lage
Rechnung zu tragen bzw. ihnen auch gleiche politische Rechte zuzugestehen. Die Arbeiter durften
auch weiterhin keine Waffen tragen, und die Frage, ob
das Wahlrecht zum konstituierenden Reichstag auch
für sie gelten sollte, spielte lange Zeit nur eine unter-
geordnete Rolle.

Das Besitzbürgertum sah in den Arbeitern vor
allem eine Bedrohung seines Eigentums, und auf
manchen geschlossenen Geschäften fanden sich in
den Tagen der Mairevolution Aufschriften wie: »Hei-
lig ist das Eigentum« mit den Ergänzungen der Arbeiter, die beispielsweise lauteten: »Das braucht man uns
nicht zu sagen« oder: »Wir Arbeiter sind keine Diebe
und Räuber«.

Heißer Sommer 1848

Die Regierung Pillersdorf hatte angesichts des ent-
schlossenen Vorgehens der Arbeiter und Studenten
kapituliert, es herrschte de facto ein Machtvakuum.
Um diesen Zustand zu beenden, wurde am 26. Mai von
Deputierten des Gemeindeausschusses sowie Vertretern der Nationalgarde und Studenten der »Ausschuß
der Bürger, Nationalgarde und Studenten zur Aufrechterhaltung der Ordnung und Sicherheit und für
die Wahrung der Volksrechte«, kurz »Sicherheitsausschuß« genannt, gegründet, der de facto die Regie-
rungsgewalt übernehmen sollte. Mit dem Sicherheitsausschuß, dessen Vorsitz Dr. Adolf Fischhof übernahm, war erstmals in Wien ein demokratisches
Organ des Volkes geschaffen worden, eine Körperschaft, die politischer Debattierklub, Petitionsstelle,
beratende Körperschaft, Exekutivorgan sowie Verwal-
tungs- und Justizbehörde in einem war.

Die Sitzungen des Sicherheitsausschusses waren
öffentlich und fanden in der Regel unter der regen
Anteilnahme zahlreicher Zuhörer statt. Die politische
Zusammensetzung dieses neuen politischen Organs
war heterogen, allerdings fanden sich in ihm keine

Barrikadenbau am Heidenschuß
Kat. X/15

Arbeiter, und ein entsprechender Antrag, einige Vertreter dieses Standes dem Ausschuß beizuziehen, wurde von der überwältigenden Mehrheit der Versammlung abgelehnt.

Die Ordnung und Sicherheit in der Stadt wiederherzustellen und die Arbeiter und Handwerker zu beruhigen wurde als die wichtigste Aufgabe des Ausschusses angesehen. Am 29. Mai erließ der Ausschuß einen entsprechenden Appell an die Wiener Arbeiter, in welchem er ihnen zwar »für den uns geleisteten kräftigen Beistand und für euer biederes höchst ehrenhaftes Benehmen«[6] dankte, sie aber gleichzeitig aufforderte, an die Arbeitsplätze zurückzukehren.

Das ebenfalls im Mai gegründete Arbeitsministerium sollte das Problem der Arbeitslosigkeit lösen, eine Aufgabe, die aber schier unlösbar war, da es zu einem massenhaften Zustrom von nicht nach Wien zuständigen Arbeitern kam. Der Unmut der Arbeiter auf den öffentlichen Baustellen wuchs, als ihren Forderungen nach Bezahlung der Sonn-, Feier- und Regentage seitens der Behörden nicht stattgegeben wurde, und die Arbeiterdemonstrationen in der Innenstadt, die von den dort ansässigen Geschäftsleuten als Störung und Zumutung empfunden wurden, häuften sich.

Der Sicherheitsausschuß zeigte sich gegenüber den

Forderungen der Arbeiter unnachgiebig und warf ihnen vor, ihre Bittschriften seien »von kommunistischen Ideen durchweht«[7]. Das Bürgertum war nicht nur entschlossen, den Forderungen der Arbeiter nach Verbesserung ihrer sozialen Stellung mit strikter Ablehnung zu begegnen, es verweigerte ihnen auch das Recht auf Teilnahme an politischen Entscheidungsprozessen. Mit dem Hintergedanken, daß der größte Teil der Arbeiter sich mit der formalen Zuerkennung des Wahlrechts begnügen würde, ohne davon Gebrauch zu machen, bewilligte das Ministerium am 10. Juli allen »selbständigen« Arbeitern mit bleibendem Wohnsitz das Wahlrecht. Ein ausuferndes bürokratisches Verfahren zur Feststellung des individuellen Wahlrechtes (Nachweis der Zuständigkeit, Eintragung in Wählerlisten), kaum Verständigung der Wähler untereinander und Verwirrung über die Formulierung »selbständiger Arbeiter« reduzierten von vornherein die Teilnahme der Arbeiter an den Wahlen zum konstituierenden Reichstag.

Im August kam es wieder zu einer Verschärfung der angespannten Situation, als Arbeitsminister Schwarzer — der Zustimmung des Besitzbürgertums sicher — Lohnkürzungen für die Erdarbeiter auf den öffentlichen Baustellen ankündigte. Bereits am 21. August kam es in der Innenstadt zwischen protestierenden Arbeitern und Teilen der Nationalgarde zu einem Handgemenge, und erst nachdem die Nationalgarde mit aufgepflanzten Bajonetten gegen die empörte Menge vorging, gelang es, die Arbeiter aus der Stadt zu drängen.

Das Bürgertum, das von Anfang an mehr oder minder mißtrauisch und feindlich auf die Arbeiter und Handwerker herabgesehen hatte, war nun entschlossen, die Arbeiter endgültig in ihre Schranken zu weisen und, wenn notwendig, sogar mit Waffengewalt gegen jene vorzugehen, die entscheidend dazu beigetragen hatten, der Revolution zum Siege zu verhelfen.

Am 23. August marschierten die Arbeiter von den Baustellen im Prater in die Stadt, um ihren Protesten Nachdruck zu verleihen. Ihnen stellten sich jedoch die Nationalgarde und die vom Gemeindeausschuß aufgebotene Munizipalgarde entgegen und gingen schließlich mit Säbeln und Gewehren gegen die unbewaffneten Männer, Frauen und Kinder vor. Die Arbeiter des Nordbahnhofes, die den Erdarbeitern zu Hilfe eilen wollten — zum ersten Mal solidarisierten sich Arbeiter verschiedener Berufssparten! —, ereilte das gleiche Schicksal. Die blutigen Kämpfe, die an mehreren Plätzen der Leopoldstadt, des heutigen II. Wiener Gemeindebezirkes, ausgetragen wurden, forderten mehrere Todesopfer und über hundert Verletzte. Die siegreichen National- und Munizipalgardisten wurden von den Wiener Bürgern als Helden gefeiert, der Sicherheitsausschuß noch am gleichen Tag aufgelöst und die Nationalgarde dem Ministerium unterstellt.

Zwischen Arbeitern und Bürgern war die Kluft unüberbrückbar geworden, wenngleich Teile der bürgerlich-demokratischen Presse gegen die brutale Niederwerfung der Arbeiter protestierten und Minister Schwarzer im September unter dem Druck der öffentlichen Meinung zurücktrat. Karl Marx, der vom 27. August bis zum 7. September in Wien weilte und im Wiener Arbeiterverein mehrere Vorträge hielt, stellte angesichts der Situation in Wien fest, »es handelt sich jetzt auch hier — wie in Paris — um den Kampf zwischen der Bourgeoisie und dem Proletariat«[8].

Das Ende

Nach den folgenschweren Augusttagen begann sich das Ende der Revolution außerhalb Wiens abzuzeichnen. Die Bauern waren seit dem Sommer kein revolutionäres Element mehr, nachdem die durch Hans Kudlichs berühmten Gesetzesantrag in der Frankfurter Paulskirche initiierten Debatten damit beendet wurden, daß die bäuerliche Untertänigkeit gegen Zahlung einer Entschädigung an den Grundherrn aufgehoben wurde.

Feldmarschall Johann Josef Wenzel Graf Radetzky eilte inzwischen in Italien von Sieg zu Sieg, während Feldmarschall Alfred Fürst zu Windischgrätz nach der Niederwerfung des Aufstandes in Prag mit seinen Truppen in Eilmärschen gegen die Hauptstadt zog.

Als die Revolution im Oktober in ihre letzte Phase trat, standen die Wiener Revolutionäre einem übermächtigen Feind gegenüber. Am 6. Oktober weigerten sich Wiener Grenadiere, zum Einsatz gegen das revolutionäre Ungarn abzumarschieren, worauf sich Akademische Legion, Nationalgarde und Arbeiter einerseits und Militär andererseits heftige Kämpfe lieferten. Die Eisenbahnlinie nach Ungarn wurde zerstört und Kriegsminister Latour vor seinem Ministerium Am Hof gelyncht.

Am 12. Oktober traf der Banus von Kroatien, Josef von Jellacic, mit 50 000 Mann auf dem Wiener Berg

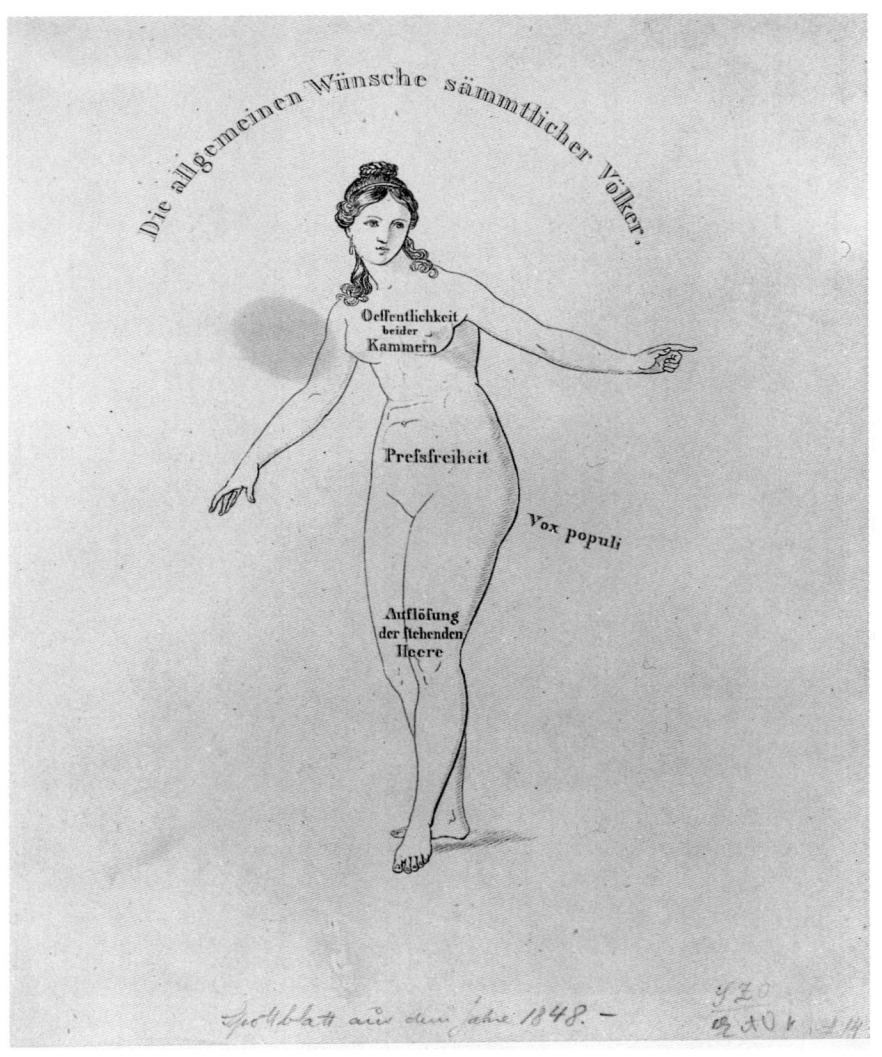

Die allgemeinen Wünsche sämtlicher Völker, Kat. X/40

ein, und am 20. Oktober erschien Feldmarschall Windischgrätz mit seinen Truppen vor Wien und verhängte den Belagerungszustand über die Stadt.

Die Wiener Revolutionäre lehnten die Aufforderung Windischgrätz' zur bedingungslosen Kapitulation ab. Die Stadt verwandelte sich in eine Barrikadenfestung. Die Verteidigung Wiens lag zu diesem Zeitpunkt in erster Linie bei den Studenten, Arbeitern und Handwerkern. Das Besitzbürgertum hatte der Revolution bereits den Rücken gekehrt, und auch die Behörden betrieben die Maßnahmen zur Verteidigung der Stadt nur zögernd und zaudernd.

Robert Blum, der Abgeordnete der Frankfurter Linken, der sich damals in Wien aufhielt, beschrieb diese Situation in einem Brief an seine Frau vom 17. Oktober folgendermaßen: »Wien ist prächtig, herrlich, die liebenswürdigste Stadt, die ich je gesehen; dabei revolutionär in Fleisch und Blut. Die Leute treiben die Revolution gemütlich, aber gründlich. Die Verteidigungsanstalten sind furchtbar, die Kampfgier grenzenlos. (. . .) Nur eines fehlt: wahrhaft revolutionärer Mut in den Behörden, man zerrt sich dort gar zu sehr mit Halbheiten herum und laviert immer, um auf dem gesetzlichen Boden zu bleiben. Energie dort im ersten

Augenblick, und die Sache wäre schon entschieden. Hoffentlich bekommt man unter dem Kanonendonner auch dieses Fehlende noch.«[9] In einem früheren Brief vom 20. August schrieb Blum: »Wir haben hier jetzt etwa 72 000, aber freilich dort geübte Soldaten, hier Bürger. Nun, dafür auch dort nur Sold, hier Begeisterung und Bewußtsein des Kampfes. Besonders die Arbeiter sind bewundernswert; für die Bourgeoisie, die ihnen nie etwas gab oder gönnte, stehen sie bereit, in den Tod zu gehen.«[10]

Am 30. Oktober rückten kaiserliche Truppen bis zur Wiener Innenstadt vor. Oberkommandant Wenzel Messenhauser, der die Verteidigung der Stadt leitete, faßte angesichts des Lebensmittel- und Munitionsmangels den Entschluß, die Stadt auf Gnade und Ungnade zu übergeben. Am nächsten Tag rückten von allen Seiten kaiserliche Truppen in Wien ein, als gegen 14 Uhr der Wächter von St. Stephan plötzlich fälschlich das Herannahen des revolutionären ungarischen Heeres meldete, worauf die Aufständischen neuen Mut faßten, die Kapitulation brachen und den Kampf gegen die kaiserlichen Truppen erneut aufnahmen.

Am 31. Oktober nahmen die kaiserlichen Truppen Wien im Sturm, auf Seite der Revolution waren mehr als 2000 Todesopfer zu beklagen. Die Rache der Sieger war furchtbar. Die Führer der Revolution wurden verhaftet, viele von ihnen, unter anderem auch Robert Blum, hingerichtet bzw. zu langjährigen Kerkerstrafen verurteilt. Das Zivil- und Militärgouvernement von Wien schickte sich an, auf Jahre hinaus eine Schreckensherrschaft zu errichten, die jede freiheitliche Regung im Keim ersticken sollte.

Die Bourgeoisie atmete auf. Im November erschien eine Deputation sämtlicher Gremien des Handels- und Gewerbestandes der Stadt Wien bei Feldmarschall Fürst Windischgrätz und überreichte eine Adresse, in der es hieß: »Mit innigster Verehrung erscheinen wir, die Vertreter der sämtlichen Handels- und Gewerbecorporationen dieser Residenzstadt, vor Eurer fürstlichen Durchlaucht, um Hochderselben unserer und unserer Kommittenten tiefgefühlten Dank für die Herstellung der gesetzlichen Ordnung und Ruhe darzubringen, wodurch des Bürgers Sicherheit an Person und Eigentum allein gewährleistet wird.«[11]

DR. ELISABETH KLAMPER, geboren 1956. Studium der Geschichte und deutschen Philologie. Seit 1981 wissenschaftliche Mitarbeiterin am Dokumentationsarchiv des österreichischen Widerstandes. Mitarbeit an der Konzeption und Organisation verschiedener Ausstellungen (u.a. »Wien 1938« sowie »Der Novemberpogrom 1938 in Wien«). Wissenschaftliche Publikationen zum Thema Judenverfolgung in Österreich, Österreicher im Exil, sowie zur Geschichte der Neuzeit und Zeitgeschichte Österreichs

Anmerkungen

[1] Zitiert nach Wolfgang Häusler, Von der Massenarmut zur Arbeiterbewegung. Demokratie und soziale Frage in der Wiener Revolution von 1848, Wien/München, 1979, S. 73.
[2] Friedrich Engels am 27. Jänner 1848 in der Deutsch-Brüsseler-Zeitung.
[3] Johann Slokar, Geschichte der österreichischen Industrie und ihrer Förderung unter Kaiser Franz I. Wien, 1914, S. 16.
[4] Zitiert nach Häusler, Massenarmut, S. 47.
[5] Friedrich Kaiser, 1848. Ein Wiener Volksdichter erlebt die Revolution, Wien, 1848, S. 58.
[6] Franz Peyer, Wiener-Chronik für das Jahr 1848. Wien, 1850, Mai Nr. 61.
[7] Zitiert nach Häusler, Massenarmut, S. 253.
[8] ebenda, S. 310.
[9] Zitiert nach Herbert Steiner, Karl Marx in Wien. Die Arbeiterbewegung zwischen Revolution und Restauration 1848, Wien, 1978, S. 197.
[10] ebenda, S. 197f.
[11] ebenda, S. 202f.

KATALOG

Literaturnachweis für die Katalognotizen:

Bürgersinn und Aufbegehren. Biedermeier in Wien, 1815–1848. Sonderausstellung des Historischen Museums der Stadt Wien, Wien 1987/88

Die Aera Metternich. Ausstellungskatalog, Historisches Museum der Stadt Wien, 1984

Autoren der Katalognotizen:

ASchu	Dr. Adelbert Schusser
EPS	Mag. Eva Maria Pammer-Salzmann
GD	Dr. Günter Düriegl
HB	Dr. Hans Bisanz
HCS	Dr. Hans Carl Singer
JH	Dr. Josef Hüttner
JZ	Johann Ziegler
KAW	Dr. Karl Albrecht-Weinberger
RKM	Dr. Renata Kassal-Mikula
ReWi	Dr. Reingard Witzmann
SK	Dr. Selma Krasa
SKB	Sabine Kehl-Baierle
SW	Dr. Susanne Walther
SWu	Dr. Sylvia Mattl-Wurm
TA	Dr. Theophil Antonicek
WD	Dr. Wilhelm Deutschmann
WO	Dr. Walter Obermaier

Abkürzungen:

HM	Historisches Museum der Stadt Wien
H	Höhe
B	Breite
T	Tiefe
Dm	Durchmesser

Maße in cm, Höhe vor Breite. Bei Radierungen Maße der Platte, bei Lithographien Maße des Blattes.

Grosse Völker = Schlacht bey Leipzig.   Bataille de Leipzig, le 16. 18 et 19 Octobre 1813.

I. Der Wiener Kongress

I/1

Die Völkerschlacht bei Leipzig, 16. bis 19. Oktober 1813

Carl Rahl nach Johann Adam Klein

Kupferstich und Radierung kombiniert   42 x 51,6
Bez. Mi.: Grosse Völker = Schlacht bey Leipzig.
Bataille de Leipzig, le 16. 18 et 19 Octobre 1813
Sign. li. u.: J. A. Klein del. Sign. re. u.: C. Rahl sculpt.

HM, Inv. Nr. 71.570/7b

Blatt F der bei Artaria erschienenen Serie »Schlachten Ereigniße und andere militärische Vorstellungen der Jahre 1812, 1813, 1814, 1815«.
   Leipzig bedeutete das Ende der Napoleonischen Unüberwindlichkeit. In der dreitägigen Entscheidungsschlacht löste sich das revolutionäre System der französischen Kaisermacht in Deutschland auf. Napoleon konnte sich auf keinen seiner Marschälle verlassen: Bernadotte stellte sich ihm sogar mit der schwedischen Armee entgegen, die verbündeten Mächte mit ihrem unter dem Oberbefehl Schwarzenbergs (Generalstabschef war Radetzky) stehenden Heer schlugen die französische Armee, die Truppen Napoleons zogen sich nach Frankreich zurück.
GD

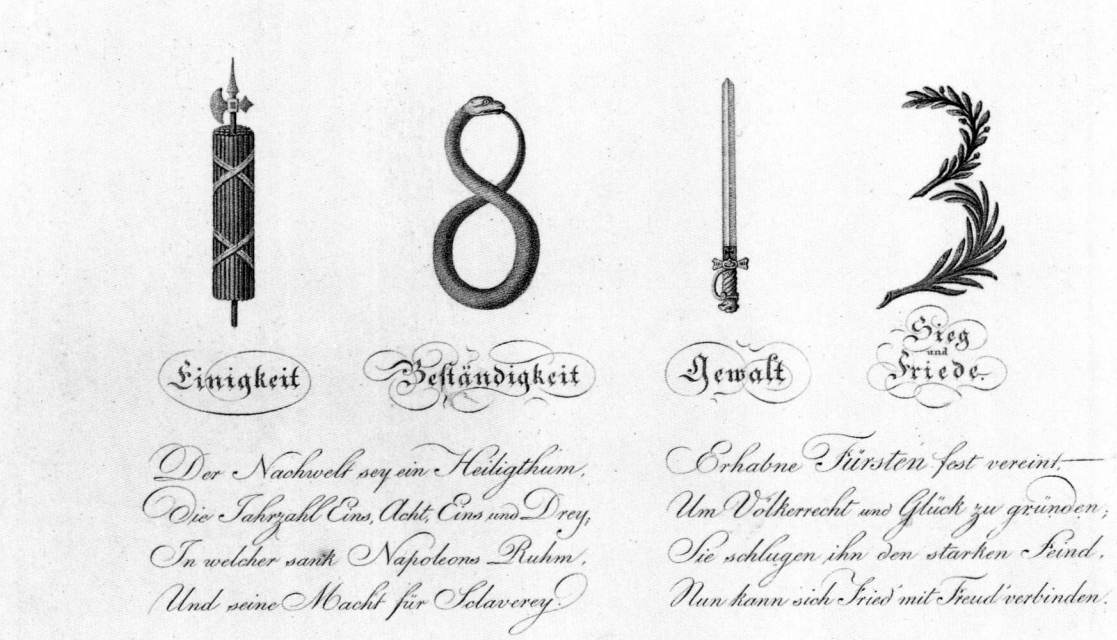

I/2

<small>EINIGKEIT, BESTÄNDIGKEIT, GEWALT, SIEG
UND FRIEDE</small>
Zur Erinnerung an die Völkerschlacht bei
Leipzig

Franz Xaver Miller-Drechsler

Kolorierter Kupferstich   26,4 x 35,4
Sign. li. u.: erfunden v. F. X. Miller in Grätz
Sign. re. u.: Drechsler sc. Viennae

HM, Inv. Nr. 80.877

Die in der Grußadresse »HEIL DEN FRIEDENS-
STIFTERN! / DIE EVROPA HOECHST BEGLVECKEN«
übergroß geschriebenen Großbuchstaben ergeben das
Chronogramm (I = 1, L = 50, D = 500, I = 1, D = 500,
I = 1, D = 500, I = 1, V = 5, C = 100, L = 50, V = 5,
C = 100) »1814«.
GD

I/3
Triumph des Jahres 1813. Für Deutsche als Neujahrsgeschenke.
und
Wahre Abbildung des Eroberers.
Satire auf Napoleons Niederlage 1813

A. Berlin

Kolorierter Kupferstich (Porträt)   11,2 x 7,1
und Buchdruck (Textblatt)   10,3 x 7,6

HM, Inv. Nr. 21.742/1 u. 2

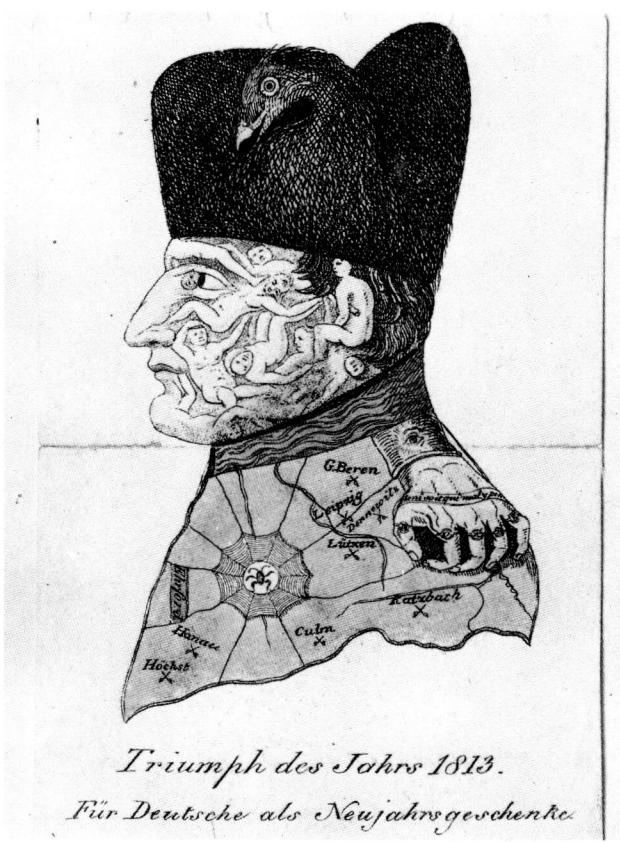

Triumph des Jahrs 1813.

Für Deutsche als Neujahrsgeschenke

Das Textblatt erklärt das Porträt:
        Wahre Abbildung des Eroberers
   Der Hut ist Preussens Adler, welcher mit seinen Kral-
len den Grossen gepackt hat und ihn nicht mehr loslässt.
   Das Gesicht bilden einige Leichen von denen Hundert-
tausenden, welche seine Ruhmsucht opferte.
   Der Kragen ist der grosse Blutstrom, welcher für seinen Ehrgeiz so lange fliessen musste.
   Der Rock ist ein Stück der Landcharte des aufgelössten
Rheinbundes. An allen darauf zu lesenden Orten verlohr
er Schlachten. Das rothe Bändchen bedürfte des erklä-
renden Ortes wol nicht mehr.
   Der grosse Ehrenlegionsorden ist ein Spinnengewebe,
dessen Fäden über den ganzen Rheinbund ausgespannt
waren; allein in der
   Epaulette ist die mächtige Gotteshand ausgestreckt,
welche das Gewebe zerreisst, womit Deutschland umgarnt
war und die Kreuzspinne vernichtet, die da ihren Sitz
hatte, wo ein Herz seyn sollte!
GD

I/4
MARIE LOUISE VON PARMA   (1791—1847)

Johann Nepomuk Ender, 1826

Aquarell   19,1 x 14,5
Sign. u. dat. re. (Rand): Joh. Ender 1826

HM, Inv. Nr. 56.360

Erzherzogin Marie Louise, die älteste Tochter von Kaiser
Franz I., heiratete 1810 auf Metternichs Vorschlag
Napoleon, dem sie 1811 Franz Joseph Carl, den späteren
Herzog von Reichstadt, gebar. Während Napoleons
Verbannung nach Elba begab sie sich nach Schönbrunn,
1816 übernahm sie die oberitalienischen Herzogtümer
Parma, Piacenza und Guastalla, deren Regentschaft ihr
im Vertrag von Fontainebleau zugesichert worden war.
1822 vermählte sie sich in morganatischer Ehe mit ihrem
Hofmeister, dem Grafen Neipperg, ihr beider gemein-
samer Sohn, der Fürst von Montenuovo, war 1821 zur Welt
gekommen. In dritter Ehe vermählte sich Marie Louise
mit Graf Bombelles.
SW/WD

I/5
FRANZ JOSEPH CARL, HERZOG VON
REICHSTADT   (1811—1832)

Wiener Porzellanmanufaktur, 1834

Malerei auf Porzellan   18,5 x 13,5
Bez. auf der Rückseite: Bindenschild, Jahresstempel
1834

HM, Inv. Nr. 56.411

Der einzige Sohn Napoleons aus der Ehe mit Marie
Louise (geb. 20. März 1811 in den Tuilerien) erhielt bei
seiner Geburt den Titel eines Königs von Rom. Bei
Annäherung der verbündeten Heere 1814 wurde das
kaiserliche Kind, dem Napoleon, ehe er in Fontainebleau
die Abdankung unterzeichnete, vergebens die Thronfolge
zu sichern suchte, nach Blois und dann nach Wien
(Schönbrunn) gebracht. Als Napoleon 1815 von Elba
zurückkehrte, forderte er Gattin und Kind von Franz I.
zurück. Nachdem dies verweigert wurde, entwarf der
Sohn der Gräfin Montesquiou — sie war die Erzieherin
des Herzogs von Reichstadt — einen Plan zur Entführung

Kat. I/27, Seite 107

des Prinzen. Der Plan wurde entdeckt und der Herzog nun nach Wien in die Hofburg unter die Obhut seines Großvaters gebracht. Marie Louise erhielt zwar am 29. Mai 1815 den Sohn zurück, als sie aber im März 1816 die Regierung von Parma übernahm, mußte der Prinz in Wien bleiben. Ein zwischen den verbündeten Mächten 1817 abgeschlossener Vertrag beraubte den Herzog seines Erbrechts auf Parma, wofür ihm Franz I. auf den Todesfall des Großherzogs von Toskana die Herrschaft Reichstadt in Böhmen zusicherte. Zugleich verlieh ihm der Großvater den Rang unmittelbar nach den Prinzen des österreichischen Hauses, das Prädikat »Durchlaucht« und ein eigenes Wappen. An seinem zwölften Geburtstag erhielt der Prinz das Fähnrichspatent, 1828 wurde er

Hauptmann und 1830 Major. Als 1829 dem Dichter Auguste Barthélemy nicht gestattet wurde, ihm das Gedicht »Napoléon en Egypte« persönlich zu überreichen, knüpften sich daran Gerüchte von großen Einschränkungen der Freiheit des Prinzen, die besonders in Frankreich Glauben fanden. Insbesondere wurde behauptet, er sei über das Schicksal des Vaters nicht informiert worden. Dies erwies sich aber als unbegründet, der Herzog kannte dasselbe und erwies seinem Vater die leidenschaftlichste Verehrung. Im April 1832 zeigten sich die ersten Anzeichen von Lungentuberkulose, am 27. Juli 1832 starb der Herzog von Reichstadt in Schönbrunn.
GD

I/6

PARIS KAPITULIERT, 31. MÄRZ 1814

Kupferstich und Radierung kombiniert 41,8 x 52,6
Bez. u.: Übergabe der Stadt Paris an die Verbündeten
Monarchen. Capitulation de Paris, le 31 Mars 1814. /
Vienne chez Artaria et Comp.

HM, Inv. Nr. 71.570/13

Blatt 13 der bei Artaria erschienenen Serie »Schlachten
Ereigniße und andere militärische Vorstellungen der
Jahre 1812, 1813, 1814, 1815«.
GD

◁ I/7

FEIERLICHER EINZUG KAISER FRANZ' I.
IN WIEN AM 16. JUNI 1814

Johann Nepomuk Hoechle

Kolorierte Radierung und Kupferstich
kombiniert   40,5 x 54
Sign. li. u.: Höchle. Bez.: Feierlicher Einzug
S. M. des Kaisers von Oestreich Franz 1./in seiner
Residenzstadt Wien den 16 July (sic) 1814 . . .

HM, Inv. Nr. 96.579

Gehört als Blatt Nr. 18 zu der bei Artaria erschienenen
Serie »Schlachten, Ereignißse und andere militärische
Vorstellungen . . .«. — Die Triumphpforte, das letzte Werk
des Architekten Johann Ferdinand Hetzendorf von
Hohenberg (1732–1816), stand auf dem Glacis vor dem
Kärntnertore. ». . . Glücklich bin ich, daß ich diesen
Tag erlebt; er ist und wird der schönste meines Lebens
bleiben; mag nun mit mir werden, was Gott will . . .«
(Tagebuch Erzherzog Johanns).
   ». . . Unendlich war der Jubel, als jetzt der Kaiser selbst
an der Seite seines Bruders, des damaligen Großherzogs
von Florenz, von der Generalität umgeben, erschien. Rüh-
rend, freudenvoll und erhebend war dieser Moment
durch seine eigentümliche Wirklichkeit und durch die
Betrachtung dessen, was zum Glück und zum ruhigen
Wohlsein der Völker geschehen war und sich für die
Zukunft hoffen ließ . . .« (Caroline Pichler, Denkwürdig-
keiten aus meinem Leben, hrsg. von Emil Karl Blümml,
München 1914, 2. Bd., S. 22)
GD

I/8

SITZUNG DES WIENER KONGRESSES

Jean Godefroy nach Jean Baptiste Isabey

Linien- und Punktierstich   66 x 88
Sign., dat. u. bez. u.: J. Isabey à Paris/Rue des 3 Frères
No. 7. Déposé à la Direction royale de la Librairie.
J. Godefroy/1819
Bez. Mi. u.: CONGRES DE VIENNE,/SEANCE DES
PLENIPOTENTIAIRES/DES HUIT PUISANCES
SIGNATAIRES./DU TRAITE DE PARIS

HM, Inv. Nr. 169.581

Das Bild zeigt die Delegierten am Wiener Kongreß
(18. September 1814 bis 9. Juni 1815) in einer Verhand-
lungspause: soeben ist der Herzog von Wellington
eingetreten, um Lord Castlereagh abzulösen. Der Raum
ist der Verhandlungssaal im Palais am Ballhausplatz;
im Gemälde an der Wand Kaiser Franz I. im Krönungsornat als römisch-deutscher Kaiser; im Gemälde des
Nebenraumes Maria Theresia sowie rechts die Büste des
Fürsten Kaunitz. Die Randleisten des Stiches zeigen in
den vier Ecken die zu erstrebenden Ideale »Veritas«
(Wahrhaftigkeit), »Prudentia« (Klugheit), »Sapientia«
(Weisheit) und »Scientia« (Wissen). In der Mitte oben
»Justitia«, die Gerechtigkeit. In Medaillons oben die
Herrscher Georg III. von England, Franz I. von
Österreich, Ferdinand VII. von Spanien, Ludwig XVIII.
von Frankreich, Johann VI. von Portugal, Friedrich
Wilhelm III. von Preußen, Alexander I. von Rußland und
Karl XIII. von Schweden.
   In der unteren Leiste die Wappen der Länder dieser

Der große Wiener Friedens-Congres zur Wiederherstellung von Freiheit und Recht in Europa
1. Kaiser Franz 2. Kaiser Alexander 3. König v. Preußen 4. Wellington für England 5. König v. Denemark 6. König v. Baiern 7. König v. Würtemberg 8. Churfürst v. Heßen 9. Herzog v. Braunschweig 10. Talleyrand für Frankreich 11. Mediatisirte Fürsten und Staatsminister 12. Die Gerechtigkeit.

Herrscher. In den seitlichen Leisten 21 Wappen dargestellter Delegierter. Die dargestellten Verhandlungsteilnehmer: Stehend (von links nach rechts): Wellington (England), Lobo (Portugal), Saldanha (Portugal), Löwenhjelm (Schweden), Noailles (Frankreich), Metternich (Österreich), Latour Dupin (Frankreich), Nesselrode (Rußland), Razumovsky (Rußland), Stewart (England), Wacken (Österreich), Gentz (Österreich), Humboldt (Preußen), Cathcart (England).

Sitzend (von links nach rechts): Hardenberg (Preußen), Palmella (Portugal), Castlereagh (England), Dalberg (Frankreich), Wessenberg (Österreich), Labrador (Spanien), Talleyrand (Frankreich), Stackelberg (Rußland).

Im Auftrage Talleyrands begleitete Isabey die französische Delegation nach Wien, wo er sich schon 1812 aufgehalten und die Mitglieder der kaiserlichen Familie gemalt hatte, um hier nun ein Gemälde der versammelten Kongreßmitglieder zu schaffen. Besuche in seinem Atelier in der Leopoldstadt (Jägerzeile) wurden bald elegante Gewohnheit, der Reihe nach saßen ihm sämtliche Delegierte, so daß der Künstler bereits im Januar 1815 in der Lage war, eine Subskription für das Blatt auszuschreiben. Er beabsichtigte, mit der Zeichnung bis Anfang März fertig zu sein, wonach Jean Godefroy den Druck bis Ende 1816 fertiggestellt haben sollte; tatsächlich verzögerte sich aber das Erscheinen des Blattes, 1819 lag es zum ersten Mal vor. Das Blatt hat immer zu den Raritäten gezählt. Bereits Isabey selbst kündigte es mit 120 Francs mit der Schrift, mit 240 Francs vor der Schrift und zum doppelten Preis nach Ablauf der Subskription an.
GD

SATIRE AUF EINE SITZUNG DES WIENER KONGRESSES

Josef Zutz, um 1815

Kupferstich koloriert   26 x 32,5

HM, Inv. Nr. 57.789

Die Monarchen einigen sich über die neu festzulegenden
Grenzen, jeder Kongreßteilnehmer versucht, für sich
und sein Land das Günstigste zu erreichen, auch die
mediatisierten Reichsritterschaften sind vertreten. Die
»Gerechtigkeit« überblickt mit nichtverbundenen Augen
den Verhandlungsverlauf.

Kat. I/21, Seite 104

I/10

I/11

I/12

I/13

I/14

I/15

I/16

I/17

I/10

CLEMENS LOTHAR WENZEL FÜRST METTERNICH

C. Lewis nach Thomas Lawrence

Lithographie   43,5 x 29,7

HM, Inv. Nr. 33.887

Metternich (1773—1859) entstammte einem alten reichs-unmittelbaren rheinischen Geschlecht, das durch die Folgen der Französischen Revolution heimatlos wurde. Durch seine 1795 geschlossene erste Ehe mit Maria Eleonore, der Enkelin des Staatskanzlers Kaunitz, zum Österreicher geworden, entwickelte Metternich sein politisches Prinzip, das die anderen zumeist sein »System« nannten. 1801 im kaiserlich-diplomatischen Dienst, wird er zwei Tage nach der Niederlage von Wagram zum Staatsminister und Leiter der Staatskanzlei ernannt.

I/11

FRIEDRICH GENTZ

Eduard Friedrich Leybold, 1822

Aquarell auf Silber   18 x 15
Sign. u. dat. Mi. re.: »E. F. Leybold fec: 1822«

HM, Inv. Nr. 54.014

Gentz (1764—1832) stammte aus altpreußischer Beamten-familie. Nach anfänglichen Sympathien für die Französische Revolution erfolgte bald die Abkehr und Zuwendung zur englischen Politik. Trat 1802 durch Vermittlung Johann Philipp Stadions in den österreichischen Staatsdienst, wo er durch seine gegen Napoleon gerichtete publizistische Tätigkeit Bedeutung erlangte. War beim Wiener Kongreß der unentbehrlichste Mitarbeiter Metternichs.
WD

I/12

KAISER FRANZ I. VON ÖSTERREICH (1768—1835)

Benedetti nach Amerling

Stahlstich   50,2 x 35,9

HM, Inv. Nr. 73.727/a

Kaiser Franz II. (I.) war ältester Sohn und Nachfolger von Kaiser Leopold II. Letzter Kaiser des Heiligen Römischen Reiches (1806 Krone niedergelegt). 1804 Kaisertum Österreich geschaffen. Die Heilige Allianz war Grundlage seiner Außenpolitik unter Metternich als Staatskanzler.
WD

I/13

ZAR ALEXANDER I. VON RUSSLAND   (1777—1825)

L. Fischer nach N. Skiavoni

Lithographie   50,5 x 35,7

HM, Inv. Nr. 73.624

Der Sohn Pauls I. und Enkel von Katharina II. folgte 1801 seinem ermordeten Vater auf dem Thron. Seine Regierung war durch seine im Sinne der Aufklärung gestaltete Erziehung gekennzeichnet und durch das Bestreben, den Einfluß des Hochadels auszuschalten. Auf dem Wiener Kongreß gelang Zar Alexander die Anerkennung eines mit Rußland verbündeten Königreichs Polen mit einer von ihm verliehenen Verfassung. Der zweite Pariser Friede bedeutete für ihn den Höhepunkt seiner Machtstellung in Europa.
SW

I/14

FRIEDRICH WILHELM III. KÖNIG VON PREUSSEN

Heinrich Mansfeld

Radierung   37,8 x 27,5

HM, Inv. Nr. 47.454

Preußens König (1770—1840) war der Dritte im Bunde bei der »Heiligen Allianz«. Nach den vernichtenden Niederlagen gegen Napoleon und den damit verbundenen großen Landabtretungen wagte der König keinen weiteren Schritt gegen die Franzosen und mußte von seinen Beratern regelrecht zum Bündnis mit Rußland und Österreich gezwungen werden. Innenpolitisch stand seine Regierung zwischen Reform und Restauration, wobei unter dem Einfluß Metternichs die Reformansätze jedoch wieder zurückgedrängt wurden.

I/15
WILHELM FREIHERR VON HUMBOLDT (1767—1835)

Eduard Eichens nach Franz Krüger

Kupferstich   21,2 x 14,8
Sign. li. u.: gez. v. Fr. Krüger; re. u.: gest.
v. Eduard Eichens

HM, Inv. Nr. 1.236

Der mit Goethe und Schiller befreundete Gelehrte und Staatsmann war eine der bestimmenden Persönlichkeiten in der preußischen Reformzeit. Auf dem Wiener Kongreß agierte er neben Hardenberg, der sich politisch in eine andere Richtung hin entwickeln sollte, als Vertreter seines Landes. Humboldts entschlossenes Auftreten gegen die Karlsbader Beschlüsse führte 1817 dazu, daß er als Minister für ständische und kommunale Angelegenheiten demissionierte.
SW

I/17
CHARLES MAURICE DE TALLEYRAND

C. Vogel, 1834

Lithographie   24,7 x 15,2

HM, Inv. Nr. 75.003

Französischer Politiker (1754—1838). Während der Französischen Revolution von 1789 Mitglied der Generalstände. 1797—1807 Außenminister des Direktoriums und Napoleons. Talleyrand strebte die Verständigung mit Großbritannien und Österreich an und lehnte die Eroberungspolitik Napoleons ab. Auf dem Wiener Kongreß gelang es ihm, Frankreichs europäische Stellung wieder zu festigen.

I/16
HENRY ROBERT STEWART CASTLEREAGH
Marquis von Londonderry

Blasius Höfel nach Thomas Lawrence

Punktierstich   34,6 x 24,5
Bez. Mi. u.: »Lord Castlereagh«
Sign. li. u.: »Tho Lawrence pinx.«;
re. u.: »Blas. Höfel sc.«

HM, Inv. Nr. 73.665

Englischer Politiker (1769—1822). 1805/1806 und 1807/1809 Kriegsminister. Seit 1812 als Außenminister entschiedener Gegner Napoleons. Beim Wiener Kongreß maßgeblich für das europäische Gleichgewicht eingetreten. Anfänglich ein Befürworter von Metternichs Politik, brachte er später der Heiligen Allianz weniger Sympathien entgegen, wie dies 1818 (Aachener Kongreß) bereits zum Ausdruck kam. Innenpolitische Schwierigkeiten trieben Castlereagh zum Selbstmord.
WD

I/18   *Abb. Seite 9*
ALLEGORIE AUF DIE HEILIGE ALLIANZ

Federzeichnung, aquarelliert   13,5 x 9,4
Auf Untersatzpapier mit Aquatinta-Rand
montiert   20,8 x 16,7

HM, Inv. Nr. 56.466/5

Die drei Monarchen, Zar Alexander I., Kaiser Franz I. und Friedrich Wilhelm III. von Preußen, reichen einander die Hände zum heiligen Bund. Zwei Säulen, von floralem Schmuck umgeben, tragen je drei flammende Herzen; eine Girlande, drei sich vereinende Lorbeerkränze und ein achtstrahliger blauer Stern mit aufgelegtem Bindenschild und dem Monogramm »FI« krönen die Handlung. Die Worte zu Häupten der Monarchen würdigen das Geschehen: Weñ so Monarchen sich vereinen/ So muß der Menschheit Glück er-/scheiñen.
GD

I/19
DIE LANDUNG NAPOLEONS BEI ANTIBES
AM 1. MÄRZ 1815

Friedrich Philipp Reinhold

Aquarell   26,5 x 40,3
Auf Untersatzkarton montiert
Sign. re. u.: Frd. Php. Reinhold inv, f. Bez. (Etikette)
auf Untersatzkarton Mi. u.: DEBARQUEMENT de
NAPOLEON PRÈS D'ANTIBES

HM, Inv. Nr. 71.565

Vorlage zu Blatt 20 (Kupferstich und Radierung kombiniert) der bei Artaria erschienenen Serie »Schlachten
Ereigniße und andere militärische Vorstellungen der
Jahre 1812, 1813, 1814, 1815«. Nach dem ersten Frieden von
Paris erachteten die Verbündeten die Neuordnung
Europas im Sinne eines monarchischen Konservatismus
als ihre vordringlichste Aufgabe. Die Rückkehr der Bourbonen (Ludwig XVIII.) auf den französischen Thron
sollte die Verwirklichung dieser Absicht auch in Frankreich garantieren. Hier fürchtete man nun ein Vorgehen
gegen alle, die sich im Zusammenhang mit der Revolution und dem revolutionären Regime des Napoleonischen
Empire in irgendeiner Weise gegen die legitime königliche Herrschaft gestellt hatten. Napoleon, zweifellos gut
informiert über die innere Situation Frankreichs, durfte
also hoffen, günstige Voraussetzungen für eine Restauration seiner Herrschaft anzutreffen. Unstimmigkeiten
der Konferenzteilnehmer in Wien bestärkten ihn noch:
Am 26. Februar 1815 verließ er mit 900 Mann die
Insel Elba, am 1. März 1815 landete er bei Antibes. Die
Reaktion auf dieses Ereignis ist bekannt: Frankreichs
erstes Entsetzen verwandelte sich in wenigen Tagen in
einen nationalen Taumel wiedererstanden geglaubter
Größe, drei Tage nach Napoleons Einzug in Paris
verhängte der Wiener Kongreß über ihn am 13. März
1815 die Acht.
GD

I/20   ▷
DIE SCHLACHT VON WATERLOO AM
18. JUNI 1815

Johann Lorenz Rugendas

Kolorierter Aquatinta-Stich   47,4 x 59
Monogrammiert u. dat. Mi. u.: RL. (Ligatur) 1816

Beschriftet deutsch und französisch: Napoleons Flucht
in der Schlacht von Waterloo. / den 18. Juni 1815. /
Alle Anstrengungen Napoleons und seines Heeres
scheiterten in der entscheidenden Schlacht von Waterloo an der todttrotzenden Tapferkeit der Briten und
Preussen. Schon war sein recht- / ter Flügel umgangen
und von den letztern im Rücken angegriffen, als er
es noch wagte, einen verzweifelten Angriff mit dem
Kern seines Heeres, den alten Garden, worunter auch
das ihm nach / Elba gefolgte Bataillon war, zu thun,
und mit einer Feuerrede ihren gesunkenen Muth zu
erhöhen. Entschlossen und ruhig wälzten sich diese
alten Bataillone bergan den eindringenden Engländern ent- / gegen, und wankten nicht eher, als bis
die eiserne Tapferkeit der Verbündeten ihnen den
Sieg entriss. — Erschüttert suchten nun diese sonst so
furchtbaren Garden Napoleons in der wildesten Eile
und Auf- / lösung ihr Heil in der Flucht, und
zerstäubt und auf immer vernichtet war nun die
Herrschaft des Welteroberers und der Ruhm seiner
Heere. Das durch Austriens Tapfere in Italien
Begoñene wurde / in den Gefilden von Waterloo
durch den Mut der anglo-preussischen Heere unter
der Leitung ihrer unsterblichen Anführer Wellingtons
und Blüchers, herrlich vollendet, und durch die
Gesamtkraft / aller verbündeten Mächte der Menschheit der längst ersehnte Weltfriede endlich
erkämpft und gesichert. Bez. Mi. u.: Gezeichnet
u. gestochen von J. Lorenz Rugendas in Augsburg

HM, Inv. Nr. 66.977

Noch am 16. Juni 1815 konnte Napoleon die Preußen bei
Ligny schlagen, während zur gleichen Zeit Marschall
Ney das englische Heer (es bestand nur zu einem Drittel
aus Engländern, fast zur Hälfte aus Deutschen, daneben
aus Holländern) unter Wellington bei Quatre-Bras band.
Napoleon vermutete einen preußischen Rückzug nach
dem Rhein und ließ Blücher von Marschall Grouchy verfolgen, während er sich selbst mit seiner Hauptmacht
gegen Wellington wandte. Blüchers Generalstabschef
Gneisenau jedoch lenkte den Rückzug der Preußen nordwärts nach Wavre, um von hier aus Wellington zu Hilfe
zu kommen, während Grouchy ins Leere stieß. Im Vertrauen auf die Zusage der preußischen Unterstützung
nahm Wellington am 18. Juni 1815 die Schlacht an. Sein
Heer hielt dem frontalen Angriff Napoleons trotz
ernstester Bedrängnis so lange stand, bis die Preußen auf

dem Schlachtfeld eintrafen und die rechte Flanke der Franzosen eindrückten. Alle Versuche Napoleons, den Flankenstoß abzuwehren, scheiterten ebenso wie die bis zuletzt wiederholten Frontalangriffe von Kavallerie und Garden gegen Wellington. Die von Gneisenau befehligte Verfolgung vernichtete das letzte Heer Napoleons.
GD

I/21   *Abb. Seite 99*

DAS MILITÄRFEST

Balthasar Wigand

Gouache 21,4 x 34
Sign. re. u.: Wigand f.
Bez. Mi. u.: FVIT DECIMO OCTAVO OCTOBRIS

HM, Inv. Nr. 24.957

Die übergroß geschriebenen Großbuchstaben des Textes ergeben das Chronogramm (VI = 6, D = 500, C = 100, I = 1, M = 1000, C = 100, V = 5, C = 100, I = 1) »1813«.

Das Militärfest im Prater am 18. Oktober 1814 fand anläßlich des Jahrestages der Völkerschlacht bei Leipzig statt. Schauplatz war das Lusthaus mit seiner unmittelbaren Umgebung und der anschließende, nur durch einen schmalen Donauarm getrennte Teil der Simmeringer Haide. Eine Truppenparade fand vor den Monarchen statt, hierauf wurde ein Festmahl gehalten: Die Fürsten tafelten im Lusthaus, für die zweitausend Mannschaften und Offiziere der Wiener Garnison wurden die Speisen auf langen, im Freien aufgestellten Tischen aufgetragen.

I/22

DAS KAISERLICHE KARUSSELL AM 23. NOVEMBER 1814

▷

Aquarell auf Feder   26,9 x 41,2

HM, Inv. Nr. 23.712

Vorlage für den bei Artaria & Comp. erschienenen kolorierten Kupferstich: CARUSELL in der K. K. Winterreitschule gegeben in Gegenwart der hohen Allürten im Jahre 1814.

Dieses Fest, der Form und dem Inhalt nach ein spielerisches »Türkenkopfstechen«, fand in der Winterreitschule in der Burg nach langen Wochen sorgfältigster Vorbereitungen am 23. November 1814 statt. Man bedauerte den Verlust ritterlicher Geschicklichkeitsspiele (wie auf dem Blatt dargestellt: mit einem Wurfspieß mußten die Türkenköpfe im vollen Galopp getroffen werden). Der Höhepunkt war ein Scheingefecht, bei dem zwei gegnerische Parteien aufeinander losstürmten, bestimmte Regeln, die Verletzungen ernsthafter Natur jedoch ausschließen sollten, waren dabei unbedingt einzuhalten. Hier wurde ein Fest veranstaltet, das in seiner strahlenden und schillernden Aufwendigkeit nicht unwesentlich dazu beigetragen haben mag, daß man die tatsächliche Arbeit des Wiener Kongresses völlig übersah. GD

I/23

MASKENBALL IM REDOUTENSAAL DER WIENER HOFBURG   UM 1815

Joseph Schütz

Kolorierte Radierung   30 x 43
Bez. Mi. u.: Ansicht des K. K. Redouten Saales während eines Masquen-Balles

HM, Inv. Nr. 19.877

Der Zeitraum von 1750 bis 1850 beinhaltet für Wien eine tanzschöpferische Phase, die ihren Höhepunkt in der Vollendung des Wiener Walzers fand. Zur Zeit des Wiener Kongresses ist der Wiener Walzer in seiner Choreographie bereits so ausgebildet, wie er noch heute getanzt wird. Schon Ende des 18. Jahrhunderts hatte sich in Wien eine spezifische Ballkultur entwickelt. Neue großzügige Tanzlokale wurden gebaut, und die bisher nur dem Adel vorbehaltenen Redoutensäle in der Hofburg wurden unter Joseph II. (1780–1790) öffentlich zugänglich gemacht. Diese Redouten gehörten bis in das Biedermeier zu den vornehmsten Faschingsvergnügen der Wiener. Außerdem waren diese Bälle die einzigen Veranstaltungen in Wien, bei denen das Tragen von Masken erlaubt war. Erst als die strengen behördlichen Verbote des 18. Jahrhunderts in Vergessenheit geraten waren, kam das Larventragen auf Bällen im späten Biedermeier wieder auf. ReWi

Ansicht des K. K. Redouten Saales
während eines Masquen-Balles

I/24

Abb. Seite 13

DIE SCHLITTENFAHRT NACH SCHÖNBRUNN AM 22. JÄNNER 1815

Friedrich Philipp Reinhold

Kolorierter Kupferstich und Radierung
kombiniert   47,7 x 65,5
Sign. li. u.: Fr. Phill. Reinhold pinxt.
Beschriftet deutsch u. französisch: DARSTELLUNG
DER AM 22. tem JANUAR 1815 / während der
Anwesenheit der hohen verbündeten Monarchen in
Wien auf allerhöchsten Befehl / Sr. k. k. apostolischen
Majestät veranstalteten feyerlichen Schlittenfahrt

HM, Inv. Nr. 108.483

Die vom österreichischen Hofe lange Zeit vorbereitete
Schlittenfahrt hatte mehrmals verschoben werden müssen
und fand endlich am 22. Januar 1815 statt. Vom Josefsplatz
bewegte sich der Zug zunächst durch die vornehmsten
Straßen und Plätze Wiens, um schließlich die Stadt zu
verlassen und im Galopp nach Schönbrunn zu eilen. Das
Gepränge und der zur Schau getragene Reichtum der an
der Unterhaltung Beteiligten hatte die Bevölkerung in
großer Zahl herbeigelockt. Immerhin wurden bereits
kritische Stimmen laut, welche die Verschwendungssucht
anprangerten.
GD

I/25

FRANZ I.

Johann Baptist Lampi d. J., 1825

Öl auf Leinwand   205,5 x 141,5
Sign. u. dat. li. u.: Joannes eques de Lampi junior
pinxit A. MDCCCXXV

HM, Inv. Nr. 47.264

Nach Wurzbach malte Lampi Kaiser Franz I. (1768—1835)
viermal in Lebensgröße, u.a. für den Magistratssaal des
(Alten) Rathauses, wofür er die Große Salvator-Medaille
erhielt. Ebenfalls für den Magistratssaal entstand die
Serie sämtlicher Regenten Österreichs. Nach Vollendung
dieses Auftrages wurde er zum Wiener Ehrenbürger
ernannt.
RKM

Lit.: Wurzbach, Biographisches Lexikon des Kaiserthums
Österreich, Bd. 14 (1865), S. 61ff.

»der Dumme«. Die Wiener nannten ihn als Erzherzog oft »une archidupe« (Srbik II. Bd., S. 587). Erzherzogin Sophie schrieb übrigens an Fürstin Melanie Metternich: »Was ich Ihrem Gatten vorwerfe, ist, daß er eine unmögliche Sache wollte: die Monarchie ohne Kaiser führen und mit einem Trottel als Repräsentanten der Krone.«

1848 dankte Ferdinand ab, umarmte seinen Neffen und Nachfolger Franz Joseph mit den Worten »Bleib nur brav, es ist gerne geschehen!« (Redlich). Er zog sich am Lebensabend nach Prag zurück (neuer Beiname im Volksmund: Gütinand der Fertige).
WD

I/26

FERDINAND I.

Franz Wiehl, 1840

Öl auf Leinwand   232 x 161
Sign. u. dat.

HM, Inv. Nr. 51.967

Ferdinand I. (als König von Böhmen und Ungarn Ferdinand V.), ältester Sohn von Kaiser Franz I. und seiner zweiten Gemahlin Maria Theresia (1793—1875). 1830 König von Ungarn. 1835 Kaiser von Österreich. 1836 König von Böhmen. 1838 König der Lombardei und Venetiens.

Kaiser Ferdinand war von schwächlicher Gesundheit und geistig zurückgeblieben, so daß ein halbes Jahr nach seiner Thronbesteigung ein Kabinettsrat (Erzherzog Ludwig, Metternich, Kolowrat) die Regierungsgeschäfte weitestgehend übernehmen mußte. Beim Volke sehr beliebt, erhielt er den Beinamen »der Gütige«, aber auch

I/27   *Abb. Seite 95*

FAMILIENBILD DES KAISERHAUSES UM DEN HERZOG VON REICHSTADT   1826

Leopold Fertbauer

Öl auf Leinwand   63 x 78,5
Sign. u. dat. re. (am Baumstamm): »Leopold Fertbauer Pinx.«
Li. (am Baumstamm): »den 12ten Juny / 1826«

HM, Inv. Nr. 16.380

Ein betont bürgerliches Familienbild des Kaiserhauses.

Um den Herzog von Reichstadt gruppieren sich seine Mutter Marie Louise, Erzherzog Ferdinand, der spätere Kaiser, Erzherzog Franz Carl mit seiner Frau Sophie, die Eltern des späteren Kaisers Franz Joseph, und sein Großvater Franz I. mit seiner vierten Gemahlin Carolina Augusta.
WD

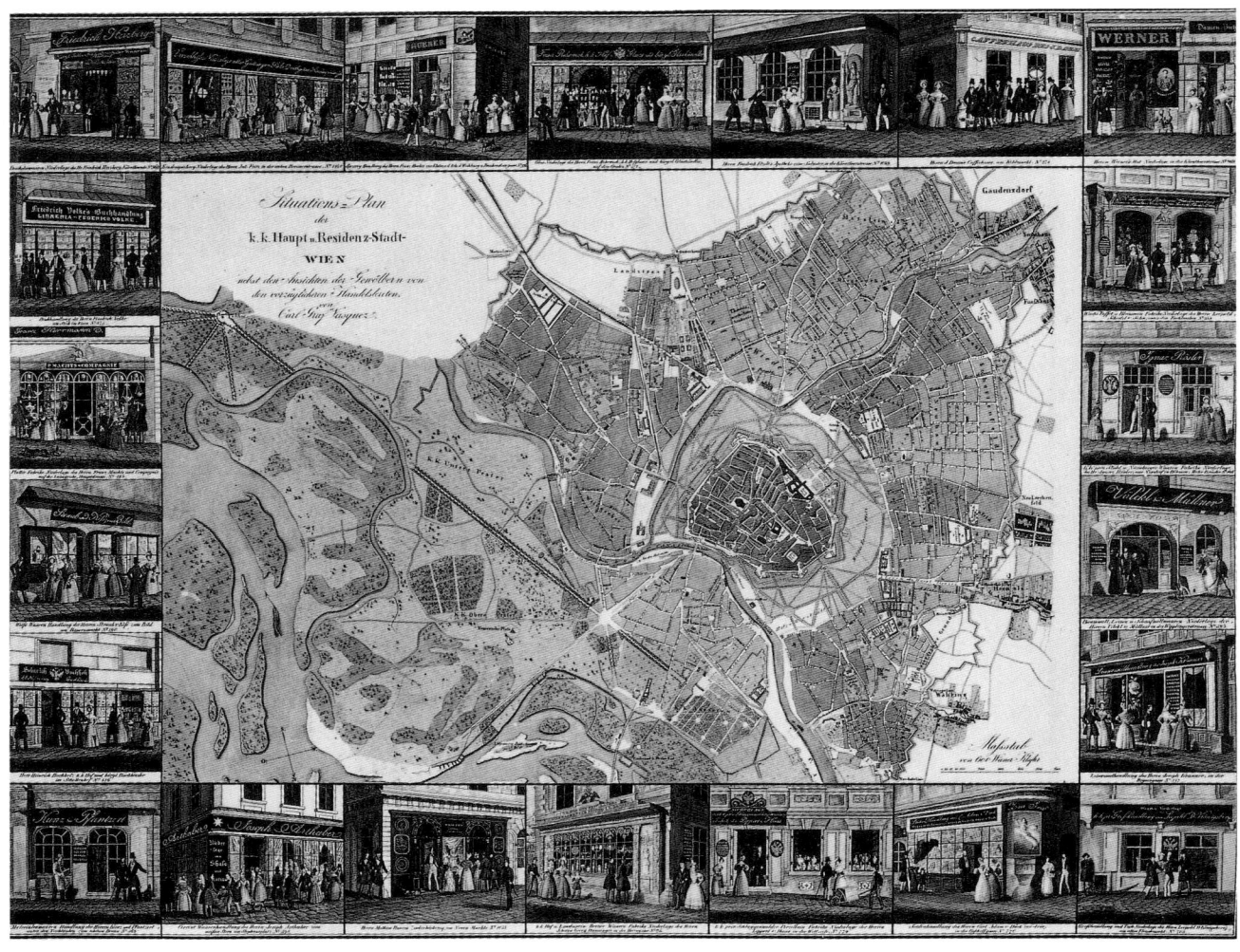

II. Wien zur Zeit des Biedermeier

II/1

Situations=Plan/der K. k. Haupt- und Residenz-Stadt-/Wien/nebst den Ansichten der Gewölbern von/den vorzüglichsten Handelsleuten

Carl Graf Vasquez, um 1835

Federlithographie, koloriert   57,5 x 72

HM, Inv. Nr. 34.839

Carl Graf Vasquez (1798–1861) edierte seit 1827 (innerhalb des folgenden Jahrzehnts), unterstützt von Anton Ziegler und Franz Weiß, eine Serie von 12 Plänen der Innenstadt und ihrer Vorstädte. Der besondere Wert dieser Arbeiten

liegt in der Verbindung von exakter Planzeichnung und
ausgewählter Vedute.

Die Randveduten stellen dar:
Drechslerwarenniederlage Friedrich Herzberg, Kärnt-
nerstraße — Kinderspielereiniederlage Anton Fritz,
(Untere) Bräunerstraße — Spezereihandlung Franz Huber,
Ecke Weihburggasse und Rauhensteingasse — Glasnieder-
lage Franz Rohrweck, Graben — Friedrich Etzelts
Apotheke zum Salvator, Kärntnerstraße — J. Daums
Kaffeehaus, Kohlmarkt — Werners Hutniederlage, Kärnt-
nerstraße — Blumenfabriksniederlage Leopold Schedel,
Tuchlauben — Stahlwarenniederlage Ignaz Rösler,
Hohe Brücke — Baumwollniederlage Völkl und Müllner,
Wipplingerstraße — Leinwandhandlung Joseph Kranner,
Bognergasse — Großhandlung und Tuchniederlage
Leopold Königsberg, Fleischmarkt — Seidenhandlung
Carl Adam v. Duck »zur Iris«, Rotenturmstraße
— K. k. priv. Schlaggenwalder Porzellanfabriksniederlage
Lippert und Haas, Wollzeile — Bronzewarenniederlage
Joh. G. Danninger, Herrengasse — Matthias Bauers
Zuckerbäckerei, Neuer Markt — Currentwarenfabrik
Joseph Arthaber, Stephansplatz — Materialwarenhand-
lung Kuntz und Pfantzerl, Tuchlauben — Buchbinder
Heinrich Buchholz, Schottenhof — Weißwarenhandlung
Straub und Kiß, Bauernmarkt — Plattirfabrikniederlage
Franz Machts u. Co., Laimgrube — Buchhandlung
Friedrich Volke, Stock-im-Eisen-Platz.

II/2

BLICK AUF WIEN VON DER RAMPE DES PALAIS SCHWARZENBERG   1820

Jakob Alt

Aquarell u. Deckfarben   46,3 x 71,6
Sign. u. dat. li. u.: J. Alt 1820

HM, Inv. Nr. 77.621

Vorlage für die Lithographie »Österr. Pittor. Ansichten
Nr. 1. Carlskirche« im Verlag Josef Trentsensky.

II/3
NUSSDORF
VON DER BRIGITTENAU
GESEHEN   UM 1822

Jakob Alt

Aquarell   23,2 x 32,2

HM, Inv. Nr. 55.294

Studie für Blatt CIV der »Donau-
Ansichten«, erschienen 1826 im Verlag
Adolf Kunike.
GD

II/4
BLICK AUS DER GRABENGASSE AUF
ST. STEPHAN   1843

Rudolf Alt

Aquarell, weiß gehöht   37,6 x 26,8
Sign. u. dat. li. u.: Rudolf Alt 1843

HM, Inv. Nr. 333

Bis 1866 war der Stock-im-Eisen-Platz durch eine
Häusergruppe (1866–1868 demoliert) vom Graben
getrennt und nur an der Südseite durch die schmale
Grabengasse mit diesem verbunden. Im Hintergrund
erhebt sich der Südturm der Stephanskirche, in der
oberen Hälfte fast ganz eingerüstet. Als sich 1838 von
dem aus der Senkrechten erheblich abweichenden
Turm Steine lösten, wurde er eingerüstet und durch
eine Kommission auf seinen Bauzustand untersucht.
Auf Grund des überaus pessimistischen Ergebnisses
dieser Prüfung wurde die Abtragung der Turm-
spitze in einer Länge von 60 Fuß verfügt und vom
19. August 1839 bis zum 25. August 1840 durchgeführt. Der Wiederaufbau geschah unter Zugrunde-
legung eines Eisengerippes, dessen Kernstück ein
gußeiserner Kranz von acht Fuß im Durchmesser bildete. Die Einweihung des wiederhergestellten Turmes
erfolgte am 20. Oktober 1842 durch Fürsterzbischof
Vinzenz Milde. Diese Arbeiten, die zu ihrer Zeit
beträchtliches Aufsehen erregten, wurden die Einleitung zu einer systematischen Wiederherstellung und
Betreuung des Domes.
GD

II/5
DIE SÜDSEITE DES STEPHANSDOMS

Rudolf Alt

Aquarell   23,4 x 15,7
Sign. li. u.: R. Alt

HM, Inv. Nr. 105.769

II/6

II/6
DER STEPHANSPLATZ   1834

Rudolf Alt

Öl auf Leinwand   58 x 68,5
Sign. u. dat. li. u.: Rudolph Alt 1834

HM, Inv. Nr. 60.099

»Die vornehmste Kirche von Wien ist die Metropolitan =
Kirche zu St. Stephan, ein höchst solides majestäti-
sches Gebäude von schöner altdeutscher Bauart, das ganz
allein über alle Gebäude der Stadt emporragt.«
   Johann Pezzl, Beschreibung von Wien (8. Aufl. 1841,
S. 48)

II/5

II/7
BALLONFAHRT ÜBER WIEN   1847

Jakob Alt

Aquarell   31,9 x 43,4
Sign. u. dat. re. u.: J. Alt/1847. Auf der Rückseite
beschriftet: Vervielfältigungsrecht vorbehalten/Joseph
Bermann

HM, Inv. Nr. 141.943

Vorlage für die Kreidelithographie von Franz Xaver
Sandmann im Verlag Joseph Bermann »Wien aus dem
Luftballon gesehen von Südwesten«.

II/8
B LICK AUF DIE D ONAU VOM N USSBERG 1842

Rudolf Alt

Aquarell   25,5 x 34,3
Sign. u. dat. re. u.: R Alt $\overline{842}$

HM, Inv. Nr. 17.669

Stromabwärts der »Großen Taborbrücke« überquert die Brücke der Kaiser Ferdinands-Nordbahn die Donau.

1835 beschrieb Adolf Schmidl (Wiens Umgebungen auf zwanzig Stunden im Umkreise. Nach eigenen Wanderungen geschildert, Bd. 1, S. 23 f.) den Blick vom Nußberg auf die Aulandschaft der Donau: »Es ist ein imposanter Anblick, den schönen Strom hier zu überschauen, wie er durch die anmuthigen Auen sich windet, . . . in blauer Ferne dämmern Ungarns Höhen empor. Wenn die Sonne schon hinter dem Kahlenberg sich verbarg, dieser seine Schatten über Nußdorf und theilweise über den Strom wirft, Schiff an Schiff herbeieilt, den ersehnten Landungsplatz zu erreichen, . . . und nun vielleicht ein paar größere Fahrzeuge, welche nach Ungarn steuern, dem Hauptstrom folgend ruhig hinausgleiten aus dem Schatten in die breite, lichte Wasserfläche — dann wird man begreifen, was den Wiener in sein liebes Nußdorf zieht, es ist ein Anblick, großartig, wie wenig andere . . .«
GD

II/9
BLICK AUF WIEN VON DER SPINNERIN
AM KREUZ 1841

Rudolf Alt

Aquarell und Deckfarben mit herausgekratzten
Lichtern   37,7 x 59,2
Sign. u. dat. li. u.: Rudolf Alt 1841

HM, Inv. Nr. 56.389

Immer wieder wurde Wien von diesem Standort aus
dargestellt: »... um Wien mit einem Blicke zu übersehen
... gibt es mehrere Punkte zu malerischen Ansichten
der Stadt. Um aber dieselbe mit ihren Umgebungen und
der ganzen umliegenden Landschaft vollkommen zu
überschauen, muß man sich zur Spinnerin am Kreuz am
Wienerberg ... begeben ...«
    Johann Pezzl, Beschreibung von Wien (8. Aufl. 1841,
S. 12 f.)
    Im Vordergrund, unmittelbar vor dem Linienwall, sieht
man den Bahnhof der Wien-Gloggnitzer Bahn (1841 in
Betrieb genommen).
GD

II/10

BLICK AUF WIEN VOM LEOPOLDSBERG   1833

Rudolf Alt

Aquarell   24,8 x 36,9
Dat. li. u.: 1833

HM, Inv. Nr. 23.906

Blick vom Vorplatz der Leopoldskirche nach Südosten
bzw. Süden (Anninger).
   »Die Donau theilt sich eine Stunde ober Wien, bei
dem Dorfe Nußdorf, in mehrere Arme, welche sich
jedoch alle, eine starke Stunde unter der Stadt, wieder in
Einen Strom vereinigen. Der größte dieser Arme fließt
eine halbe Stunde von der Stadt nordwärts derselben vor-
bei; einer von den kleineren, der Donaukanal genannt,
geht zwischen der Stadt und der Vorstadt Leopoldstadt
durch, und diesen müssen alle, sowohl abwärts
als aufwärts, bei Wien vorbeigehenden Schiffe befahren.«
   Johann Pezzl, Beschreibung von Wien (8. Aufl. 1841,
S. 4)

II/11
WIENER SZENEN UND
VOLKSBESCHÄFTIGUNGEN 1818/1820

Heinrich Papin nach Josef Lanzedelli d. Ä.

Serie von 12 Blatt
Wien, Verlag Jeremias Bermann

Kreidelithographien, koloriert   ca. 40,8 x 50,8
Sign. li. u.: J. Lancedelli delin. und re. u.: Papin fecit

II/11b
DIE MILCH-WEIBER

HM, Inv. Nr. 108.312

Das Straßenbild Wiens wurde von vielen Händlern und Gewerbetreibenden bevölkert, die einerseits von den Verdienstmöglichkeiten der Stadt angezogen wurden, anderseits die Versorgung der immer mehr anwachsenden Stadtbevölkerung gewährleisteten. Die überwiegende Mehrheit zog mit ihren Kleinwaren durch die Straßen, dann gab es die Hand- oder Tagwerker, die ihre Dienstleistungen öffentlich anboten. Einige Berufe wurden als Wiener Typen legendär, darunter auch die Wiener Wäschermädchen.

Die Schlagfertigkeit der Wiener Wäschermädchen war so populär, daß die »Wäschertonerl« — so wurde die Wäscherin im Volksmund bezeichnet — im Revolutionsjahr 1848 sogar als Titel für eine politische Streitschrift verwendet wurde. Trotz der schweren Arbeit, bei der auch Männer beim Seilspannen und Auswinden der Wäsche halfen, wurden die Wäschermädchen immer wieder in den Erzählungen als besonders fröhlich und gesangsfreudig beschrieben; viele überlieferte Lieder legen heute ein Zeugnis davon ab. Im Laufe des 19. Jahrhunderts entwickelten die Wäscherinnen eigene gesellschaftliche Formen, die in den »Wäschermädlbällen« Berühmtheit erlangten.

Die Arbeitszeit dauerte von Montag bis Samstag, bei schlechter Witterung mußte auch der Sonntag einbezogen werden. Montag früh wurde die frische Wäsche geliefert, nachmittags mußte die von den Kunden aus der Stadt abgeholte schmutzige Wäsche sortiert werden. Die große Anzahl der Fremden in Wien und die besondere Vorliebe der Wienerin für weiße Kleider brachten im 19. Jahrhundert einen Aufschwung der Wäschereibetriebe, die sich vor allem entlang des Wienflusses ansiedelten.
ReWi

II/11a
DIE WASCH-WEIBER

47,5 x 65
Mit Zensurerlaubnis v. Satori 1819

HM, Inv. Nr. 108.422

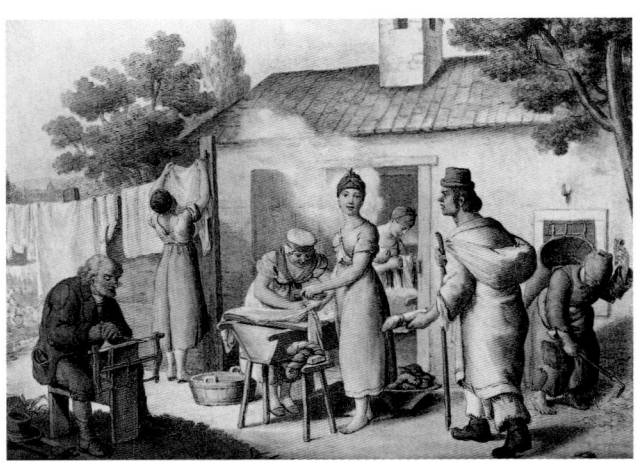

II/12a

II/12b

II/12c

II/12
DER MENSCH UND SEIN BERUF

II/12a
DER WEBER 1838

M. Brehms nach N. Geiger

Kreidelithographie, koloriert ca. 40 x 50
Sign. li. u.: N. Geiger inv.; re. u.: M. Brems lith.
Bez. Mi. u.: Der Weber
Aus der Serie: Der Mensch und sein Beruf, Nr. 11

HM, Inv. Nr. 87.005/73

Auf diesem Bild ist ein Weber zu sehen, der gerade eines
seiner Erzeugnisse verkauft. Interessant ist der Blick
durch die offene Türe in die Werkstätte, wo die Gesellen
an den Webstühlen arbeiten. Auf den Randzeichnungen
stellt der Künstler allegorisch dar, daß der Mensch von
seiner Geburt an bis zu seinem Tod auf die Erzeugnisse
des Webers angewiesen ist.
EPS

II/12b
DER TISCHLER

Carl Kunz nach Peter Johann N. Geiger

Kreidelithographie, koloriert ca. 40 x 50
Sign. li. u.: J. N. Geiger; re. u.: C. Kunz lith.
Bez. Mi. u.: Der Tischler und der Zimerman
Aus der Serie: Der Mensch und sein Beruf

HM, Inv. Nr. 87.005/87

II/12d

◁ II/12 c

DER GLASMACHER 1840

R. Dreyer nach Carl Joseph Geiger

Kreidelithographie, koloriert   ca. 40 x 50
Sign. li. u.: R. Dreyer lithogr.; re. u.: C. Geiger del.
Bez. Mi. u.: Der Glasmacher
Aus der Serie: Der Mensch und sein Beruf, Nr. 32

HM, Inv. Nr. 87.005/37

»Der Künstler führt uns in dem vorliegenden Mittelbilde, das Innere einer Glashütte vor, in deren Hintergrunde sich der Schmelz- und Kühlofen, so wie auch mit Glasmacherei beschäftigte Arbeiter befinden. Im Vordergrunde zeigt der Glasmeister einem Offizier und einer Dame einen wohlgelungenen Becher. . .« (Begleittext, gekürzt)
   Dieses Blatt und der Begleittext sind nicht nur dem Glasmacher, sondern auch dem Glasschleifer, Glaser, Glasmaler und Spiegelfabrikanten gewidmet.
EPS

◁ II/12 d

DER BEAMTE 1838

Carl Kunz nach Peter Johann N. Geiger

Kreidelithographie, koloriert   40 x 50
Sign. li. u.: Joh. Nep. Geiger; re. u.: C. Kunz lith.
Bez. Mi. u.: Der Beamte
Aus der Serie: Der Mensch und sein Beruf, Nr. 18

HM, Inv. Nr. 87.005/54

Auf dem Hauptbild sieht man Gerichtsbeamte unterschiedlichen Ranges bei einer Amtshandlung, die offenbar eine handgreifliche Auseinandersetzung zum Anlaß hat. Der Begleittext schildert in höchsten Tönen die Wichtigkeit und Notwendigkeit des Beamtenstandes. Heute mögen uns folgende Zeilen allzu pathetisch erscheinen, doch war diese Ausdrucksweise im Biedermeier nicht unüblich (sicher hätte die Zensur jede kritische Äußerung über das Beamtentum verhindert):
   »Herrlich ist es in dem Gewühle der Schlacht, Blut und Leben für das theure Vaterland muthig hinzuopfern; segensreich ist das gottgeweihte Wirken des Priesters aber nicht minder verdienstvoll ist das Leben des Beamten, mag ihm nun die Verwaltung der Einkünfte des Staates oder die Gerechtigkeitspflege anvertraut sein. Wie schön ist daher der Geschäftskreis, in welchem man das bedrohte Recht der Einzelnen beschützen, den Armen vor Anmaßung und Übermuth verwahren und den Wehrlosen die entrissenen Rechte zurückerstatten kann; eine Sphäre, in welcher man sich mehr, als in irgend einer anderen durch Thätigkeit und strenge Gerechtigkeit die Achtung und Liebe seiner Mitbürger erwerben kann!« (Begleittext, gekürzt)
EPS

II/13

WIEN UND DIE WIENER 1844

Carl Mahlknecht nach Wilhelm Böhm

Stahlstiche   ca. 24 x 14,5
Sign. li. u.: W. B.; re. u.: C. M.

II/13 a

DIE KNÖDELKÖCHIN

HM, Inv. Nr. 108.706/?

II/13 b

DIE PUDELSCHERERIN

HM, Inv. Nr. 108.706/28

II/13 c

DIE BRATELBRATERIN

HM, Inv. Nr. 108.706/26

II/13 d

DER HAUSMEISTER

HM, Inv. Nr. 108.706/21

II/13 e

DER PRATERHARFENIST

HM, Inv. Nr. 108.706/10

II/13 f

BEINELSTIERER

HM, Inv. Nr. 108.706/15

Die Knochensammler (Knochen = Bein) standen auf der untersten sozialen Stufe der Erwerbstätigen. Sie durchsuchten jede Art von Müll und Unrat nach Knochen, um diese an Fabriken zu verkaufen, die sie zu Knöpfen, Seife, Wagenschmiere und dergleichen weiterverarbeiteten.

Die Knödelköchin.

II/13a

Die Bratelbraterin.

II/13c

Die Pudelschererin.

II/13b

II/13d

II/13e

II/13f

II/14

APOLLO-KERZEN-FABRIK IM APOLLO-SAALE UM 1845

Franz Xaver Sandmann

Lithographie mit Tonplatte   ca. 19,5 x 24,5
Sign. li. u.: Lith. v. X. Sandmann; re. u.: Gedr. bei
J. Rauh

HM, Inv. Nr. 15.678/2—3

II/14a   *Abb. Seite 42*

ARBEITS-SAAL NR. I IM APOLLO-SAALE

HM, Inv. Nr. 15.678/2

II/14b   *Abb. Seite 43*

ARBEITS-SAAL NR. II IM APOLLO-SAALE

HM, Inv. Nr. 15.678/3

Ursprünglich war der Apollosaal (heute Wien 7, Zieglergasse 15) eines der berühmtesten und elegantesten Vergnügungsetablissements von Wien. 1808 gegründet, erlebte er seine Glanzzeit während des Wiener Kongresses und war auch noch nachher Schauplatz großer Feste. 1839 wurde das Gebäude von der 1. Österreichischen Seifensiedergesellschaft erworben und die Räume zu Fabrikshallen adaptiert. Der Name des ehemaligen Tanzsaales wurde auf die Erzeugnisse übertragen (Apollokerzen). Aus der Zeit des Biedermeier gibt es nur wenige Darstellungen von Fabriksinnenräumen aus Wien. Diese Blätter zeigen den arbeitsteiligen Produktionsprozeß sowie den großen Anteil der Frauen am entstehenden Industrieproletariat.
ReWi

II/15
DIE GASWERKE DER ENGLISCHEN GESELLSCHAFT »Imperial Continental Gas Association« in Wien-Fünfhaus

C. Waage, 1843

Lithographie   45,8 x 62,6

HM, Inv. Nr. 19.215

II/16
WIENER FAHRZEUGE   UM 1825

Eduard Gurk nach Johann Baptist Hoechle

Kupferstiche, koloriert   32,5 x 45
Sign. li. u.: J. Höchle del.; re. u.: Gurk sc.

II/16 a
EIN WIENER FIAKER

HM, Inv. Nr. 95.270/1

II/16 b
WIENER ZEISELWAGEN

HM, Inv. Nr. 97.088/3

Die Zeiselwagen dienten seit dem 18. Jahrhundert dem Personennahverkehr außerhalb Wiens. Ihre Standorte hatten sie an den »Linientoren« (am heutigen Gürtel), weshalb sie im Volksmund auch »Linienzeisel« hießen. Sie waren ungefederte Bauernleiterwagen, hatten über die Seitenwände gelegte Sitzbretter und eine aufgespannte Plache zum Schutz gegen Wind und Wetter. Ein Zeiselwagen bot zehn bis zwanzig Personen Platz; seine Benennung kommt wahrscheinlich vom bayerischen »zeiseln« (eilen).

Eine Landpartie an Sonntagen für alle Bevölkerungsschichten, wie sie im 19. Jahrhundert beliebt war, wurde erst durch den Zeiselwagen durchführbar. Er bot Familien die Möglichkeit, billig auf das Land zu fahren. Bis Dornbach zahlte man z.B. 6 Kreuzer pro Fahrt, bis Penzing, Hietzing oder Schönbrunn 3 bis 4 Kreuzer. ReWi

II/16 a

II/16 b

Kat. II/18

Kat. II/23

Kat. II/20

NICHTS IST MEHR UNMÖGLICH.

II/17

NICHTS IST MEHR UNMÖGLICH

Lithographie   36,8 x 50,4
Sign. re. u.: Herausgegeben von M. Trentsensky
in Wien
Aus: Landschaften für die Optik, o. Nr.

HM, Inv. Nr. 21.785

Luftschiff, Dampfschiff, Eisenbahn und kühne Brücken-
bauten vereinen alle Länder.
ReWi

II/18   *Abb. Seite 122*

DIE BALLONFLIEGERIN
WILHELMINE REICHARD
IM ROSENBAUMSCHEN GARTEN   1820

Aquarell   28,4 x 40,1

HM, Inv. Nr. 48.006

Wilhelmine Reichard wurde durch ihre intensive und
variationsreiche Ballonfahrertätigkeit berühmt. Sie
war am 10. August 1820 um 7 Uhr abends vom
Feuerwerksplatz im Prater zu ihrer zweiten Luftfahrt in
Wien aufgestiegen. Ihr Mann und Josef Rosenbaum
folgten dem Flug der Aeronautin in einem bestellten
Mietwagen, kamen aber zum Landeplatz am Linienwall
in der Nähe des Belvedere zu spät. Die zusammen-
geströmte Menge Schaulustiger wollte ein Andenken an
das Unternehmen der mutigen Frau erwerben. Der
Ballon, seine Herstellungskosten hatten 3000 Gulden
betragen, war in Gefahr, zerstört zu werden. Herbeigeeil-
tes Militär schloß einen Kreis um das Luftfahrzeug, und
die Neugierigen wurden abgedrängt. Nach einer kurzen
Zwischenstation im Belvedere wurde auf Vorschlag von
Rosenbaum der Ballon in seinen Garten gebracht und
während der Nacht aufgehoben. Zum Dank für die
hilfreiche Unterstützung schenkte Wilhelmine Reichard
den Korb des Ballons und die bei dem Unternehmen
mitgeführte Fahne dem Förderer Rosenbaum.
ReWi

II/19
ABFAHRT DES DAMPFSCHIFFES VOM PRATER NÄCHST WIEN / NACH SEMLIN DEN 19TEN APRIL 1831

Franz Wolf

Kreidelithographie, koloriert   29,9 x 44,1
Sign. re. u.: F. Wolf del. et lyth.; li. u.: Ged. im Lith.
Inst. in Wien
Aus der Serie: Journal pittoresque, Jg. 2/1

HM, Inv. Nr. 185.621/1

Anfang des Jahres 1829 gründeten die beiden Engländer John Andrews und Joseph Pritchard die privilegierte Erste Donau-Dampfschiffahrts-Gesellschaft. Alle bisherigen Schiffahrtsversuche auf der Donau waren an den unbeständigen und störungsanfälligen Maschinen der Dampfschiffe gescheitert.
Die Engländer, die sich »Schiffsfabrikanten« nannten, wählten die damals anerkannteste Schiffsmaschinenfirma, das Unternehmen Boulton & Watt in England. Im Winter 1830 wurden nach den Plänen dieser Firma an der Schiffslände beim Floridsdorfer Spitz (etwas nördlich von Wien) Schiff und Maschine zusammengebaut. Dieses Schiff erhielt den Namen »Franz I.«. Bereits eine frühere, 1823 gegründete Schiffahrtsgesellschaft auf der Donau hatte einen Dampfer mit dem gleichen Namen. Diese Gesellschaft bestand 1829 nicht mehr.
   Die »Franz I.« von Andrews und Pritchard war das erste Schiff der DDSG. Die ersten Fahrten führten 1830 bis nach Budapest, 1831 trat die »Franz I.« eine Fahrt nach Semlin an. Semlin war die letzte Donaustation der Monarchie, nur wenige Kilometer von der Militärgrenze (und von Belgrad) entfernt. Bei den Abfahrten fanden sich stets Mitglieder der höheren Gesellschaft Wiens ein.
ReWi

Lit.: Grössing — Funk — Sauer — Binder, Rot-weiß-rot auf blauen Wellen, 150 Jahre DDSG, Wien 1979.

ABFAHRT DES DAMPFSCHIFFES VOM PRATER NÄCHST WIEN
nach Semlin den 19t. April 1831

II/20
Abb. Seite 123

DIE DAMPFSCHIFFAHRT 1845

Leander Ruß

Aquarell   34 x 46,2
Bez.: LR. 1845

HM, Inv. Nr. 63.061

Die Landungsstelle für die Personenschiffe nach Linz
befand sich in der Höhe des Karls-Kettensteges am
rechten Donaukanalufer »Am Schanzl«, dem späteren
Obstmarkt. Das Bild zeigt links den Karls-Kettensteg
(errichtet 1827/28, abgetragen 1870; heute Salztorbrücke)
und am gegenüberliegenden Ufer die Schanzelkapelle
(heute nach zweimaliger Übertragung am linken Donaukanalufer unterhalb der Augartenbrücke) und die
Schiffahrtsstation. Das Schiff ist die aus Linz ange-
kommene »Amsterdam«.
GD

   »Das Flüßchen Wien entspringt drei Meilen außer der
Stadt, in dem so genannten Wienerwald, kommt von der
Südseite durch die Vorstädte herein, wo sie einige Müh-
len treibt, geht dann eine Strecke über die Esplanade,
und ergießt sich zwischen der Stadt und der Weiß-
gärber = Vorstadt in die Donau. Bei starken Regengüssen
wird die Wien oft sehr reißend, und richtet großen
Schaden an; zur Sommerszeit aber kann sie an vielen
Stellen beynahe trocknen Fußes überschritten werden.«
   Johann Pezzl, Beschreibung von Wien (8. Aufl. 1841,
S. 7)

II/21

ANSICHT EINER EISENBAHN MIT PFERDEN

Radierung, koloriert   8,1 x 28,5

HM, Inv. Nr. 64.404

Am 1. August 1832 wurde die Pferdeeisenbahn Linz—
Budweis eröffnet. Die Bauzeit für die 127 km lange
Strecke betrug sieben Jahre und stand unter der Leitung
des Wiener Ingenieurs Franz Anton von Gerstner.
ReWi

II/22

ANSICHT EINER EISENBAHN MIT DAMPFWAGEN

Radierung, koloriert   9 x 27,6

HM, Inv. Nr. 64.403

Mit einiger Verspätung erteilte Kaiser Ferdinand I.
ein Jahr nach seinem Regierungsantritt Salomon
M. Rothschild das Privileg für die Kaiser Ferdinands-
Nordbahn.
ReWi

Ansicht einer Eisenbahn mit Pferden.

Ansicht einer Eisenbahn mit Dampfwagen.

II/23

EISENBAHNZUG DER SÜDBAHN

Leander Ruß

Aquarell   33,5 x 49,1
Monogr. u. dat. li. u.: LR 1847

HM, Inv. Nr. 61.867

Abb. Seite 122

Die Wien-Gloggnitzer Bahn wurde am 20. Juni 1841 eröffnet. 1844 wurde die Strecke Mürzzuschlag — Graz in
Betrieb genommen, 1846 erfolgte die Verlängerung nach
Cilli. Die Bahnlinie sollte Wien mit der Adria verbinden, das Schließen der von Gloggnitz bis Mürzzuschlag
bestehenden Lücke war also ein dringendes Problem.
Carl Ritter von Ghega (1802—1860), der Bahntrassierun-
gen in Amerika studiert hatte, legte Pläne für die
erste Gebirgsbahn der Welt vor. Der Bau begann 1848,
die Eröffnung der Semmeringbahn fand am 17. Juli 1854
statt. Die Verlängerung der Südbahn von Cilli bis Laibach war schon 1849 fertiggestellt worden, am 15. Oktober
1857 wurde der durchgehende Betrieb zwischen Wien
und Triest aufgenommen. Die Haupt- und Residenzstadt
war mit der Adria verbunden.

Die Darstellung scheu werdender Pferde, die vor dem
Eisenbahnzug mit dem Fuhrwerk durchgehen, ist aus
der Frühzeit der Eisenbahn mehrfach belegt. Eine solche
sicherlich auch erlebte Episode beinhaltet gleichzeitig
einen symbolischen Vergleich: die Konfrontation zwischen dem Alten und dem Neuen.
ReWi

III. Idylle und Vergnügen

III/1

Die Landpartie auf den Leopoldsberg um 1827

Moritz von Schwind

Kreidelithographien   33,3 x 45,5
Sign. li. u.: M. Schwind, del, Folge von 6 Blatt
Wien, Lithographisches Institut

Ausgestellt: 4 Blätter

HM, Inv. Nr. 108.946/1—6

Adalbert Stifter berichtete um 1840 in seinen Schilderungen »Wien und die Wiener« folgendes: »Wie sehr der Wiener seine Landpartien liebt, geht aus dem Umstande hervor, daß an schönen Sonn- und Festtagen nicht nur alle Straßen und Fußpfade vor der Stadt mit den Hinauswandelnden bedeckt sind, sondern daß es auch Fuhrwerke und Bewegungsfahrzeuge aller Art in Menge gibt, um diejenigen hinauszuschaffen, die ihre Füße nicht gebrauchen wollen oder können.«

Vorliegende Folge hat Schwind selbst lithographiert, und er illustrierte humoristisch den Ablauf einer Landpartie. Auf Blatt Nr. 1 »Die Ausfahrt« skizziert der Künstler einen bunt gemischten Freundeskreis, der die Fahrt ins Grüne antritt. In der weiteren Folge wird die Bergbesteigung auf den Leopoldsberg, das Mittagsmahl, die Nachmittagsruhe, die Pfändung und die Heimkehr bei Sturm und Regen geschildert.
ReWi

DIE AUSFAHRT.   +   LE DEPART.

DAS MITTAGSMAHL. ✝ LE DINER.

DIE NACHMITTAGS RUHE. ✝ LA SIESTE.

DIE HEIMKEHR. ✝ LE RETOUR.

III/2

BEIM PRATERWIRTSHAUS »ZUM GRÜNEN PAPERL« 1817

L. Welden

Aquarell 27 x 40,3
Sign.: L. Welden 817. Auf Untersatzkarton,
43 x 56 cm, mit Aufschrift: Zum Krenen Bapberl
genañt

HM, Inv. Nr. 64.143

Nahezu im Zentrum des alten Wurstelpraters befand sich
bis 1873 das Wirtshaus »Zum Paperl«, neben dem
»Wilden Mann« eines der beliebtesten und bekanntesten
Pratergasthäuser des Vormärz, ein richtiges Alt-Wiener
»Backhendlparadies«, in dem jährlich Tausende dieser
Spezies verzehrt wurden. Rechts im Bildhintergrund ist
der ausgedehnte Gastgarten, bei Schönwetter natürlich
gesteckt voll, zu sehen. Joseph Richter erklärt uns in
seinen »Eipeldauer-Briefen« (1802, 7. Heft, S. 53) zu der

Wirtshaus-Tafel: »Herr Vetter, das ist kein Mamsell Baberl,
sondern ein Paperl«, gemeint ist also ein grüner Papagei.

Gleich nebenan, im Zentrum der Darstellung, sind die
bekanntesten Praterunterhaltungen, Schaukel und
Haspel, zu sehen. Bei den Schaukeln kann man Boot und
Pferd ausnehmen. »Eipeldauer« schreibt (1821, 3. Heft,
S. 114) dazu treffend: »Da hab ich so unterm Essen vis-à-vis
von Paperl dem Hutschen zug'schaut, und wie die
Fabriksmamsellen mit ihren Liebhabern aus den Beiseln
schon um ein Uhr nach dem Essen sich von dem
gemeinen Erdenleben losmachen wollen, und in einer
Hutschen, die Mühseligkeit der Welt zu vergessen, gegen
Himmel fliegen. Aber o Spektakel! So g'schwind nach
dem Essen tut es sich nicht gleich im Himmel; fünf,
sechs von diesen Godeln haben Üblichkeiten bekommen,
und haben die gegen sie sitzenden Liebhaber so bedient,
daß diese sich vom Himmel in ihren Leben nichts mehr
zu sehen verlangen.«

Und auch die Haspel beschreibt er (1797, 35. Heft,
S. 28): »Da steht noch ein andre curiose Schutzen da. Die
geht um und um, wie ein Mühlradel. Da sind vier
Schlafsessel dran anbracht, und da ist der eine bald in
der Höh und der andre halt unten.«
KAW

III/3
PRATER-SCENEN

Federlithographien, koloriert   24 x 38,5
Wien, Verlag M. R. Toma

III/3a
VOLKSSÄNGER

Blatt 11

HM, Inv. Nr. 57.822/2

III/3b
KASPERLTHEATER, STELZENGEHER,
BÄNKELSÄNGER

Blatt 12

HM, Inv. Nr. 57.822/1

Der Wurstelprater zwischen Feuerwerksallee und Haupt-
allee umfaßte die verschiedensten Vergnügungen: Es gab
Ringelspiele, Kegelbahnen, Kaffeehäuser, Billards,
Schaukeln, eine Haspel und mehrere Pulcinellhütten
— also Kasperltheater.
ReWi

III/4

BEIM RINGELSPIEL

Friedrich Treml

Aquarell   21 x 26

HM, Inv. Nr. 34.331

Diese Art von Karussell wurde zu dieser Zeit noch hän-
disch, und zwar meistens unterirdisch betrieben. Diese
Karussellschieber wurden von J. B. Moser (Das Wiener
Volksleben in komischen Scenen mit eingelegten
Liedern, in zwanglosen Heften, Wien 1842–1844, Heft 2,
S. VI) verewigt: »Der Ringelspieltreiber oder Caroussell-
Dreher [ist] ein Mensch aus der untersten Volksclasse.
Vom Frühjahr bis Ende Herbst leben diese Gattung
Menschen auch der Classe gemäß, in welche sie gehören
— unter der Erde — kommen dann erst auf ihre Ober-
fläche. Um einen sehr geringen Lohn drehen sie im
Wurstelprater jene unterirdische Maschinen, durch wel-
che das Ringelspiel in Bewegung gesetzt wird und ist die
Ringelspielsaison vorüber, so verlassen sie den Wurstelprater und suchen in Stadt und Vorstadt mit anderen
Beschäftigungen sich durchzubringen und die Winter-
monate nach ihrem Ausdrucke ›zu übertauchen‹. Sie keh-
ren über die vom Regenwetter kotig gewordene Straße
hie und da einen reinen Weg und sprechen jeden ihn be-
tretenden Fußgänger höflich an: ›I bitt um a Bisserl was,
weil i ein'n saubern Weg g'macht hab!‹«
KAW

Lit.: Florian Dering, Volksbelustigungen.

III/5

DER ERSTE MAY 1831 IM TIVOLI

Abb. Seite 141

Franz Wolf

Kreidelithographie   30 x 45
Sign. re. u.: Nach der Natur v. F. Wolf
Aus: Journal pittoresque

HM, Inv. Nr. 179.475

III/6

ERSTE DAMENSCHWIMMSCHULE
IN WIEN   1833

Franz Wolf

Kreidelithographie   29,7 x 45,2
Sign. li. u.: Nach der Natur gez. u. lyth. v. F. Wolf 833
Aus: Journal pittoresque

HM, Inv. Nr. 179.484

Nach Realis (1846) gab es neben der militärischen
Schwimmschule am mittleren Donauarm noch
die »schöne Privat-Schwimm- und Bade-Anstalt zur
Fahnstangen und das dem Publikum eröffnete
kalte Freibad«.
ReWi

ERSTE DAMEN-SCHWIMMSCHULE IN WIEN.

III/7
BEIM MORGENKONZERT IM AUGARTEN
UM 1825/1830

Georg Emanuel Opiz

Aquarell und Sepiafeder   37,5 x 25
Sign. re. u.: G. OPIZ del.
Bez.: Wien / Der Augarten, das Morgenkonzert

HM, Inv. Nr. 166.532

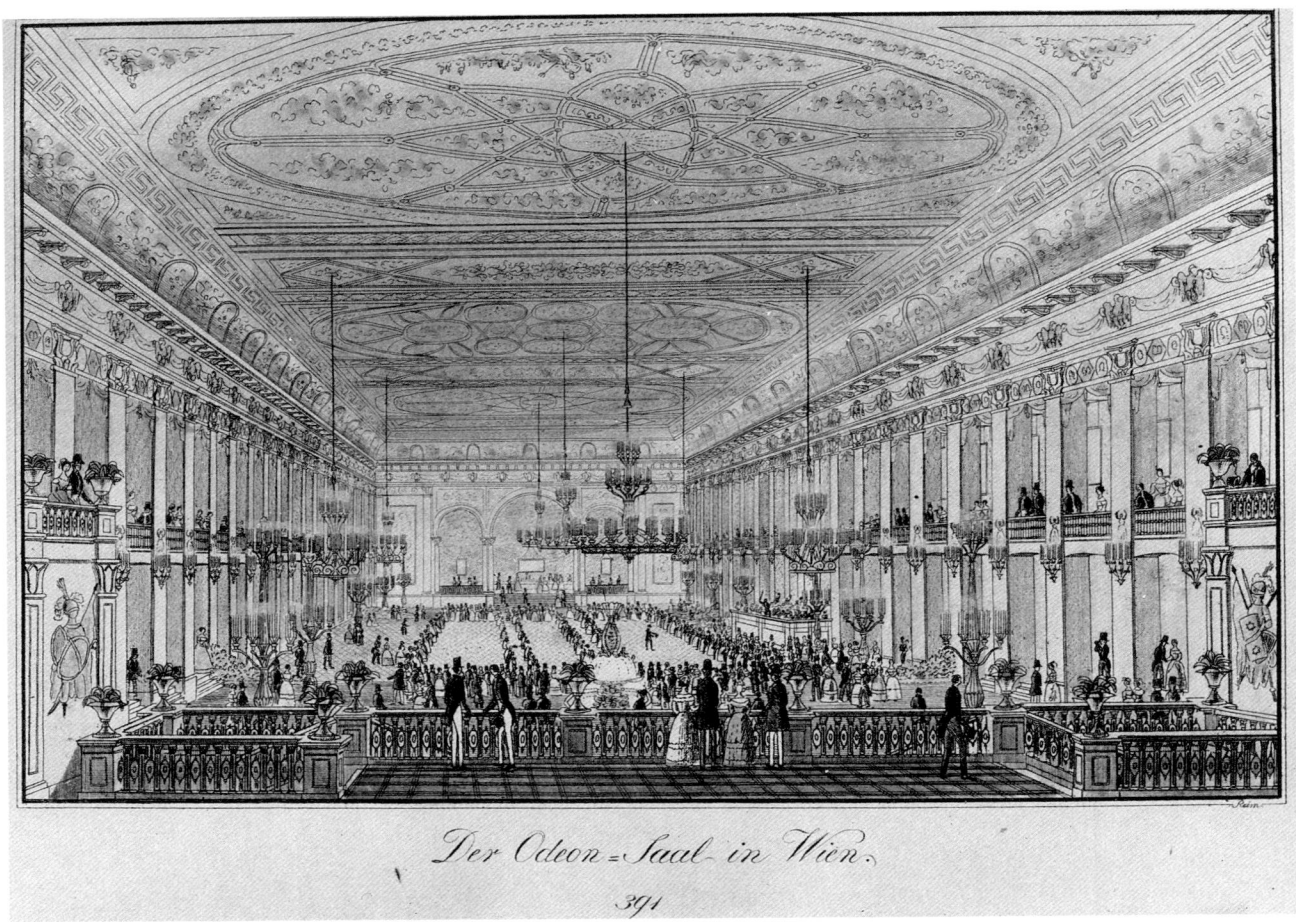

Der Odeon=Saal in Wien

391

III/8
DER ODEON-SAAL IN WIEN

Vinzenz Reim (1796—1858)

Kupferstich, koloriert 13 x 18,5
(beschnitten)
Sign. re. u.: Reim

HM, Inv. Nr. 19.891

Die »Ballarena« faßte bis zu 8000 Personen. Die »Illustrierte Zeitung« gibt einen Bericht, der zu dieser Darstellung vollkommen paßt: »Eine der neuesten Compositionen des unerschöpflichen Strauß, die ›Vier-Haimonskinderquadrille‹ lockt zum Tanzplatz hin. Dazu ist der 26 Klafter lange mittlere Raum des Riesensaales, die Stätte, wo König Strauß an der Spitze eines gewaltigen — 80köpfigen — Musikcorps als Allein- und Selbstbeherrscher waltet, bestimmt. Von einem Throne aus Gußeisen und Holzschnitzwerk herab lenkt er mit mächtigem Scepter die zur freiwilligen Unterwerfung herbeiströmenden Scharen, und Hunderte entzückter Paare gehorchen huldigend den rhythmische Gesetze vorschreibenden Schwingungen seines Zauberstabes.« In den Reihen ist auch der Tanzmeister zu erkennen, der, gegenüber von Strauß stehend, seine Kommandos gibt.

Der Saal war unter großem Andrang des Publikums am 8. Jänner 1845 eröffnet worden. Zu dieser Zeit war der berühmte Apollo-Saal bereits in eine Kerzenfabrik umgewandelt worden (vgl. Kat. Nr. II/14). Das Odeon war nicht nur das größte, sondern in den vierziger Jahren des vorigen Jahrhunderts auch das vornehmste Etablissement. Am 18. Oktober 1848 wurde im Verlauf der Straßenkämpfe das Odeon durch Brand vollständig zerstört und nicht mehr aufgebaut. Heute erinnert die Odeongasse in Wien 2 noch an das Gebäude.
ReWi

III/9
DAS ALTE ELYSIUM   1833

Franz Wolf

Kreidelithographie, koloriert   31 x 44,4
Sign. re. u.: F. Wolf del. et. lyth.
Aus: Journal pittoresque, 5. Heft, Blatt 3

HM, Inv. Nr. 179.479

Der Kaffeesieder Josef Daum betrieb in den mächtigen
Kellern des Seitzerhofes in der Seitzergasse (Tuchlauben)
in der Inneren Stadt in der Zeit von 1833 bis 1838 eines
der berühmtesten und beliebtesten Vergnügungslokale
Wiens. Von 1840 bis 1863 bestand dieses dann als »Neues
Elysium« in den Kellergewölben des St.-Anna-Gebäudes in
der Johannesgasse weiter.
ReWi

III/10
TANZSAAL IM GASTHAUSE BEY DER BIRNE
AUF DER LANDSTRASSE   UM 1840

Alexander Ritter von Bensa

Kreidelithographie   28,3 x 45,2
Sign. li. u.: A. R. v. Bensa del.;
re. u.: gedr. b. J. Höfelich;
Mi. u.: Eigenthum Verlag A. Paterno in Wien

HM, Inv. Nr. 31.431

Das Haus zählte zu den beliebtesten Einkehrwirtshäusern
in der Vorstadt (Wien 3, Landstraßer Hauptstraße 31).
Das Gasthaus bestand bereits seit 1701, in den Jahren 1797
und 1825 erfolgten Umbauten; 1833 wurde das Haus neu
hergerichtet. In der Gassenfassade blieb der Charakter
des Gasthofes erhalten, zusätzlich wurden in das
Nachbarhaus ein Gartensalon und ein prächtiger Tanzsaal — der legendäre »Wiener Annentempel« — hineinge-
baut. Tanzfeste zum Namenstag der Wiener »Annen«
haben ihm diesen Namen gegeben. Seine Blüte erreichte
der Tanzsaal im Biedermeier: Michael Pamer, Joseph
Lanner und Johann Strauß (Vater) spielten hier auf.

   Auch lokalgeschichtlich ist der Gasthof von großem
Interesse, logierten doch hier berühmte Gäste: Im Hinter-
haus wohnte Adalbert Stifter; am 1. August 1828 starb
hier der griechische Freiheitsheld Alexander Fürst
Ypsilanti.
ReWi

III/11

III/12
DER MODERNE GALOPP / ODER DER TANZ IN DIE EWIGKEIT 1838

Radierung, koloriert 17,1 x 10,8
Aus: Hans Jörgl, Jg. 1838, Heft 3

HM, Inv. Nr. 97.116/21

Im gesamten Biedermeier zeichnete dynamische Intensität den Gesellschaftstanz aus. Der ursprünglich leidenschaftliche Bewegungsstil des Wiener Walzers verwandelte sich allmählich in ein Gleiten. Die Mode des Rasens im Galopp ab 1830 war in ihrer Ausführung einfacher und effektvoller als der Walzertanz.
ReWi

III/11
DER GROSSE GALOPP VON JOH. STRAUSS 1839

Andreas Geiger nach Johann Christian Schoeller

Kolorierter Kupferstich 21,8 x 25,8
Sign. li. u.: Schoeller; re. u.: And. Geiger sc.
Bildbeilage zur Wiener Theaterzeitung, Wiener Scene Nr. 28 vom 27. 6. 1839

HM, Inv. Nr. 28.461/6

Dazu heißt es in der Theaterzeitung: »Das heutige Bild bedarf keiner Erklärung. Es erhält eine Erinnerung an die Beliebtheit des Walzerkomponisten Strauß.« — Im Fasching 1839 dirigierte Johann Strauß (Vater), oft am selben Abend, beim Sperl, im Casino Zögernitz, in dem neu hergerichteten Casino Munsch auf dem Neuen Markt, ganz so, als ob er voller Gesundheit wäre. An drei, vier Orten spielten Teile seiner Kapelle, er selbst raste mit dem Fiaker von dem einen Lokal in das andere und kam erst am Morgen heim. Bei Tag entwarf und organisierte er die Durchführung dieser Feste, arrangierte und komponierte. 1839 schuf Strauß neben einigen Walzern auch den »Versailler Galopp« (op. 107), »Gitana-Galopp« (op. 108) und »Indianer-Galopp« (op. 111).

Bei dieser Karikatur wird die Choreographie sehr deutlich: Die beherrschende Raumform war der Kreis, in der Mitte befand sich die sogenannte Herreninsel.
ReWi

Der moderne Galopp,
oder
Der Tanz in die Ewigkeit.

III/13

BÄLLE IM SPERL. CARNEVAL 1841

Programm vom 9. Jänner bis 23. Februar 1841
F. Weiß
Federlithographie   22,1 x 27,7
Sign. li. u.: Fr. Weiß lith.; re. u.: Artist. Anstalt d. Lud.
Förster

HM, Inv. Nr. 34.776

Der Tanzsaal »Zum Sperl« war besonders zur Kongreßzeit sehr populär. Am 9. September 1807 hatte Johann Scherzer sein großes Tanzlokal in der Leopoldstadt eröffnet (heute Wien 2, Kleine Sperlgasse 2c). Der Name Sperl stammte von der Straße, die ihrerseits nach dem »Kaiserlichen Jäger und Bürger Johann Georg Sperlbauer«, der hier bis zum Beginn des 18. Jahrhunderts ein Wirtshaus besessen hatte, benannt war.

Das Programm zeigt humoristische Darstellungen des Faschingstreibens. Auf einer Geige werden verschiedene Bälle angekündigt; daraus geht hervor, daß diese nicht immer öffentlich waren, sondern daß die Häuser und Tanzstätten auch von geschlossenen Gesellschaften gemietet wurden. Es gab auch Bälle, deren Erlös zugunsten einer Vereinigung oder einer Person bestimmt war, so am Dienstag, dem 26. Jänner, der »Armenb. f. die Leopoldstadt«, oder am Mittwoch, dem 17. Februar, der Ball zu »Ben. d. H. Strauss«. Immerhin leitete Johann Strauß (Vater) die Bälle im Sperl, während die Tänze von dem berühmten Tanzmeister F. Rabensteiner geleitet wurden. Beiden wurde in der Saison je eine Veranstaltung gewidmet, wobei ihnen der Erlös des Balles zukam.

Die Zahl der Bälle wird auf dem Plakat festgehalten: »Im oberen Saale 37 Bälle, im untern 15, zus. 52 Bälle.«
ReWi

Lit.: Fasching in Wien. Der Wiener Walzer 1750–1850. Ausstellungskatalog des Historischen Museums der Stadt Wien, Wien 1978/79.

III/14

TÜRKEN IN EINEM WIENER KAFFEEHAUS

Dietrich Monten

Öl auf Leinwand   31,5 x 39,5

HM, Inv. Nr. 13.493

Vermutlich ist das Kaffeehaus »Zur Stadt London« dargestellt, das sich am alten Fleischmarkt Nr. 684 befand und ein besonderer Treffpunkt für die türkische Bevölkerung in Wien war.
ReWi

III/15

III/16
NEUJAHR IM SILBERNEN KAFFEEHAUS 1843

Johann Wenzel Zinke nach Cajetan (Anton Elfinger)

Kupferstich, koloriert 26,5 x 21,2
Sign. li. u.: Cajetan del.; re. u.: J. W. Zinke sc.
Bildbeilagen zur Wiener Theaterzeitung
»Satyrisches Bild«, Nr. 16 vom 2. Jänner 1843, S. 4

HM, Inv. Nr. 96.842/16

Ziemlich sicher handelt es sich bei dieser Karikatur um
eine Darstellung des berühmten »Silbernen Kaffee-
hauses«, das sich seit 1808 in Wien 1, Plankengasse, Ecke
Spiegelgasse, befand. Sein Besitzer Ignaz Neuner hat es
1824 prunkvoll herrichten lassen, und angeblich sollen
das Geschirr und die Türschnallen aus Silber gewesen
sein. Auch wurden den Gästen Meerschaumpfeifen
anstelle der üblichen billigeren Pfeifenköpfe gereicht.
In der Zeit von ungefähr 1825 bis 1854 wurde das Café zu
einem Treffpunkt der Literaten, Schauspieler und anderer Künstler. Lenau war hier Stammgast, Bauernfeld
spielte leidenschaftlich Billard, auch Grillparzer kehrte
immer wieder ein. Der Freundeskreis um Schubert
gehörte ebenfalls zu den Gästen (O. E. Deutsch, Schubert,
S. 277). Als 1846 der Sohn des Gründers, Ignaz Neuner
d. J., sehr früh verstarb, verlor das Lokal seinen glänzen-
den Ruf.
ReWi

III/15
JÜNGLINGS KAFFEEHAUS AN DER DONAU 1836

Alexander Ritter von Bensa

Kreidelithographie 18,7 x 35,5
Sign. re. u.: A. R. v. Bensa und li. u.: ged. bei Sartory
Wien, Verlag Anton Paterno

HM, Inv. Nr. 31.432

Die Zeitgenossen rühmten immer wieder das Treiben vor
dem Café Jüngling an der Schlagbrücke (umgebaut:
Ferdinandsbrücke), wo die Nationen sich versammelten
und von der Tür bis weit in die Jägerzeile hinab an staub-
bedeckten Tischen saßen. (Zitiert nach G. Gugitz, Das
Wiener Kaffeehaus, S. 109.) Am Beginn der zwanziger
Jahre sind Joseph Lanner und die Brüder Drahanek als
Streichterzett beim Jüngling aufgetreten und haben ihre
Ländler gespielt; zu ihnen gesellte sich dann Johann
Strauß (Vater). Augustinis Kaffeehaus auf der gegenüber-
liegenden Seite der Schlagbrücke hatte schon längst
Konzerte für die Gäste organisiert. 1835 starb Johann
Jüngling, und seine Witwe führte den Betrieb weiter, bis
ihn 1839 der Nachbar Franz Stierböck kaufte.
ReWi

III/17

LÖW'S CAFFEEHAUS AUF DER LANDSTRASSE
IN WIEN 1842

Aquarell   20,7 x 16
Fälschlich sign. re. u.: J. Alt
Vorlage für eine Lithographie im Verlag M. R. Toma
1842

HM, Inv. Nr. 34.353

Die großzügigen Dimensionen der Vorstadtkaffeehäuser
zeigt dieses Lokal der Kaffeesieder Löw. Das Café befand
sich in Wien 3, Landstraßer Hauptstraße, Ecke Bock-
gasse (heute Beatrixgasse).
ReWi

III/18

DIE ZEITUNGSLIEBHABEREY 1837

Andreas Geiger nach Johann Christian Schoeller

Kupferstich, koloriert 21,5 x 24,4
Sign. li. u.: Schoeller del. und re. u.: And. Geiger sc.
Bildbeilage zur Wiener Theaterzeitung (Scenen aus
Wien, Nr. 9) vom 30. September 1837

HM, Inv. Nr. 97.420/5

»Beiliegendes Bild führt Sie, meine verehrten Leser und
Leserinnen, in ein Caffeehaus, gerade in dem Moment,
in welchem die anwesende Caffeehaus-Menschheit über
sämtliche Journale mit Heißhunger herfällt. Zeitungs-
liebhaberei! dies ist der bezeichnende Ausdruck für
den Lektüre-Dillettantismus der Caffeehaus-Welt!«
(Theaterzeitung, S. 792; Text gekürzt).
ReWi

Die Zeitungsliebhaberey.
N6. _ Ich bitt um die Allgemeine oder die Theaterzeitung.

DER ERSTE MAY 1851 IM TIVOLI.

Kat. III/5

IV. MUSIK

IV/1
LUDWIG VAN BEETHOVEN 1824

Johann Stephan Decker

Kreidezeichnung 19 x 15,7
Sign. re. u.: St. Decker

HM, Inv. Nr. 61.086

Deckers Beethoven-Portrait, das den Komponisten bereits mit leicht eingefallenen Wangen zeigt, entstand im Mai 1824. Im selben Monat — am 7. Mai 1824 — erklang erstmals im Kärntnertortheater Beethovens Neunte Symphonie.
   Das naturgetreue Bildnis wurde zum Vorbild zahlreicher späterer Beethoven-Portraits.

Ludwig van Beethoven, von flämisch-niederfränkischer Herkunft, kam in Bonn zur Welt. Er war bereits als Komponist weitgehend an Wolfgang Amadeus Mozart und Joseph Haydn orientiert, als die Musikstadt Wien 1792 seine zweite Heimat wurde. Da Mozart bereits tot war, nahm Beethoven in Wien Unterricht bei Haydn, aber auch bei Johann Baptist Schenk, Johann Georg Albrechtsberger und Antonio Salieri. Obgleich Haydns musikalische Denkweise vor allem in den ersten Werken Beethovens merkbare Spuren hinterließ, ging dieser in seinem musikalischen Wirken sehr bald neue Wege. Beethoven fand in Wien als Pianist und Komponist sehr rasch Anschluß an die Aristokratie, in deren Händen damals zum größeren Teil die Musikpflege lag. Zu Beethovens Bewunderern und Förderern zählten vor allem die Familien Lichnowsky, Razumovsky, Erdödy, Kinsky sowie Erzherzog Rudolph, der jüngste Bruder von Kaiser Franz II. (I.). Beethoven war einer der ersten freischaffenden Komponisten seiner Zeit, ein Großteil seiner Arbeiten waren Widmungs- und Auftragswerke.
   Es seien von seinen Instrumentalwerken vor allem die 9 Symphonien genannt. Neben Kammermusik und zahlreichen Klavierwerken schrieb Beethoven auch eine Reihe von Ouvertüren (darunter Leonore Nr. 1, 2, 3, Coriolan, Egmont) und Vokalwerken (so die »Missa solemnis«, D-Dur, op. 124). Die Beethoven kennzeichnende, ausgesprochen ethische Kunstauffassung wird in seiner einzigen Oper »Fidelio« deutlich sichtbar.
   Beethoven arbeitete übrigens sehr gerne in der freien Natur. Die 6. Symphonie, die »Pastorale« (welche die Natur und das Landleben schildert), gibt Zeugnis von der Naturverbundenheit des Komponisten. Die letzten Jahre seines Lebens verbrachte Beethoven in völliger Taubheit. In dieser Zeit entstand seine 9. Symphonie (D-Moll, mit dem Schlußchor über Schillers Ode »An die Freude«, op. 125, 1823).
   Nach langer Krankheit — wahrscheinlich den Folgen einer Leberzirrhose — starb Beethoven am 26. März 1827 in Wien. Eine große Menschenmenge folgte dem Sarg. Einer der Fackelträger des Begräbnisses war Franz Schubert, der nur ein Jahr später im Währinger Ortsfriedhof in der Nähe Beethovens seine Ruhestätte fand.
ASchu/SK

FRANZ SCHUBERT 1825

Wilhelm August Rieder

Aquarell über Bleistift auf Karton   19,8 x 24,7

Sign. u. dat. li. u.: W Rieder May $\overline{825}$ (und, wahr-
scheinlich nach dem Tod Schuberts, von Rieder selbst
hinzugefügt:) Nach der Natur / von Wilh. Aug.
Rieder / 1825
Re. u. eigenhändige Unterschrift des Komponisten:
Franz Schubert (und von Rieder selbst Schuberts
Sterbetag hinzugesetzt:) gestorben den 19. November /
1828

HM, Inv. Nr. 104.170

Wie aus einem Brief Moritz von Schwinds aus dem Jahre
1865 an den Wiener Männergesang-Verein hervorgeht,
wurde das Riedersche Aquarell, darstellend Franz Schubert im Jahre 1825, von Schuberts Freunden »immer für
das beste Portrait gehalten«.

Das Bildnis soll durch einen Zufall entstanden sein:
Rieder, der damals in der Wiedner Hauptstraße, unweit
der Karlskirche, wohnte, nahm, unterwegs von einem
Regenguß überrascht, bei Franz Schubert in dem neben
der Karlskirche befindlichen Fruhwirthaus (Alte Wieden
Nr. 100; später demoliert, heute Wien 4, Techniker-
straße 9) Zuflucht. Bei dieser Gelegenheit machte Rieder
von seinem Freund Schubert eine Skizze, die er dann in
mehreren Sitzungen ausführte.

Rieders Aquarell wurde die Grundlage für die meisten
posthumen Schubert-Porträts.

Franz Schubert kam am 31. Januar 1797 in Wien als
Sohn eines kinderreichen Schullehrers zur Welt. 1808
wurde er Stipendiat im Wiener Stadtkonvikt als k. k.
Hofsängerknabe und Schüler des in der Nähe gelegenen
Akademischen Gymnasiums. Im Herbst 1813 kehrte er
nicht mehr ins Konvikt zurück, sondern trat in die ein-
jährige Lehrerbildungsanstalt für Schulgehilfen in der
Annagasse in der Inneren Stadt ein. Im Jahre 1814, dem
Jahr des Wiener Kongresses, bestand Schubert das
Lehrerexamen und wurde Schulgehilfe seines Vaters.
Mit Hilfe von Freunden machte sich Schubert in den
folgenden Jahren selbständig, um sein Leben ganz
der Musik zu widmen.

Da Schubert von Natur heiter, liebenswürdig und
gesellig war, scharte sich um ihn alsbald eine größere
Anzahl von Freunden und Bewunderern, die sich zu
musikalischen Abendunterhaltungen, sogenannten
Schubertiaden, zusammenfanden, bei denen vor allem
Musik Schuberts gespielt wurde.

Schubert war in seinen letzten Lebensjahren wiederholt krank und starb am 19. November 1828 in Wien an
Bauchtyphus.

IV/2

BEETHOVENS STUDIERZIMMER IM
SCHWARZSPANIERHAUS   1827

Johann Nepomuk Hoechle

Tuschpinsel   25,9 x 21,1

HM, Inv. Nr. 15.828

Es handelt sich hier um Beethovens Studier- und Schlaf-
zimmer, in dem Beethoven am 26. März 1827 starb. Zu
Lebzeiten des Komponisten standen in dem Raum zwei
Klaviere: ein Broadwood-Flügel (den Beethoven aus London zum Geschenk erhalten hatte, er befindet sich nun
in Budapest) und ein Flügel von Conrad Graf (er befindet sich heute im Beethoven-Haus in Bonn).

Um Platz zu gewinnen, wurde der Broadwood-Flügel
nach dem Tod Beethovens in das Arbeitskabinett
nebenan gebracht.

Das Bild zeigt das Klavier des Klavierbauers Conrad
Graf. Beethovens Sterbehaus (»Schwarzspanierhaus«)
wurde 1903 demoliert (heute Wien 9, Schwarzspanier-
straße 15).
ASchu

IV/3

IV/4

IV/5

Im Mittelpunkt seines musikalischen Schaffens steht das Lied, das er aus der Dichtung seiner Zeit schöpfte. In seinen etwa 600 Liedern umspannt Schubert alle Gefühls-äußerungen vom schlicht Volkstümlichen bis zum Tragischen und Phantastischen. Jedes der bedeutenden Schubertlieder zeigt eine charakteristische musikalische Gestaltungsweise. Ihr untergeordnet ist die Anlage des Liedes als Strophenlied (z.B. »Heidenröslein«), als durchkomponiertes (»Erlkönig«) oder variiertes Lied (»Der Lindenbaum«). Die Liederzyklen »Die schöne Müllerin« und »Winterreise« sowie viele seiner anderen Lieder gehören zu den bedeutendsten Werken der europäischen Musikgeschichte. Von seinen 9 Symphonien sei »Die Unvollendete« in h-Moll (komponiert 1822) hervorgehoben, die eine neue, der klassischen Stilepoche völlig entwachsene Tonsprache zeigt. Aus seiner Kammermusik ist wohl das »Streichquintett in C-Dur« (1828) als bedeutendstes Instrumentalwerk zu nennen.

Von Schuberts zahlreichen Klavierwerken kann man die 12 vollendeten Klaviersonaten, seine Tänze (Walzer, Ländler, Märsche, Ecossaisen usw.), aber auch die kurzen Einzelstücke (Impromptus, Moments musicaux usw.) hervorheben. Die Verfeinerung des Wiener Walzers gehört zu den besonderen Verdiensten Schuberts.

Unter der Kirchenmusik stehen die Messen in As-Dur (1819/22) und in Es-Dur an erster Stelle.

Mit seinen Opern (wie »Alfonso und Estrella«, 1822, »Fierrabras«, 1823) und Singspielen (wie »Die Freunde von Salamanka«, 1815, und »Der häusliche Krieg«, 1823) konnte sich Schubert nicht so erfolgreich durchsetzen.

Schuberts Lieder erklangen in zahlreichen »Musikalischen Salons« von Wien (die für Schubert wichtigsten davon waren der Ignaz Sonnleithners und der Otto Hatwigs), aber auch im Palais Metternichs.
TA/ASchu

IV/4

Landpartie der Schubertianer von Atzenbrugg nach Aumühl 1820

Leopold Kupelwieser

Aquarell   23,5 x 38,8
Sign. u. dat. re. u.: Kupelwieser/1820

HM, Inv. Nr. 18.751

Dieses Bild — wie auch sein Gegenstück »Das Gesellschaftsspiel«, Kat. Nr. IV/5 — wurde auf Bestellung Franz von Schobers gemalt. Der Onkel von Schober, Joseph Derffel, war Justitiar des Stiftes Klosterneuburg und Verwalter des Schlosses Atzenbrugg, das damals dem Stift Klosterneuburg gehörte und zwischen Tulln und Traismauer an der Perschling, etwa 35 km von Wien entfernt, liegt. Er bot den Schubertianern um 1820 jährlich im Sommer für einige Tage Gastfreundschaft in Atzenbrugg.

IV/5

GESELLSCHAFTSSPIEL DER SCHUBERTIANER IN ATZENBRUGG 1821

Leopold Kupelwieser

Aquarell 35,2 x 45,4
Sign. u. dat. re. u.: L. Kupelwieser 1821

HM, Inv. Nr. 18.752

In einem Brief, den Franz Schober am 14. Februar 1876 an den Schwind-Biographen Hyazinth Holland geschrieben hat, ist dieses Bild so gedeutet:
»Das Atzenbruggerbild stellt vor, wie die eine Hälfte der Gesellschaft die zweite Silbe des Wortes ›Rheinfall‹, nämlich ›Fall‹ durch den Fall des ersten Menschen darstellt, nachdem sie die erste Silbe ›Rhein‹ dadurch bezeichnet hatte, daß sie sich in den auf den Wänden des Zimmers abgemalten Teichen und Wasserfällen gewaschen und sich selbstgefällig ›rein‹ zu sein, gegenseitig pantomimisch versichert hatte. Auf dem Ofen steht der Hofsekretär Gahy, der außerordentliche Klavierspieler der Schubertischen Tänze, der niemals ermüdete, unserer Gesellschaft dieselben nächtelang zu unseren Tänzen mit seiner Meisterschaft vorzuspielen. Er stellt hier Gottvater vor und gibt, mit seinem Besen als Himmelszepter, das Zeichen zu allen Vorgängen in seiner Schöpfung. Unten ist Kupelwieser als Baum der Erkenntnis; vor ihm stehen Adam und Eva, die eben den Apfel von der Schlange (Schober) empfangen und davon gegessen haben. Aber schon öffnet sich auch die Türe des Paradieses, und der Engel mit dem feurigen Schwert tritt herein, um die Sünder aus demselben zu verjagen. Die andere Hälfte der Gesellschaft, zu der auch Schubert gehört, sitzt herum und sucht die dargestellte Charade zu erraten.«
Nach Überlieferungen, die Kupelwiesers jüngster Sohn, Max, gesammelt hatte, und der Familienchronik Franz v. Hartmanns sind außer den von Schober genannten Personen dargestellt: beim Klavier, neben Schubert, Kupelwiesers Hund Drago; dahinter sitzend der Philosoph Philipp Carl Hartmann. In der linken Gruppe der Ratenden steht Ludwig Mohn mit einer nicht identifizierten Dame. Adam und Eva sind durch die Geschwister Franz und Therese Derffel dargestellt, deren Vater Bruder des Verwalters war. Der Cherub ist Louise Johanna (genannt Jeanette) Cuny de Pierron, die früh verstorbene Braut Anton v. Doblhoffs. Unter den Ratenden rechts steht hinten Elise Stöger, vor ihr ihre Schwester Emilie sitzt. Hinter zwei nicht mit Sicherheit bestimmbaren Damen steht ein kleiner Mann, daneben Doblhoff. Vorne sitzt Josef v. Spaun, Schuberts bester Freund, mit Schobers Schwester Sophie. (O. E. Deutsch, Kupelwiesers Atzenbrugger Aquarelle, in: Schubert-Museum, Gedenkschrift für Besucher des Museums, 1964, 21—26).
ASchu

IV/6

FRANZ SCHUBERTS BRILLE

Stahlfassung (darauf Spuren von blauer Anlaßfarbe) mit runden Gläsern, die in der Mitte gesprungen sind. Der Nasensteg hat X-Form, mit Verstärkung in der Mitte
Dm.: 3,5 / L.: 11 / B.: 11,5

HM, Inv. Nr. 49.294

Die Brille stammt aus dem Besitz von Josef Hüttenbrenner (1796—1882), Anselms Bruder und in den zwanziger Jahren Schuberts Faktotum. Schubert trug von seiner Knabenzeit an Augengläser und legte sie oft nicht einmal während des Schlafens ab, weil er gewohnt war, beim Aufwachen Noten zu schreiben. Die Dioptrien dieser Brille, die vielleicht aus der Zeit um 1820 stammt, sind —3,75 sphärisch (die Außenseite der Gläser mißt —1,25, die Innenseite —2,5; gemessen mit einem Sphärometer).
ASchu

Strauß (Vater) als Bratschist an, wodurch das Ensemble zum Quartett erweitert wurde. 1824 war Lanners Kapelle bereits zum Streichorchester angewachsen, das nicht nur in Gast- und Kaffeehäusern, sondern erstmals auch im Freien (Wiener Prater) spielte. 1825 (oder 1827?) trat Strauß aus dem Lannerschen Orchester aus, um eine eigene Kapelle zu gründen. Als Konkurrenten versuchten nun Strauß und Lanner fortan, die Gunst des Publikums für sich zu gewinnen. Bei vielen vornehmen Bällen in Wien hatten sie die Tanzmusik zu besorgen. Nach zahlreichen Konzertreisen erhielt Lanner 1829 den Titel »Musikdirektor der Redoutensäle«. Im Jahre 1840 leitete er erstmals die Kammerballmusik bei Hof. Das Gesamtwerk Lanners umfaßt etwa 240 Kompositionen. Sein berühmtester Walzer »Die Schönbrunner« (op. 200) entstand erst kurz vor seinem Tod. Lanners Verdienst ist es vor allem, als erster die formale Gliederung des Walzers festgelegt zu haben. Er brachte aber auch die Melodie, dank seiner meisterhaften Beherrschung der Violine, zur vollen Entfaltung.
ASchu/HCS

IV/7

Joseph Lanner

Aquarell   17,7 x 12,2

HM, Inv. Nr. 182.050

Joseph Lanner (1801–1843), Sohn eines Handschuhmachers, bildete sich autodidaktisch in Violine, Generalbaß und Instrumentation aus und spielte ab 1813 in der Kapelle des Michael Pamer (1782–1827), dem wohl interessantesten Kapellmeister der Wiener Kongreßzeit.

1818 verließ Lanner die Kapelle Pamers und gründete mit den Brüdern Drahanek ein eigenes Trio, bestehend aus 2 Violinen und Gitarre (Carl Drahanek, geb. 1798 in Dobersberg, Niederösterreich, verließ schon vor dem Jahre 1836 Lanners Orchester und wanderte in die USA aus; Johann Alois Drahanek, geb. 1800 in Dobersberg, verließ die Kapelle Lanners im Jahre 1836 und gründete ein eigenes Orchester; er starb 1876 in Wien 5, Rüdigergasse 11). Dem Trio schloß sich 1819 Johann

IV/8

Taktstock von Joseph Lanner

Schwarz poliertes Holz, auf umwundenem Silberband graviert: Unserem lieben Meister Joseph Lanner. Auf Krücke und Knaufzwinge Namen von je acht Damen und Herren. An Knauf und Zwinge punziert
L.: 35,5

HM, Inv. Nr. 56.105

mund, der bürgerliche Kleidermacher Anton Müller, zu einem Buchbinder in die Lehre. Sein erlerntes Handwerk übte Strauß später nie aus. Er erhielt Musikunterricht und wurde — wie schon vor ihm Joseph Lanner — Mitglied der Kapelle des Musikdirektors Michael Pamer.

Später schloß sich Strauß der Kapelle Lanners an und bildete schließlich — nach dem Bruch mit Lanner (siehe Kat. Nr. IV/7) — ein eigenes Orchester, als dessen Dirigent er rasch die Gunst des Publikums eroberte. 1826 trat Strauß mit eigenen Kompositionen an die Öffentlichkeit. Als gefeierter Interpret seiner eigenen Werke veranstaltete er viele Festivitäten. Wie sein Konkurrent Lanner hatte auch Strauß bei vielen vornehmen Bällen, vor allem zur Faschingszeit, die Tanzmusik zu besorgen.

Strauß war als Komponist und Dirigent bereits weit über die Grenzen seiner Heimat berühmt, als er begann (1833), große Konzertreisen durch ganz Europa zu unternehmen.

Im Jahre 1834 wurde Strauß zum Kapellmeister des 1. Bürgerregiments ernannt, 1835 wurde ihm die Leitung der Musik bei den Hofbällen übertragen, und 1846 wurde für ihn sogar der Titel eines »k. k. Hofballmusikdirektors« geschaffen.

Strauß schrieb mehr als 250 Kompositionen, darunter 152 Walzer, 32 Quadrillen, 24 Galoppe, 18 Märsche und 13 Polkas.

Er reformierte nicht nur den Wiener Walzer, sondern machte sich auch um die Weiterentwicklung der französischen »Quadrille« verdient. Strauß' gefährlichster Konkurrent als Komponist und Dirigent wurde 1844 sein eigener Sohn Johann.

An der Entwicklung und Veredelung der Wiener Tanzmusik und besonders des Walzers kam Lanner und Strauß (Vater) ein annähernd gleicher Anteil zu. ASchu

IV/9
Johann Strauss (Vater)

Heinrich Wilhelm Schlesinger

Aquarell   21,3 x 14,8
Sign. u. dat. re. u.: H. Schlesinger 1837. (Darunter von fremder Hand:) Johann Strauß/Regiments-Musik Direktor

HM, Inv. Nr. 47.948

Johann Baptist Strauß — so lautete sein voller Name — kam am 14. März 1804 in der Leopoldstadt (heute Wien 2) zur Welt und starb unerwartet am 25. September 1849 an Scharlach in der Wiener Innenstadt. Sein Vater war der Bierwirt Franz Borgias Strauß (1764—1816), seine Mutter Barbara Strauß (geb. Dollmann; 1770—1811) war die Tochter eines Wiener Kutschers. Da Strauß seine Eltern bereits in jungen Jahren verlor, schickte ihn sein Vor-

◁ **IV/10**

TAKTSTOCK VON JOHANN STRAUSS (VATER)

Aus Ebenholz mit Elfenbeinkugel und vergoldeter
Lyra
L.: 40

HM, Inv. Nr. 56.104

Im Gegensatz zu Lanner, der kaum über die Grenzen
Österreichs hinauskam, unternahm Strauß zahlreiche und oft auch mühsame Konzertreisen durch
ganz Europa, die er mit dem Einsatz seiner ganzen
Persönlichkeit zu einem Triumphzug der Wiener Musik
gestaltete.
JZ

Lit.: J. Ziegler, Zur Geschichte der Wiener Tanzmusik in
Originalausgaben, Wien 1983.

IV. THEATER

IV/11

JOHANN NESTROY ALS »SANSQUARTIER« in »Zwölf Mädchen in Uniform«

Statuette, Gips, bemalt; Holzsockel; H.: 50

HM, Inv. Nr. 58.583

Nestroy trat in dieser Rolle von 1831 bis 1862 auf.
   Theater an der Wien 30. August 1831: »... erfolgte das
Debüt des Hrn. Nestroi, vom k. städt. Theater zu Lem-
berg. Der Empfang, der diesem Gast zu Theil wurde, war
sehr auszeichnend ...
   In den ... ›Zwölf Mädchen in Uniform‹ (Hr. Direktor
Carl hat die sieben um fünf vermehrt) entwickelte Hr.
Nestroi sein schönes Talent in einem noch weit höheren

Grade — seine Darstellung des Sansquartier muß zu den
besten komischen Produktionen dieser Bühne gerechnet
werden. Der Gast entwickelte hier eine solche Freyheit
und Ungezwungenheit als ob er bey uns bereits heimisch
wäre und ohne Zweifel ist es diesem Umstande zuzuschreiben, daß er aus der eben nicht sehr bedeutenden
Rolle — einen so durchdrungenen und kräftig komischen
Charakter zu entwickeln vermochte. Die reiche und
wohlberechnete Nüanzierung, das Originelle der ganzen
Haltung bürgt uns für ein ungewöhnliches Talent ...«
(Th. Z., 8. September 1831)
   »... so ist der Sansquartier in einer imposanten Ruhe,
aus der ihn nur dann und wann die Plackereien der
Subordination, oder wie er selbst sagt, der ›Suppenordi-
nation‹ aufstacheln können. Das Alter hat seinen Nacken
gebeugt, seinen Gleichmut kann nur der Schloßhaupt-
mann Birquet beugen. Die immer zusammenknickende
Gestalt, Gesicht und Stimme, jenes vom Branntwein mit
einem verdächtigen Bläulichrot, diese mit Heiserkeit
belegt, bilden ein Ensemble, das unwiderstehlich zum
Lachen reizt. Die stille Selbstgefälligkeit des drolligen
Patrons bildet zu diesem Aeussern die effektvolle Kehr-
seite. Was er spricht und tut, geschieht mit einem
Gewicht mit einer Ruhe des Bewusstseins, die ihres eigenen Wertes Herold ist, mag Sansquartier nun seinem
Kommandanten linguistische Belehrungen erteilen, oder
den Herrn ›Schuwernör‹ nach dem Befinden seiner Frau
Liebsten fragen ...« (Bohemia, 30. Juli 1844)
WD

IV/12

FANNY ELSSLER, DIE CACHUCHA TANZEND

Jean Auguste Barre, 1836

Statuette, Gips, getönt   H.: 54

HM, Inv. Nr. 33.494

Fanny Elßler, die Personifizierung tänzerischer Grazie
und Anmut, kam 1810 in Wien zur Welt, wo sie 1884 starb
— dazwischen eroberte sie die kulturelle Welt in der
Kunstform Ballett. Sie triumphierte im noch jungen Fuß-
spitzentanz, der Ausdruck für die biedermeierliche
Geister- und Feenwelt auf der Bühne geworden war, und
machte auch den Volkstanz durch ihre ausdrucksvolle
Darstellung bühnenfähig (Cachucha, Cracovienne). Sie
war die erste Wienerin, welche die damals noch ungeheuren Reisestrapazen auf sich genommen hatte und Wiener
Kunst in der im kulturellen Aufbau befindlichen Neuen
Welt zu einmaligen Triumphen brachte.
RR

IV/13 ▷

Johann Nestroy als »Sansquartier« in »Sieben (Zwölf) Mädchen in Uniform«

Johann Christian Schoeller, 1842

Aquarell   14,3 x 11,4
Monogr. u. dat. re. u.: S. 1842

HM, Inv. Nr. 119.162/1

Ein Vaudeville nach dem Französischen, von Louis
Angely verfaßt, war schon in den zwanziger Jahren (mit
sieben Mädchen) im Theater in der Josefstadt
bekannt, wurde aber durch die Darstellung Nestroys
als Sansquartier sehr populär, vor allem die Lesungen
aus dem »Büchl«, in die vermutlich auch Nestroys eigene
Textänderungen eingeflossen sind. Es handelt sich hier-
bei aber um kein Soldatenstück, sondern die Uniformen
sind als Vorwand für Verkleidungen interessant.

  Diese Rolle begleitete Nestroys ganzes Berufsleben, und
die meisten seiner Rollenbilder beziehen sich darauf
(siehe auch Kat. Nr. IV/11).
JH

▷▷

IV/14

Fanny Elssler als »Florinde« im Ballett »Der hinkende Teufel«, die Cachucha tanzend

Andreas Geiger

Kupferstich, koloriert   21,2 x 13,8
Aus der Serie: Costume-Bild Nr. 48

HM, Inv. Nr. 111.204/11

Kärntnertortheater, 22. 7. 1837:
  Fanny Elßler tanzte erstmals die »Cachucha« 1836 in
Paris: ». . . in einem rosaseidenen, mit breiten, schwarzen
Spitzenvolants besetzten spanischen Rock, der, unten mit
Blei beschwert, an den Hüften eng anliegt, tritt sie auf.
Ihre Wespentaille ist kühn geschweift, und auf ihrem
Leibchen blitzt als Schmuck ein mit Diamanten besetztes
Stäbchen; ihre Beine, blank wie Marmor, scheinen durch
das zarte Netz ihrer Seidenstrümpfe, und ihre Füßchen
lauern nur auf das Zeichen der Musik, um anzufangen.
Wie reizend ist sie mit ihrem großen Kamm, der Rose
über dem Ohr, ihrem flammenden Auge und ihrem fun-
kelnden Lächeln! In ihren rosigen Fingern zittern die
Kastagnetten aus Ebenholz. Nun schnellt sie vor, aus den
Kastagnetten tönt das helle Geplauder, ganze Büschel von
Rhythmus scheinen sie aus den Händen zu schütteln.
Wie sie sich windet, wie sie sich biegt! Welches Feuer!
Welche Wonne! Welche Glut! Ihre Arme bewegen sich
ohnmächtig um ihr geneigtes Haupt, ihr Leib biegt sich
nach rückwärts, fast berühren ihre weißen Schultern den
Boden. Welch reizende Gebärde! Könnte man nicht
meinen, daß sie mit ihrer Hand, die am leuchtenden
Rand der Rampe entlangstreift, alle Wünsche und die
Begeisterung des Hauses einsammelt?« (Théophile
Gautier)

J. Nestroy als Landsquartier

IV/13

And. Geiger sc.

Fanny Elßler in der Cachucha.

Zu haben in Wien, im Bureau der Theaterzeitung, Rauhensteingasse N.º 926. —

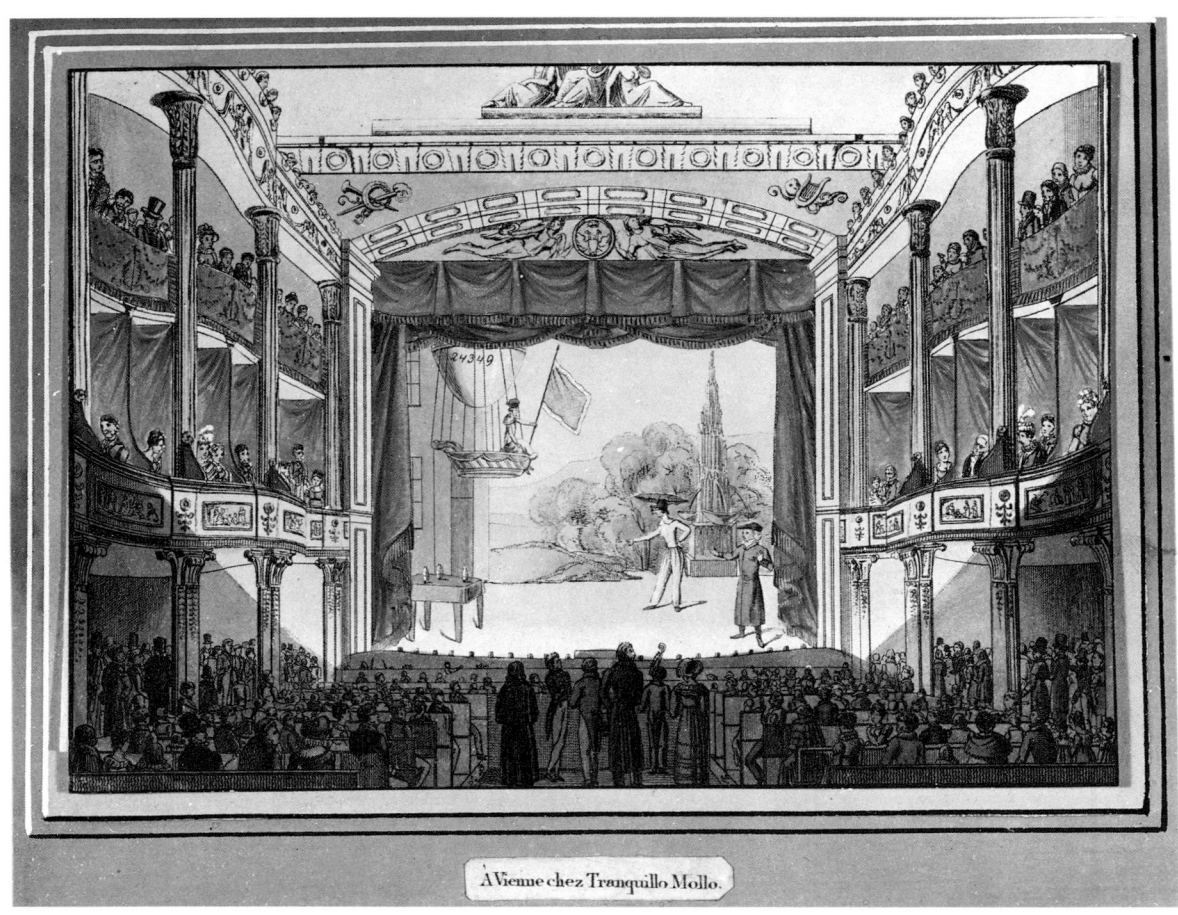

A Vienne chez Tranquillo Mollo.

IV/15

INNENANSICHT DES THEATERS IN DER
JOSEFSTADT MIT DEM BÜHNENBILD
ZU MEISLS STÜCK »1722. 1822. 1922«

Eduard Gurk

Kupferstich, koloriert   9,7 x 13,9

HM, Inv. Nr. 33.928

1788 erwirkte der Neulerchenfelder Wirtssohn und Schauspieler Karl Mayer ein Privileg für ein Theater in der
Josefstadt, das er am 22. Oktober 1788 mit »Liebe und
Koketterie« von Salomon Friedrich Schletter eröffnete.
Ein für die Theatergeschichte Wiens im allgemeinen und
für jene des Josefstädter Theaters im besonderen wichti-
ges Ereignis war das Engagement Ferdinand Raimunds

(13. Mai 1814). Er debütierte als Franz Moor. Raimund war
für das Theater jene Kraft, die allmählich der Anzie-
hungspol wurde und die wenigen guten Schauspieler
wertvoll ergänzte.

Der Nachfolger Mayers, der Nikolsburger Apotheker
Josef Huber, der das Theater mit seinem Bruder,
dem Wiener Kaufmann Leopold Huber, leitete, führte
die albernsten Spektakelstücke auf, das Theater verödete,
fand aber in Karl Friedrich Hensler einen neuen, tüchti-
gen Leiter, der es umbauen ließ und Ende 1822 mit
einem Gelegenheitsstück, »Die Weihe des Hauses«, eröffnete, zu dem Beethoven eine von ihm selbst dirigierte
Ouvertüre komponierte. Später sehr herabgekommen,
konnte das Theater erst unter der Direktion Franz Pokor-
nys (1834–1845) wieder eine glanzvolle Periode erleben.
Unter Pokorny wurde das Theater 1841 restauriert; 1845
übernahm dieser Direktor das Theater an der Wien und
überließ das Josefstädter Theater Adalbert Prix.

Karl Meisls phantastisches Zeitgemälde »1722. 1822. 1922«
kam am 26. Oktober 1822 erstmals im Theater in der
Josefstadt zur Aufführung.

IV/16

JOHANN NESTROY UND MARIE WEILER
in »Das Mädl aus der Vorstadt«

Johann Christian Schoeller, 1845

Aquarell   9 x 6,5
Re. u. monogr. u. dat.: S. 1845

HM, Inv. Nr. 109.289

Am 24. November 1841 im Theater an der Wien urauf-
geführt, nach einem Vaudeville von Paul de Kock und
Charles-Victor Varin bearbeitet, trägt es doch Nestroys
Stempel in diesem konventionellen »Krimisujet« mit dem
Thema Heirat und Rehabilitierung.

   Der Winkelagent Schnoferl (Nestroy) ist mit einer der
Näherinnen, Rosalie (Marie Weiler), abgebildet, die
gemeinsam in einem Quodlibet (II, 12) ihr schauspiele-
risches und gesangliches Talent zeigen, einem musikalischen Potpourri mit zum Teil unterlegtem verfrem-
deten Text.

   Obwohl »Das Mädl aus der Vorstadt« auch zu Lebzeiten
Nestroys erfolgreich war, sind uns sonderbarerweise
keinerlei vervielfältigte Illustrationen bekannt.
JH

IV/17

JOHANN NESTROY ALS »WEINBERL«
in »Einen Jux will er sich machen«

Johann Christian Schoeller, 1845

Aquarell   9,1 x 6,4
Re. u. monogr. u. dat.: S. 1845

HM, Inv. Nr. 109.288

Am 10. März 1842 im Theater an der Wien uraufgeführt,
wurde diese »klassische« Posse eines der populärsten
Nestroy-Stücke. Hinter der Heiterkeit eines konventionellen, in der Handlung (wie meist bei Nestroy) unorigi-
nellen Werks, das die gängigen Theaterkonventionen
verwendet, aber auch mit ihnen spielt, steht die Flucht
vor den gesellschaftlichen Zwängen wie auch die Flucht
vor dem Selbst.

   Nestroy spielt als Weinberl einen der für sein Opus
typischen Raisonneure, wenngleich oberflächlich betrachtet hier nicht so bitter ausformuliert, wie man das von
manchen anderen seiner Klassiker gewöhnt ist. Wenzel
Scholz spielt darin den berühmt gewordenen Hausknecht
Melchior, der alles »klassisch« findet, weil er durch seine
Dummheit die Manipulation mittels Sprache nicht durch-
schaut.
JH

Das liederliche Kleeblatt
Zauberposse von J. Nestroy
Knieriem: Ich trink' mir heut einen Rausch an, wie ich seit den letzten Cometen kein' ghabt hab'.
Leim: Zuerst aber gehn wir fechten D'Zwiern. Und wer nix hergibt, der griegt Schläg, dann gehts lu-
stig zu.
Theatralische Bilder-Gallerie Nº 7.

neuesten Localpiecen als Surrogat echten Witzes aufge-
tischt werden, die Situationen sind gut angelegt und
benützt, ganz vorzüglich sind es aber mehrere der eingelegten Liedertexte, welche dieser Posse noch viele
Wiederholungen zusichern dürften. Wir nennen davon
das komische Terzett »Eduard und Kunigunde« im ersten,
das Quodlibet des Hrn. Scholz und der Dem. Zöllner
und Winter im zweiten und zwei Arien der Herren
Scholz und Nestroy im dritten Acte. Sie mußten sämmt-
lich wiederholt werden. Hrn. Nestroys Lied über den
Untergang der Welt, ein Scherz voll der witzigsten und
zeitgemässesten Pointen, machte Furore; er wurde dabei
fünf Mal gerufen und gab die ersteren Male stets neue
Strophen zum Besten. Ueber das Spiel der Hauptpersonen dürfen wir uns in jeder Beziehung günstig
äußern. Die Herren Scholz (Zwirn), Nestroy (Knieriem)
und Carl (Leim) gestalteten die entgegengesezten
Charaktere des liederlichen Trifoliums mit der ergötzlich-
sten Laune. Es gewährte einen eigenen Reiz, diese drei
trefflichen Comiker so ganz verschieden in ihrer Spiel-
weise zusammenwirken zu sehen . . .«
(Th. Z., 13. April 1833)
WD

IV/18

JOHANN NESTROY ALS »KNIERIEM«
CARL CARL ALS »LEIM«
WENZEL SCHOLZ ALS »ZWIRN«
Szenenbild aus »Der böse Geist
Lumpacivagabundus oder Das liederliche
Kleeblatt« 1833

Johann Christian Schoeller — Andreas Geiger

Kupferstich, aquarelliert   24,3 x 19,2
Sign. li. u.: »Schoeller del.«
Sign. re. u.: »And. Geiger sc.«
Aus Serie: Theatralische Bilder-Gallerie 1. Jg., Nr. 7

HM, Inv. Nr. 48.417

Theater an der Wien, 11. April 1833
». . . zum ersten Male und zum Vortheile des Hrn. Nestroy
eine von demselben verfaßte Zauberposse in drei Acten
unter dem Titel: »der böse Geist Lumpacivagabundus,
oder: das liederliche Kleeblatt« zur Aufführung gebracht
. . . Die Handlung ist interessant und recht lebendig, der
Dialog launig und insbesondere von all den indecenten
Scherzen freigehalten, welche uns leider so oft bei den

IV/19   ▷

FERDINAND RAIMUND ALS »VALENTIN« UND
KARL WILHELM FISCHER ALS »FLOTTWELL«
in »Der Verschwender«

Johann Christian Schoeller — Andreas Geiger

Kupferstich, aquarelliert   21,7 x 15,2
Sign. li. u.: »Schoeller del.«
Sign. re. u.: »And. Geiger sc.«
Aus Serie: Costume-Bild Nr. 17

HM, Inv. Nr. 109.003/3

Der Kupferstich erschien als Beilage zu Bäuerles Theaterzeitung am 24. Mai 1834, S. 310. Im Kommentar hieß es
u. a.:
». . . Wahrhaft ergreifend ist das Erkennen Valentins, der
seinen einstigen Herrn gerne zu sich einladen möchte:
›Sein Euer Gnaden heut schon eingeladen?‹ — eine Szene,
in der Raimund das Publikum immer wieder zu Tränen
rührte.«
»Der Verschwender« wurde ein großer Triumph für
Ferdinand Raimund. Das Stück wurde innerhalb von zwei
Monaten 42mal gespielt und erbrachte einen Reingewinn
von ca. 20 000 Gulden.
WD

Das Mädchen aus der Feenwelt, oder der Bauer als Millionär.
Zauberspiel von Raimund.
Die Jugend. Alles hat man in der Welt! Jugend kriegt man nicht fürs Geld. Brüderlein fein, Brüderlein fein, Mußt mir ja nicht böse seyn!

Costüme Bilder zur Theaterzeitung.   No 17

Hr. Raimund und Hr. Fischer.
Valentin.   Flottwel.
Zu haben in Wien, im Bureau der Theaterzeitung. Wollzeil No. 780, 2t Stk.

IV/20

FERDINAND RAIMUND ALS »WURZEL« UND THERESE KRONES ALS »JUGEND« in »Der Bauer als Millionär«

Johann Christian Schoeller — Johann Wenzel Zinke

Kupferstich, aquarelliert   21,3 x 27,1
Sign. li. u.: »Schoeller del.«
Sign. re. u.: »Zinke sc.«
Aus Serie: Gallerie drolliger und interessanter Scenen
1. Jg. Nr. 22

HM, Inv. Nr. 32.741

Theater in der Leopoldstadt, 13. November 1826
». . . Fortunatus Wurzel, ehemals Waldbauer und jetzt
Millionär (Herr Raimund), hatte seine Zechbrüder
zu einem Trinkgelage versammelt; aber in diesem fröh-
lichen Taumel überrascht ihn die Jugend (Demoiselle
Krones, der Jüngling, welcher Wurzel bey der Achsel faßt)
um mit den gesammten rosenbekränzten Begleitern
Abschied von ihm zu nehmen. In dem beliebten
Abschieds-Duette singt die Jugend unter andern die
bedeutungsvollen Worte:
Alles hat man in der Welt!
Jugend kriegt man nicht für's Geld —
Brüderlein fein, Brüderlein fein,
Mußt nicht böse seyn!«
(Erkl. zu Gall. dr. Sc.)
WD

IV. Literatur

IV/21
Abb. Seite 73

Franz Grillparzer

Josef Kriehuber

Lithographie   55,3 x 36,6

HM, Inv. Nr. 103.784

Franz Grillparzer (1791–1872) studierte die Rechte und schlug dann die Beamtenlaufbahn ein. 1832 wurde er Direktor des Hofkammerarchivs. Als Dramatiker galt er bald als der erste Dichter Österreichs, doch ist er auch als Epiker, Lyriker, Epigrammist und vor allem als Tagebuchschreiber von hervorragender Bedeutung.
WO

IV/22
Abb. Seite 75

Ferdinand Raimund

Josef Kriehuber

Lithographie   43,9 x 27,1

HM, Inv. Nr. 90.833

Ferdinand Raimund (1790–1836) war kurze Zeit Zuckerbäckerlehrling und ging dann als Schauspieler ans Josefstädter und Lepoldstädter Theater. Ab 1823 begann er selbst Stücke zu schreiben. Seine acht Zauberspiele sind von hoher poetischer Qualität und lassen ihn als den Dichter des biedermeierlichen Volksstückes schlechthin erscheinen.
WO

IV/23
Abb. Seite 76

Johann Nestroy

Josef Kriehuber, 1839

Lithographie   59,3 x 35,9

HM, Inv. Nr. 109.834

Johann Nepomuk Nestroy (1801–1862) brach schon früh sein Jusstudium ab und ging zum Theater. Ursprünglich Opernsänger, wechselte er aber bald zum Schauspiel und schließlich ins Genre der Wiener Volkskomödie. In dieser Gattung wurde er nicht nur zum bedeutendsten Bühnenautor des späten Biedermeier, sondern erwies sich darüber hinaus als überragender Satiriker. Von 1854 bis 1860 leitete er als Direktor das Carltheater.
WO

IV/24
Abb. Seite 77

Adalbert Stifter

Mansfeld nach Daffinger

Stahlstich   44,2 x 31

HM, Inv. Nr. 11.833

Adalbert Stifter (1805–1868) studierte die Rechte und Naturwissenschaft, war dann als Hauslehrer tätig und wurde 1850 Schulrat. Seine Erzählungen und Romane, von manchen Zeitgenossen wegen ihrer liebevollen Detailschilderungen, vor allem der Natur, und ob ihrer Breite der Handlungsführung verspottet, gehören zu den bedeutendsten Beispielen der deutschsprachigen Prosa der Zeit.
WO

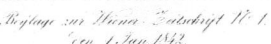

IV/25
NIKOLAUS LENAU

Josef Kriehuber

Lithographie   36 x 27,2

HM, Inv. Nr. 103.586

Nikolaus Lenau (eigentlich: Nicolaus Niembsch von
Strehlenau, 1802—1850) studierte Jus und Medizin, hielt
sich dann in Amerika und schließlich abwechselnd
in Wien und Deutschland auf. Seine eminente lyrische
Begabung läßt sich nicht nur an den zahlreichen
Gedichten ablesen, sondern auch an den Versepen.
WO

IV/26
EDUARD VON BAUERNFELD

Josef Kriehuber

Lithographie   41,8 x 34,8

HM, Inv. Nr. 76.618/39

Eduard von Bauernfeld (1802—1890) studierte die Rechte
und war einige Zeit als Beamter tätig. Als Schriftsteller
war er im Vormärz und auch später noch einer der
beliebtesten Lustspielautoren seiner Zeit, der vor allem
häufig am Burgtheater aufgeführt wurde. Seine Tagebücher gewähren interessante Einblicke in die kulturelle
und politische Situation der Epoche.
WO

159

V. Das Kind und seine Welt

V/1

Die Puppenjause 1844

Heinrich August Mansfeld

Öl auf Karton 32 x 26
Sign. u. dat. re. u.: Mansfeld pinx/1844

HM, Inv. Nr. 78.847

Zwei bürgerlich gekleidete Kinder sitzen beim Tisch und jausnen teilweise unter Verwendung eines Puppengeschirrs; ein Spielzeugwurstel liegt ebenfalls auf dem Tisch.
ReWi

V/2

BETTELNDE KINDER AM GLACIS   1853

Johann Matthias Ranftl

Öl auf Holz   50 x 39
Sign. u. dat. re. u.: Ranftl/1853 Wien

HM, Inv. Nr. 68.814

Eine ähnliche Thematik hatte Ranftl schon ein Jahr
zuvor aufgegriffen, als er ein Kinderpaar darstellte, das
Schwefelhölzchen verkauft (HM, Inv. Nr. 44.693). Die
übergroße Militärmütze des Knaben deutet eventuell auf
Soldatenwaisen hin. — Die anklagenden Bilder von Ranftl
weisen deutlich auf die soziale Lage unmittelbar nach
1848: keine Versorgung von Waisen, schlechte Kleidung
der Kinder, Kinderarbeit.
ReWi

V/3

KINDER-BELUSTIGUNGEN   1827

Moritz von Schwind

Feder   26 x 42
Dat. re. u.: 7. März 827

HM, Inv. Nr. 63.973

V/4

PUPPENPÄRCHEN   UM 1832

Kopf aus Kunstmasse, Leder, Leinen, Baumwolle,
Wollstoff, Tüllspitze, Samt.

Dame in hochgeschlossenem beigen Kleid mit eng-
anliegendem, in Falten gelegtem Oberteil, Schinkenärmeln und weitem Rock. Gestreifte Schürze. Häubchen mit Tüllspitzenrand.

Herr in blauem Gehrock mit grünem Samtkragen,
weißem Hemd, Gilet und Hose

HM, Inv. Nr. M 1.517, M 1.518

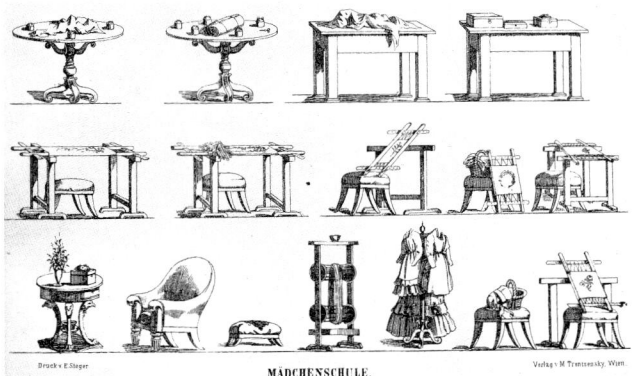

V/5

MÄDCHENSCHULE   UM 1850

Ausschneidebogen (Mandlbogen)
Serie von 6 Blatt

Federlithographien   23,3 x 35,5
Wien, Verlag Matthias Trentsensky
Druck von Eduard Sieger

HM, Inv. Nr. 94.110/537 + 38

V/6

KNABENSCHULE   UM 1850

Ausschneidebogen (Mandlbogen)
Serie von 6 Blatt

Federlithographien   23,3 x 35,5
Wien, Verlag Matthias Trentsensky
Druck von Eduard Sieger

HM, Inv. Nr. 94.110/526 + 27

V/7
DIE ZWÖLF MONATE

Vincenz Raimund Grüner

Zwölf Bildtafeln mit vierzeiligem Vers

Radierungen, koloriert   11 x 7,2
Monogr. re. u.: V.R.G.

HM, Inv. Nr. 111.110/1—12

V/8
LEOPOLD CHIMANI   (1774–1844)
Bunte Scenerien aus dem Menschenleben.
Ein Bilderbuch ganz neuer Art

Mit vier Illustrationen (Panoramabildern) von
Matthäus Loder
Wien, Verlag Heinrich Friedrich Müller
Aufgeschlagen Seite 116

HM, Inv. Nr. 110.531

V/9

BABYHEMD   UM 1830

Weiße Baumwolle, gestrickt, verziert mit bunten
mitgestrickten Glasperlchen, die Blumenbordüren
bilden

HM, Inv. Nr. M 3.884/1

V/10

BABYHÄUBCHEN   UM 1830

Weiße Baumwolle, gestrickt, verziert mit Tüllrüsche
und bunten mitgestrickten Glasperlchen, die Blumenbordüren und Sterne bilden

HM, Inv. Nr. M 8.318/1

V/11

KINDERSCHUHE   1. HÄLFTE 19. JH.

Gelbbraunes Leder, seitlich zum Schnüren, gefüttert
mit Leinen, Ledersohle

HM, Inv. Nr. M 504/1, 2

V/12

FINGERLOSE KINDERHANDSCHUHE   UM 1850

Braunes Baumwollgarn, gestrickt, Handrücken
verziert mit gestrickten Zierlinien

HM, Inv. Nr. M 7.041/1, 2

VI. MÖBEL UND INTERIEURS

VI/1

SITZBANK

Wien um 1820

Nußbaumfurnier/Blindholz Fichte
H. 92   B. 157   T. 64

Inv. MD 034.477

Ehem. Hofmobiliendepot Wien

Die an sich stabile Form wird durch die nach innen ver-
setzten Armlehnen etwas aufgelockert. Der Kaschmir-
bezug ist erneuert, greift jedoch auf alte Vorbilder
zurück. Die Textilmanufakturen rund um Wien stellten
dieses Muster mit Vorliebe her, da es für Schals und
Möbelbezug Verwendung fand.

VI/2
SESSEL

Wien um 1820

Nußbaumfurnier/Blindholz Fichte
H. 93   B. 43   T. 39

Inv. MD 034.469

Ehem. Hofmobiliendepot Wien

VI/3
FAUTEUIL

Wien um 1820

Nußbaumfurnier/Blindholz Fichte
H. 90   B. 60   T. 66

Inv. B 4123 (MD 034.313)

Ehem. Hofmobiliendepot Wien

Ursprünglich befand sich dieses Möbelstück in der Weilburg in Baden bei Wien, einem in der Biedermeierzeit beliebten Kurort. Die Weilburg wurde von Joseph Kornhäusel (1782—1860) im Auftrag von Erzherzog Karl für seine Gemahlin Henriette von Nassau-Weilburg 1820—1823 errichtet.
Die Einrichtung zählte zu den exquisitesten ihrer Zeit und wurde zu einem großen Teil von der Manufaktur Josef Danhauser (1805—1845) entworfen und hergestellt.

VI/4
SESSEL

Wien um 1820/1825

Mahagoni massiv und auf Weich- und Buchenholz furniert
Entwurf Josef Danhauser
H. 94   B. 51   T. 54

Inv. L 6138

Ehem. Hofmobiliendepot Wien

Dieser Sessel entspricht einem Danhauser-Entwurf (Museum für angewandte Kunst, Wien). Man kann in diesem Modell eine Vorstufe zu Michael Thonets »Konsumsessel« Nr. 14 sehen.

VI/5
SESSEL

Wien um 1825/1830

Mahagoni massiv und auf Buchenholz furniert
Entwurf Josef Danhauser
H. 93   B. 47   T. 53

Inv. B 4117

Ehem. Hofmobiliendepot Wien

Eine Interieurdarstellung von Stephan Decker zeigt diesen Sessel in seinem ursprünglichen Rahmen, dem Musiksalon der Erzherzogin Sophie in Laxenburg bei Wien.

VI/6
SESSEL

Wien um 1825

Nußbaumholz massiv und auf Buchenholz furniert
H. 91   B. 61   T. 54

Inv. MD 70

Ehem. Hofmobiliendepot Wien

VI/2   VI/4   VI/5

VI/3

VI/7
KOMMODE

Wien um 1825

Nußbaumfurnier auf Blindholz Buche
H. 77   Dm. 109

Inv. MD 034.972

Ehem. Hofmobiliendepot Wien

Die schlichte vierschübige Kommode hat dank einiger
Kleinigkeiten einen besonderen Reiz: die unterste Schublade liegt (scheinbar) nicht auf dem Rahmen auf. Die
Seitenwände haben die gleiche Breite wie die Fußklötze,
sie sind vorne leicht gerundet, die Maserung des Holzes
läuft quer; die Platte ist nach unten abgeschrägt, so
daß ihre Kante ganz dünn ist.

VI/8
TISCH

Wien um 1825

Nußbaumfurnier auf Blindholz Buche
H. 77   Dm. 77

Inv. MD 3952

Ehem. Hofmobiliendepot Wien

Der runde Tisch auf einer Mittelsäule kann als besonders typisches Biedermeiermöbel gelten. Meist ist die Platte
umklappbar, so daß der Tisch, wenn er nicht gebraucht
wurde, platzsparend an die Wand gerückt werden konnte.

VI/10

VI/10   *Abb. Seite 33*
WOHNZIMMER   1836

Franz Maleck

Aquarell   25,8 x 38,1
Sign. u. dat. re. u.: F. Maleck 1836

HM, Inv. Nr. 58.774

VI/11   *Abb. Seite 36*
SCHLAF- UND WOHNZIMMER

Wien, um 1830

Aquarell   19 x 37,5
Bez.: »Mein Zimmer in Wien, von 1825 bis 1837«

HM, Inv. Nr. 62.879

VI/9
SPUCKNAPF

Wien um 1825/1830

Nußbaumholz massiv und auf Weichholz furniert
H. 24,5   Dm. 29

Inv. S 17.254

Ehem. Hofmobiliendepot Wien

Die Phantasie biedermeierlicher Möbelentwerfer zeigt
sich in den zahlreichen Varianten dieser Hygieneobjekte.

VI/12   *Abb. Seite 35*
DAMENZIMMER

Johann Stephan Decker

Aquarell   25,8 x 31,2
Sign. re. u.: St. Decker

HM, Inv. Nr. 9.897

VI/13   *Abb. Seite 38*
ARBEITSRAUM

Mathias Grösser   Wien, 1843

Aquarell   24,7 x 35,3
Sign. u. dat. re. u.: M. Grösser 1843

HM, Inv. Nr. 138.214

VII. WIENER MODE

WIENER MODEKUPFER AUS DER
»WIENER ZEITSCHRIFT FÜR KUNST, LITERATUR,
THEATER UND MODE« 1819—1831

VII/1
DAME IN WEISSEM BATIST-MUSSELINKLEID MIT FLIEDERFARBENEM SPENZER UND STROHHUT   1819

Franz Stöber nach Philipp von Stubenrauch

5. 8. 1819, Nr. 93, Bild XXXI
Kupferstich, koloriert   21,8 x 13,8
Bez.: P. v. St. del. XXXI
Wiener Moden Fr. Stöber sc. $\frac{93}{1819}$

HM, Inv. Nr. M 32.449

Wiener Moden

VII/2

DAME IN GESELLSCHAFTSKLEID IN
ANLEHNUNG AN DAS CACHUCHAKOSTÜM VON
FANNY ELSSLER 1827

Franz Stöber

27. 9. 1827, Nr. 116, Bild XXXIX
Kupferstich, koloriert 21,5 x 13,2
Bez.: XXXIX Wiener Moden Fr. Stöber sc. $\frac{116}{1827}$

HM, Inv. Nr. M 32.493

VII/3

DAME IN PUTZKLEID 1829

Franz Stöber

24. 12. 1829, Nr. 154, Bild LII
Kupferstich, koloriert 22,1 x 13,9
Bez.: LII Wiener Moden Fr. Stöber sc. $\frac{154}{1829}$

HM, Inv. Nr. M 32.521

VII/4

ABENDANZUG MIT »BODENSCHEUEN
HOSEN« 1819

18. 2. 1819, Nr. 21, Bild VII
Kupferstich, koloriert 21,8 x 13,8
Bez.: v. S. del. VII Wiener Moden M sc. $\frac{21}{1819}$

HM, Inv. Nr. M 32.441

VII/5

HERR IN MANTEL MIT FLÜGELN 1829

Franz Stöber

10. 12. 1829, Nr. 148, Bild L
Kupferstich, koloriert 22,1 x 13,9
Bez.: L Wiener Moden Fr. Stöber sc. $\frac{148}{1829}$

HM, Inv. Nr. M 32.519

VII/6

ZWEI HERRENFIGURINEN 1831

Kupferstich, koloriert 13,9 x 21,8
Bez.: Fr. Stöber, sc./ $\frac{30}{1831.}$

HM, Inv. Nr. M 32.549

VII/7 *Abb. Seite 49*

DAME IN MANTEL, HERR IN
TAGESANZUG 1822

Franz Stöber nach Philipp von Stubenrauch

12. 12. 1822, Nr. 149, Bild L
Kupferstich, koloriert 21,7 x 13,7
Bez.: P. v. St. del. L Wiener Moden Fr. Stöber sc. $\frac{149}{1822}$

HM, Inv. Nr. M 32.480

VII/8

DAME IM MORGENANZUG, HERR IM
FRACK 1827

Franz Stöber

31. 7. 1827, Nr. 92, Bild XXXI
Kupferstich, koloriert 21,7 x 13,1
Bez.: XXXI Wiener Moden Fr. Stöber sc. $\frac{92}{1827}$

HM, Inv. Nr. M 32.491

VII/9 *Abb. Seite 49*

DAME IN PELZ VON ENGLISCHGRÜNEM
CASHMIR MIT HERMELIN VERBRÄMT, HERR
IN PELZ-CAPOT VON DOPPELTUCH 1829

Franz Stöber

8. 1. 1829, Nr. 4, Bild II
Kupferstich, koloriert 22 x 13,2
Bez.: II Wiener Moden Fr. Stöber sc. $\frac{4}{1829}$

HM, Inv. Nr. M 32.495

VII/2

VII/3

VII/4

VII/5

VII/6

VII/8

VII/10   *Abb. Seite 51*

BREITRANDIGE SCHUTE   UM 1830

Naturfarbene Strohborten, Haltebänder aus hell-
blauer Seide, verziert mit Tüllspitze und künstlichen
Blumen

HM, Inv. Nr. M 409/1

VII/11   *Abb. Seite 51*

SCHIRM   1. HÄLFTE 19. JH.

Gestrickte Bespannung mit bunten ganzflächig mitge-
strickten Glasperlchen. Seidenfransenverzierung.
Stock aus weiß lackiertem Holz und geschnitztem
Bein

HM, Inv. Nr. M 1.116/1

VII/12   *Abb. Seite 51*

SCHIRM   1. HÄLFTE 19. JH.

Hellbraune Lederbespannung. Lederüberzogener
Stock und Knauf, Lederschlaufe

HM, Inv. Nr. M 2.189

VII/13   *Abb. Seite 50*

BEUTEL   1837

Grünes Seidengarn, gestrickt, Metallringe,
Seidenband, verziert mit silbernen mitgestrickten
Glasperlchen (Bordüre, Schrift: »Mit Gott den
Anfang«)

HM, Inv. Nr. M 9.743/1

VII/14   *Abb. Seite 50*

BEUTELCHEN   UM 1830

Bunte Glasperlchen mit Baumwollgarn verstrickt
bilden Rosenbordüre und Schrift: »mein Denke,
Denke mein«. Band zum Schließen

HM, Inv. Nr. M 9.016/1

VII/15   *Abb. Seite 50*

BEUTELCHEN   1817

Bunte Glasperlchen mit Seidengarn verstrickt bilden
Blumenbordüre, Zahl 1817 und Buchstaben »M F«.
Abschluß durch Perlfransen, Kordel mit Quasten zum
Schließen

HM, Inv. Nr. M 11.042/1

VII/16   *Abb. Seite 50*

FÄCHER   1. VIERTEL 19. JH.

Fächerblatt aus naturweißem Organza und Gaze,
verziert mit gold- und silberfarbenen Pailletten und
Metallstanzformen, Posamenterieborte an der
oberen Fächerkante. Fächergestänge verziert mit
eingelegten Metallplättchen und gold- und silber-
farbener Bemalung

HM, Inv. Nr. M 1.953/1

VII/17   *Abb. Seite 51*

DAMENSPENZER   UM 1830

Rosa Seide, verziert mit Smokteilen, wattiert. Hoch-
geschlossener Spenzer mit rundem Kragen,
eng anliegend, »Schinkenärmeln« und Gürtel

HM, Inv. Nr. M 4.226/1

VII/18   *Abb. Seite 50*

DAMENHANDSCHUHE   UM 1830

Beiger Baumwollzwirn, gestrickt, oberer Rand und
Handrücken verziert mit bunten mitgestrickten Glasperlchen (Bordüre, Blumenmotiv)

HM, Inv. Nr. M 531/1, 2

VII/19   *Abb. Seite 50*

DAMENSTRÜMPFE   UM 1840

Cremefarbene Baumwolle, gestrickt, oberer Rand und
Rist verziert mit bunten mitgestrickten Glasperlchen
(Bordüren, Rosenbouquet)

HM, Inv. Nr. M 556/1, 2

VII/20   *Abb. Seite 50*
STRUMPFBÄNDER   2. VIERTEL 19. JH.

Weißer Seidenatlas bemalt und beschriftet: »Meine
Bitte Ihre Freundschaft«, »Mein Wunsch Ihr Glück«.
Weiße Seidenbänder, verziert mit Rüschen

HM, Inv. Nr. M 577/1, 2

VII/21   *Abb. Seite 50*
STRUMPFBÄNDER   ANFANG 19. JH.

Helles Rauhleder mit Seidenstickerei »Wandle
auf Rosen und Vergißmeinnicht« und rosa Seiden-
bändern

HM, Inv. Nr. M 598/1, 2

VII/22   *Abb. Seite 50*
DAMENSCHUHE   UM 1820—30

Cremefarbener Seidensatin mit cremefarbenen
Kreuzbändern und Ristmasche, gefüttert mit
cremefarbenem Glattleder und Leinen, Ledersohle

HM, Inv. Nr. M 1.282/1, 2

VII/23   *Abb. Seite 50*
DAMENSTIEFELETTEN   UM 1840—45

Schwarzer Seidensatin, seitlich zum Schnüren,
gefüttert mit cremefarbenem Glattleder, Ledersohle

HM, Inv. Nr. M 9.777/1, 2

VII/24   *Abb. Seite 51*
ZYLINDER   UM 1830

Schwarzes »Spanisches Glanzrohr«, Krempe mit
grüner Seide gefüttert
Auf innerer Kopfplatte: »K. k. priviligirte Neuverbeß-
serte Sommer Hüte von Fischbein und Spanisch
Glanzrohr des Anton Dietrich. Wohnhaft außer den
Sach Thor N 1016. die Niederlage ist am Hauptplatz
N 211 in Graz«

HM, Inv. Nr. M 10.474/1

VII/25   *Abb. Seite 51*
HERRENWESTE   UM 1836

Cremefarbene, in sich gestreifte und gemusterte Atlas-
seide, Baumwolle
Vorderteil aus Seide, einreihig geknöpft, mit rundem
Kragen und zwei eingeschnittenen Taschen.
Rückenteil und Futter des Vorderteiles aus Baum-
wolle

HM, Inv. Nr. M 10.529/1

VII/26   *Abb. Seite 51*
HERRENWESTE   UM 1845

Bunter Seidenrips (bedruckt und gewebt), Baumwoll-
chintz, Chiffon
Vorderteil einreihig geknöpft, mit Posamenterie-
knöpfen, rundem Kragen und eingeschnittenen
Taschen. Rückenteil aus hellbraunem Baum-
wollchintz. Futter aus naturfarbenem Chiffon

HM, Inv. Nr. M 4.956/1

VII/27   *Abb. Seite 55*
SPAZIERSTOCK   UM 1820

Schwarzer, polierter Holzstock, Hornspitze, Silber-
knauf mit plastischem Dekor

HM, Inv. Nr. M 4.652/1

VII/28   *Abb. Seite 55*
SPAZIERSTOCK   UM 1840

Hellbrauner, polierter Holzstock, geschnitzter
Elfenbeinknauf und Spitze

HM, Inv. Nr. M 4.650/1

VII/29   *Abb. Seite 55*
SPAZIERSTOCK   UM 1840

Hellbrauner, polierter Holzstock, Elfenbeinknauf,
Quaste, Metallspitze

HM, Inv. Nr. M 12.430/1

VII/30   *Abb. Seite 50*

HERRENHALSBINDE   1. HÄLFTE 19. JH.

Buntgestreifter Wollstoff, gewebt, handgeknüpfte
Fransen an den Enden

HM, Inv. Nr. M 1.368/1

VII/31   *Abb. Seite 50*

HERRENHALSBINDE   UM 1830

Schwarze Seide mit rot-beigem Paisleymuster, gewebt,
Fransen an den Enden

HM, Inv. Nr. M 8.438/1

VII/32   *Abb. Seite 53*

HERRENHAUSKAPPE   1826

Schwarzbrauner Samt, verziert mit bunter Glasperlen-
stickerei und Goldborten

HM, Inv. Nr. M 436/1

VII/33   *Abb. Seite 53*

HERRENHAUSMÜTZE   UM 1840

Blau-schwarz-goldfarbenes Seidengarn, gehäkelt,
geometrischer Dekor, Posamentenknopf aus gold-
farbener Seide in der Mitte

HM, Inv. Nr. M 8.608/1

VII/34

HERRENHAUSMÜTZE   1840

Buntes Seidengarn, gehäkelt

HM, Inv. Nr. M 8.619/1

Nicht abgebildet

VIII. Kunsthandwerk

Glas

VIII/1 *Abb. Seite 182*
Ranftbecher Wien, um 1830

Anton Kothgasser

Farbloses Glas, geschliffen, Gelbbeize, Transparent-
und Goldmalerei H.: 11,1

Wandung und Fußwulst außen und innen vergoldet,
auf der Wandung Darstellung des Stephansdomes
Geschliffener Bodenstern

HM, Inv. Nr. 116.513

VIII/2 *Abb. Seite 180*
Ranftbecher Wien, um 1820/1825

Anton Kothgasser

Farbloses Glas, Emailmalerei H.: 12,1

Auf der Vorderseite der Wandung bunte Darstellung
des Reichskanzleitraktes der Hofburg. Darunter
Beschriftung: »Place de la Cour Imp. le et Roy. le
à Vienne«. Auf der Rückseite der Wandung später
eingeätzt: »Domladisch János 1900 Fiume«

HM, Inv. Nr. 56.249

VIII/3 *Abb. Seite 180*
Ranftbecher Wien, um 1825

Anton Kothgasser

Farbloses Glas, Transparentmalerei, vergoldet H.: 12,2

Auf der Vorderseite der Wandung Darstellung des
Kohlmarktes in ornamentaler Umrahmung. Darunter
Beschriftung: »Vue du Kohlmarkt à Vienne«

HM, Inv. Nr. 116.518

VIII/4 *Abb. Seite 180*
Ranftbecher Wien, um 1830/1835

Anton Kothgasser

Farbloses Glas, Email- und Goldmalerei H.: 12,1

Wandung innen und außen vergoldet, auf der
Vorderseite der Wandung bunte Darstellung des
Josephsplatzes und der Hofbibliothek. Darunter
Beschriftung: »Place de la Bibliotheque I et R et la
Statue / de Joseph II. à Vienne«

HM, Inv. Nr. 56.251

VIII/5 *Abb. Seite 180*
Ranftbecher Wien, um 1820/1825

Anton Kothgasser

Farbloses Glas, Gelbbeize, Transparentmalerei H.: 12

An der Vorderseite der Wandung querrechteckiges
Bildfeld mit Darstellung des Karlsplatzes. Darunter Beschriftung: »L'institut polytechnique et l'eglise
de St. Charles à Vienne«

HM, Inv. Nr. 116.517

VIII/6 *Abb. Seite 180*
Ranftbecher Wien, um 1840

Anton Kothgasser

Farbloses Glas, Emailmalerei, vergoldet H.: 12,5

Wandung und Fußwulst außen und innen vergoldet,
auf der Vorderseite der Wandung querrechteckiges
Bildfeld mit bunter Darstellung von Schloß Schönbrunn, darunter Beschriftung: »Entrée au Château de
Schoenbrunn«

HM, Inv. Nr. 116.512

VIII/2

VIII/3

VIII/4

VIII/5

VIII/6

VIII/7

VIII/10

VIII/11

VIII/7
BECHER   WIEN, UM 1815

Anton Kothgasser

Farbloses Glas, Transparentmalerei   H.: 9,8
Sign.: A. K.

Beschriftung: »Ehret die Männer! Sie sorgen und
heben, jedes Bedürfnis im häuslichen Leben«.
Verziert mit Goldrand und Blumengirlanden sowie
Sonnenblumen, Vergißmeinnicht, Efeuranken und
goldenen Pfeilen

HM, Inv. Nr. 116.472

VIII/9
RANFTBECHER   WIEN, UM 1820

ohne Abb.

Anton Kothgasser

Farbloses Glas, Transparentmalerei   H.: 10,9

Sign.: A. K.
Auf der Vorderseite der Wandung vierblättriges Kleeblatt. Auf den Blättern: »Gesundheit / verlängere /
dein / Leben.«

HM, Inv. Nr. 48.515

Das Glas ist durch seine Schlichtheit besonders reizvoll.
Es gehörte zu den billigsten Erzeugnissen und kostete
zwischen 10 und 12 fl. Derartige Gläser blieben daher in
der Regel unsigniert.
SWu

VIII/10
RANFTBECHER   WIEN, UM 1815/1820

Anton Kothgasser

Farbloses Glas, Transparentmalerei   H.: 10,9

Goldinschrift: »Nur bey und mit Dir«.
Zwei schnäbelnde Tauben in Landschaft, auf der
Rückseite Eierstabborte auf silbergelb gebeizten
Grund, Goldrand

HM, Inv. Nr. 56.244

VIII/8
RANFTBECHER   WIEN, UM 1820

Abb. Seite 182

Anton Kothgasser

Farbloses Glas, Transparentmalerei   H.: 11

Um den Mundrand breite Bordüren aus Rosen, Vergißmeinnicht sowie goldenen Pfeilen dazwischen.
Darunter die Aufschrift auf silbergelbem Fond: »Ehret
die Frauen! Sie flechten und weben, himmlische
Rosen ins irdische Leben«.

HM, Inv. Nr. 116.444

*»Ehret die Frauen! Sie flechten und weben
himmlische Rosen ins irdische Leben,
flechten der Liebe beglückendes Band,
und in der Grazie züchtigem Schleier
nähren sie wachsam das ewige Feuer
schöner Gefühle mit heiliger Hand.«*
   Dieses bereits 1795 entstandene und durch theoretische
Schriften Alexander von Humboldts angeregte Gedicht
Friedrich Schillers erfreute sich in der Zeit nach 1800
größter Beliebtheit und wurde — so wie auf Glas — unzählige Male zitiert. Dieses Glas ist in mehrfachen Varianten erhalten.
SWu

VIII/11
RANFTBECHER   WIEN, UM 1820

Anton Kothgasser

Farbloses Glas, Transparentmalerei   H.: 11,8

Sign. (unterhalb der Kanneluren): A. K.
An der Wandung Darstellung eines Flöte spielenden
Knaben im Käfig in Landschaft. Darunter Auf-
schrift: »Toujours également tranquille«

HM, Inv. Nr. 56.238

Amor erscheint hier gefangen und seiner Attribute be-
raubt, trotzdem Flöte spielend. Ob Darstellung und Wahlspruch »Immer gleich ruhig« als Anspielung auf die
politischen Umstände der Ära Metternich gemeint waren
bzw. auch verstanden werden sollten, bleibt unklar und
eher unwahrscheinlich.
SWu

Kat. VIII/1

Kat. VIII/8

Kat. VIII/18

Kat. VIII/30

Kat. VIII/31

Kat. VIII/33

VIII/12   *ohne Abb.*

RANFTBECHER   WIEN, UM 1820

Anton Kothgasser

Farbloses Glas, Transparentmalerei   H.: 10,9

Mundrand vergoldet, an der Wandung Darstellung
eines einzelnen Goldfisches

HM, Inv. Nr. 65.844

Der einzelne Goldfisch ist wohl als Symbol der Einsamkeit verwendet.
SWu

VIII/13

PORZELLAN

VIII/13
SCHALE MIT UNTERTASSE

Wiener Porzellanmanufaktur   1822

Porzellan, bemalt, Goldmalerei
Schale: H.: 7,5 / Dm.: 9 / Untertasse: Dm.: 15,6

Auf der Schale buntes Bildfeld mit Ansicht
des Grabens in Wien. Auf der Unterseite der Schale
Beschriftung: »Vue de la Place dite Am Graben
à Vienne«

HM, Inv. Nr. 114.944

VIII/15

VIII/14   *ohne Abb.*
SCHALE MIT UNTERTASSE

Wiener Porzellanmanufaktur

Porzellan, bemalt, teilweise vergoldet
Schale: H.: 8,9 / Untertasse: Dm.: 15,2

Bindenschild. Schale mit Ansicht von Schloß
Schönbrunn

HM, Inv. Nr. 146.505/1—2

VIII/15
SCHALE MIT UNTERTASSE

Wiener Porzellanmanufaktur   1838

Porzellan, bemalt, teilweise vergoldet
Schale: H.: 10,1 / Untertasse: Dm.: 15,3

Weißer Bindenschild, Jahresstempel 838
Schale und Untertasse mit Ansicht des
Michaelerplatzes in Wien

HM, Inv. Nr. 23.782

VIII/16

VIII/17

VIII/16

SCHALE MIT UNTERTASSE

Joseph Claas

Wiener Porzellanmanufaktur   um 1813

Porzellan, bemalt
Schale: H.: 7,3 / Dm.: 8,5 / Untertasse: Dm.: 15,1
Unterglasurblauer Bindenschild, Jahresstempel 813,
Maler-Nr. 138 (= Joseph Claas)

Schale innen vergoldet, mit Aufschrift: »L'été / et /
l'hiver / Amitié (dasselbe Wort noch einmal in
Spiegelschrift) / de près et de loin.«
Auf der Untertasse: »à / la mort / et à / la vie«
Schale und Untertasse mit antikisierendem Golddekor
und floralen Motiven

HM, Inv. Nr. 116.548

VIII/17

SCHALE MIT UNTERTASSE

Johann Marenzeller

Wiener Porzellanmanufaktur   1815

Porzellan, bemalt
Schale: H.: 7,3 / Dm.: 7,1 / Untertasse: Dm.: 13,8
Unterglasurblauer Bindenschild, Jahresstempel 815,
Maler-Nr. 54 (= Johann Marenzeller)

Schale außen und innen vergoldet, bemalt mit Stiefmütterchen und Maiglöckchen

HM, Inv. Nr. 116.546

VIII/18

Abb. Seite 182

SCHALE MIT UNTERTASSE

Johann Wollein

Wiener Porzellanmanufaktur   1815/1816

Porzellan, bemalt
Schale: H.: 10,9 / Dm.: 9,2 / Untertasse: Dm.: 15,2
Unterglasurblauer Bindenschild, Jahresstempel 815,
auf der Unterseite der Untertasse beschriftet: »Joh.
Wollein. 1816«

Schale und Untertasse mit Wiesenblumen bemalt, auf
der Vorderseite Medaillon mit Blumenbouquet
aus Rosen, Vergißmeinnicht, Stiefmütterchen, Erdbeer-
früchten, usw.

HM, Inv. Nr. 56.260

Johann Wollein jun. war in der Zeit von 1798−1817 an der
Wiener Porzellanmanufaktur als Buntmaler tätig (Maler-
Nr. 52).

VIII/19

SCHALE MIT UNTERTASSE

Johann Fiala

Wiener Porzellanmanufaktur   1821

Porzellan, bemalt
Schale: H.: 10,4 / Dm.: 9,1 / Untertasse: Dm.: 16,3
Unterglasurblauer Bindenschild, Jahresstempel 821,
Maler-Nr. 21 (= Johann Fiala)

Hellgraublauer Fond, Golddekor, an der Wandung
Bildfeld mit der Darstellung spielender Kinder

HM, Inv. Nr. 143.740

VIII/20

SCHALE MIT UNTERTASSE

Wiener Porzellanmanufaktur   1836

Porzellan, bemalt
Schale: H.: 7,5 / Dm.: 8,9 / Untertasse: Dm.: 15,1
Bindenschild, Jahresstempel 836 (?), eingepreßt 12, 216

Auf der Wandung Porträt Kaiser Ferdinand I.,
blauer Fond, Golddekor

HM, Inv. Nr. 27.097

VIII/21

SCHALE MIT UNTERTASSE

Wiener Porzellanmanufaktur   1826/1827

Porzellan, bemalt
Schale: H.: 10,5 / Untertasse: Dm.: 9,3
Bindenschild, Jahresstempel

Auf der Wandung der Schale Darstellung Rudolf von
Habsburgs. Schale und Untertasse vergoldet

HM, Inv. Nr. 27.098/1, 2

SILBER

PERLMUTT

GLÜCKWUNSCHKARTEN

VIII/22

KANNE IN VASENFORM MIT SCHNABELAUSGUSS

Wien   1817

Silber, graviert   H. 31,6   Dm. 11,2

Bez.: Wiener Punze 1817, Meisterzeichen AK
(= vermutlich Anton Killitschgy, Meister von
1792—1821), Vorratsstempel 1807—1824
Gravierte Ornamentik, ineinander verschlungene
Buchstaben CB, darüber fünfzackige Krone. Am
Fußrand eingraviertes Monogramm: B. H. A.

HM, Inv. Nr. 71.084

VIII/23

HANDLEUCHTER

Meister AH u. WM

Wien   1832

Silber, getrieben, teilweise gegossen
H.: 6,4 / 12 x 7,8
Feingehaltspunze, MZ: AH u. WM

HM, Inv. Nr. 71.089

VIII/24

SALZ- UND PFEFFERGARNITUR

Meister FK

Wien   1816/1817

Silber mit trassiertem und gegossenem Dekor
H.: 9,8 bzw. 9,9 / Dm.: 6,5 bzw. 6,9

Feingehaltspunze, Meisterzeichen FK, Taxfreistempel,
Vorratsstempel

HM, Inv. Nr. 71.469—71.470

VIII/25

BESTECK

Meister AR

Wien   1848

Silber mit gepreßtem Dekor
Gr. Löffel: L.: 21,5
Kl. Löffel: L.: 15,5
Messer: L.: 25,5
Gabel: L.: 21,3
Feingehaltspunze, MZ: AR

HM, Inv. Nr. 49.832

Vierteilige Bestecke für eine Person
wurden um die Mitte des 19. Jhs.
in Wien gerne als Taufgeschenk gegeben.

VIII/26
GEDECKELTE ZUCKERDOSE

Alexander Benkovits

Wien   1846

Silber getrieben, innen vergoldet
H.: 13,5 / 14,5 x 10,5
Feingehaltspunze, MZ: AB
Auf dem Schloß eingraviertes
Monogramm: »D. F.«

HM, Inv. Nr. 96.417

VIII/27
BECHER

Meister CS

Wien   um 1825

Silber gepreßt, innen vergoldet
H.: 8,5 / Dm.: 7
Feingehaltspunze, MZ: CS

HM, Inv. Nr. 71.468

VIII/28
RASIERBECKEN

Franz Wallnöfer

Wien   1821

Silber getrieben   5,2 x 23,7 x 17,7
Feingehaltspunze
MZ: Wallnöfer Vorratsstempel

HM, Inv. Nr. 49.702

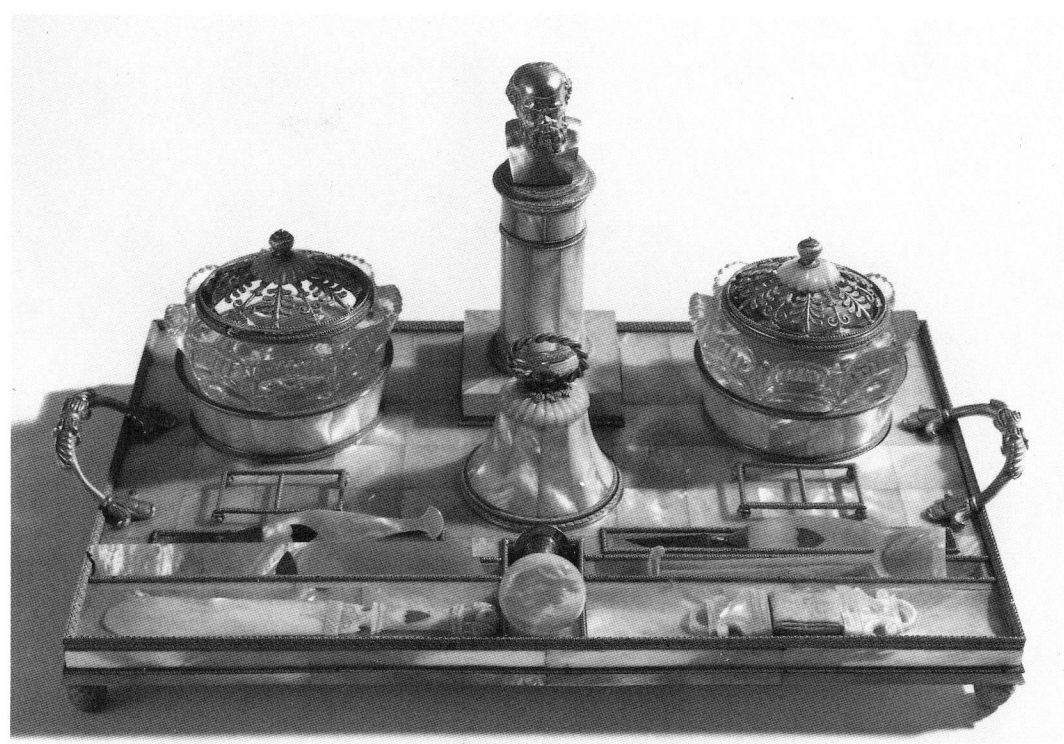

VIII/29

SCHREIBSEKRETÄR-GARNITUR

Wien   1825/1830

Holz, Perlmutter, Bronze, bestehend aus: Tasse für: Tintenfaß, Streusanddose mit Schaufel (beide in schaffartigen Untersätzen), Tischglocke, Leuchter mit abnehmbarer Bronzebüste des Sokrates, Parfümfläschchen im Schaft, kleine Schublade im Fußsockel, Lineal, Falzmesser, 2 Radiermesser, Tintenwischer in grüner Kassette   14,5 x 43,5 x 28,2

HM, Inv. Nr. 47.667

VIII/30   *Abb. Seite 183*

LICHTSCHIRM MIT DOCHTSCHERE

Wien   um 1825

Messing, Perlmutter, bemalt, Schirm (mit Fuß)
H.: 38 / B.: 31
Tasse: 19,3 x 16,5 x 3,2
Schere: L.: 16,1
Bemalung bez.: Mahlknecht

Lichtschirm aus Perlmutter mit der Darstellung: »Das neue Burgthor . . .« und »Spinnerin am Kreuz«.
2 Kerzenleuchter aus Messing, Tasse mit Perlmutterplatten belegt, darauf Dochtschere

HM, Inv. Nr. 159.465

VIII/31   *Abb. Seite 183*

KOMMODENSTANDUHR

A. Olbrich

Wien   um 1835/1840

Holz, Perlmutter, Glas, Blech   34 x 24,6 x 24
Bez.: »A. Olbrich / in Wien«

Darstellung der Alt-Wiener Vergnügungsstätte Tivoli aus Holz mit Perlmutterplatten belegt. Auf viereckigem Sockel Aufbau in drei Abteilungen: Rundbahn mit zwei Wägelchen mit Unterfahrt des Gebäudes, Aufgang mit Gasttischen, Säulenhalle und Dachterrasse mit Uhr. Figuren aus Blech

HM, Inv. Nr. 56.452

VIII/32 ohne Abb.

TEEBEHÄLTER

Wien um 1825/1830

Wurzelmaserholz, vergoldete Bronzemontierung, Glas
H.: 16,5 / Dm.: 9,5

Mit Aquarell von Balthasar Wigand:
»Wien von Galizinberg«

HM, Inv. Nr. 194.955

VIII/33 Abb. Seite 183

BRIEFKASSETTE

Balthasar Wigand

Wien um 1825

Perlmutter auf Holz, Leder (Balgen und Falttasche an
der Innenseite), Seidenfutter 4,7 x 33,5 x 22,3

Die Gouachen beschr. Mi. u.: »Vienne du côté
d'Heiligenstadt«, »Vue de Schönbrun«
re. u.: »Vienne de Spinnerin am Kreutz«
li. u.: »St. Helene près de Baden«

HM, Inv. Nr. 114.701

VIII/34 ohne Abb.

NECESSAIRE

Balthasar Wigand

Wien um 1825

Holz mit Lederüberzug, Stahl- und Perlmutter-
montierung, Moiréseide 7 x 32 x 23
Zwei Gouachen: 10,3 x 19,9 (als Deckelverzierung),
5,6 x 10,9 (im Einsatz)
Die Gouachen beschr. Mi. u.: »der Weg von Dornbach
nach Wien«
»St. Helena bey Baden«
Sign. re. u.: Wigand

HM, Inv. Nr. 163.803

Zur Ausstattung der besonders kostbar ausgeführten Kassette gehört ein auf der Deckelinnenseite angebrachter
Steckkalender, die übrige Einrichtung mit Nähutensilien
ist unvollständig.

VIII/35

»Drey Blümchen deutungsvollen Sinn /
Nimm hier zum Angebinde hin ...«

Glückwunsch-Zugkarte

kolorierter Stich 9,2 x 7,9

HM, Inv. Nr. 47.874/81

VIII/36

»Ich lese in den Sternen klar, /
Was Dir bestimmt ist dieses Jahr —«

Glückwunsch-Zugkarte
Wien, H. F. Müller Nr. 366

kolorierter Stich 8,6 x 6,8

HM, Inv. Nr. 47.874/143

VIII/37

»Das Sinnbild der Liebe, das Sinnbild der
Freude, / Ich sende in goldenen Körbchen
Sie beyde; / Doch schaffen sie dann nur
ein daurendes Glück, / Bewacht sie die
Treue mit freundlichem Blick.«

Glückwunschkarte um 1830
geprägtes Papier mit kolorierten Applikationen
8 x 6,3

HM, Inv. Nr. 96.451/2

VIII/38

»Wie schön ist das Leben, wie herrlich die
Welt, / Durchlebe sie glücklich, von Freude
beseelt! / Und sollte ein Wunsch für mich
übrig noch seyn, / Der Besitz Deiner
Freundschaft wär' es allein.«

Kunstbillet von Josef Endletsberger, 1825/1830
Papierapplikationen auf Gaze-Hintergrund, koloriert;
geprägter Goldpapierrahmen 7,6 x 8,9
Monogr. re. u.: IE.

HM, Inv. Nr. 31.402

Drey Blümchen deutungsvollen Sinn
Nimm hier zum Angebinde hin.
Das Erste spricht:(hier must Du ziehen)

Das Zweyt' und Dritte aber spricht:

Gesund wie diese sollst Du blühen

Ich denke Dein

Vergiß mein nicht

VIII/35

Wie schön ist das Leben, wie herrlich die Welt, Durchlebe sie glücklich von Freude beseelt:
Und sollte ein Wunsch für mich übrig noch seyn, Der Besitz deiner Freundschaft wär es allein.
I.E.

VIII/38

Ich lese in den Sternen klar,
Was Dir bestimmt ist dieses Jahr —

No 366.   Wien bey H.F. Müller.

VIII/36

Brüderlein fein! Brüderlein fein! Imer sollst du glücklich seyn!
Wem niemahls froher Muth gebricht, Bleibt ewig jung und altert nicht.
I.E.

VIII/39

Das Sinnbild der Liebe, das Sinnbild der Freude,
Ich sende in goldenen Körbchen sie beyde;
Doch schaffen sie dann nur ein daurendes Glück,
Bewacht sie die Treue mit freundlichen Blick.

VIII/37

Florens und Fortunens Gaben
Erfreuen Auge, Herz und Mund,
Doch die schönste aller Gaben
Ist der Freundschaft fester Bund.

VIII/40

◁ VIII/39

SZENE AUS »DER BAUER ALS MILLIONÄR«
MIT F. RAIMUND ALS »FORTUNATUS
WURZEL« UND THERESE KRONES ALS
»JUGEND«
»Brüderlein fein! Brüderlein fein! / Immer
sollst du glücklich seyn! / Wem niemals
froher Muth gebricht, / Bleibt ewig jung
und altert nicht.«

Glückwunschkarte um 1835
Plastischer kolorierter Prägedruck mit ausge-
schnittenen Konturen und Gaze-Hintergrund nach
dem Blatt von Schoeller (vgl. Kat. Nr. IV/20),
geprägter Goldpapierrahmen 6,5 x 8
Monogr. re. u.: IE.

HM, Inv. Nr. 108.938

◁ VIII/40

»Florens und Fortunens Gaben / Erfreuen
Auge, Herz und Mund, / Doch die
Schönste aller Gaben / Ist der Freundschaft
fester Bund.«

Glückwunschkarte
Applikationen aus Stoff und Papier auf Gaze-Hinter-
grund, geprägter Goldpapierrahmen 8,4 x 10
Monogr. re. u.: E.

HM, Inv. Nr. 164.210

VIII/41

»Ich wünsche Ihnen — mir«

Glückwunsch-Zugkarte
Wien, H. F. Müller Nr. 73

kolorierter Stich 10 x 8,8

HM, Inv. Nr. 47.790

VIII/42

»Dich stets froh und glücklich zu sehen ist
Deines wahren Freundes Wunsch«

Zug-Hebel-Karte

kolorierter Stich 9,5 x 6,9

HM, Inv. Nr. 48.571

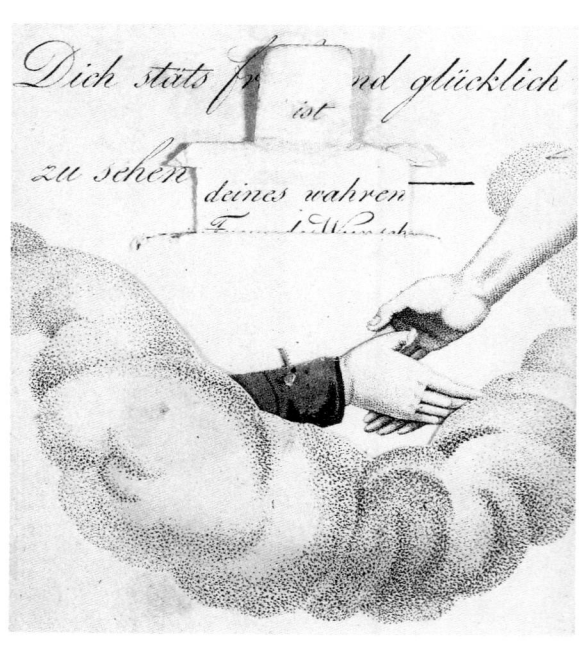

IX. MALEREI UND AQUARELL

IX/1

Abb. Seite 59

JOSEF DANHAUSER

Das Kind und seine Welt, 1842

Öl auf Holz   22,6 x 29
Monogr. u. dat. (auf der Spielzeugschachtel): J. D. 842

HM, Inv. Nr. 16.640

Die Komposition, von der mehrere Fassungen existierten, zeigt im Gegensatz zu dem thematisch verwandten »Kind auf der Trommel« (Wien, Privatbesitz) eine Klärung und Verdichtung der Aussage bis ins Allegorische. Zwanglos, mit sparsamen Mitteln, mit Versatzstücken aus der Welt der Erwachsenen sowie mit »naturalistisch« angeordneten Spielsachen und dem Hund wird hier das Kind als Zentrum einer eigenen, den Künstler immer wieder beschäftigenden Welt hervorgehoben.
HB

IX/2

JOSEF DANHAUSER

Der Augenarzt, 1837

Öl auf Leinwand   94 x 125
Sign. u. dat. li. u.: Pepi Danhauser 1837

HM, Inv. Nr. 48.679

Die Szene zeigt als Mittelpunkt den Augenarzt Dr. Friedrich Jäger von Jaxtthal (1784–1871), welcher als bedeutender Operateur dem Extraktionsverfahren des Grauen Stars und dem Linearschnitt die ihm heute noch zukommende Bedeutung verschaffte. Das bürgerliche Ambiente, die Darstellung der Familie, besonders der Kinder, bringen die im Sinne des Biedermeier erwünschte intime Note in das an sich dramatische Geschehen (dem Patienten wurde gerade die Binde von den Augen genommen, jetzt erweist es sich, daß er wieder sehen kann).
SW

Lit.: Josef Danhauser, Ausstellungskatalog Graphische Sammlung Albertina 1983, Nr. 30.

IX/3   *Abb. Seite 16*
FRIEDRICH VON AMERLING

Bildnis Kaiser Franz I.

Öl auf Leinwand   30 x 22

Privatsammlung

Vermutlich erste Ideenskizze zu zahlreichen Porträts
Franz I., die Amerling zwischen 1832 und 1836 schuf. Die
vorliegende Studie entspricht in Ausdruck und Form
wohl am nächsten dem »Brustbild en face in schwarzem
Zivilrock« von 1832

Lit.: Thomas Le Claire, »Ansichten menschlicher Köpfe«, Hamburg 1989

IX/4
MICHAEL NEDER

Die Heimkehr vom Felde, 1829

Öl auf Leinwand   42,5 x 52,5
Monogr. u. dat. (unter dem Torbogen): MN. 29

HM, Inv. Nr. 47.929

IX/5
PETER FENDI

Das Milchmädchen, 1830

Öl auf Holz   21,6 x 29

HM, Inv. Nr. 13.275

Widmung Fürst Johann II. von und zu Liechtenstein,
1894
   Noch stärker als im thematisch verwandten »Mädchen
vor einem Lotterie-Gewölbe« (Wien, Österreichische
Galerie) wird im »Milchmädchen« die menschliche
Einzelgestalt zu einer dem Alltag entnommenen Allegorie
der Einsamkeit. Das Aufzeigen des Alleinseins im
Unglück wird nun, draußen in der Landschaft — ohne
»bergende« Mauern —, noch verdeutlicht. Die
Stadt (Wien) mit ihren vielen Menschen liegt im
fernsten Hintergrund.
HB

IX/6
Peter Fendi

Traurige Botschaft, 1838

Öl auf Holz   36,8 x 30
Sign. u. dat. re. u.: Fendi. 1838

HM, Inv. Nr. 10.144

Widmung Fürst Johann II. von und zu Liechtenstein, 1894

   Der Infanterist in voller Uniform, der kurz zuvor die bescheidene Stube betreten hat, hält Säbel, Tschako, Feldbinde und Uniform des gefallenen Offiziers in seinen Händen und beugt sich dabei zu der jungen Frau herab. Diese sitzt zusammengesunken, mit ihrem schlafenden Säugling am Schoß, und verhüllt mit beiden Händen ihr Gesicht, die Haare fallen dabei vornüber. Neben dem Säugling liegt ein geöffneter Brief, wohl die letzten Zeilen ihres gefallenen Mannes. Hinter der ihre Trauer nicht verbergenden Offizierswitwe steht ihr kleiner Sohn und blickt fasziniert auf die Uniform des Besuchers. Offensichtlich möchte auch er Soldat werden und könnte somit enden wie der Vater. In einer Aquarellstudie (Albertina, Inv. Nr. 25.468) ist dieses Element noch nicht vorhanden, der Bub steht dort schluchzend hinter der Mutter. Eine weitere Aquarellfassung befand sich ehem. in der fürstlichen Liechtensteinschen Gemäldegalerie. Das Ölbild wurde von Faust Herr lithographiert.

Ein Sujet aus dem Soldatengenre bildet im Œuvre Fendis eher die Ausnahme; reine Soldatenszenen, wie bei seinem Schüler und Freund Carl Schindler, sind außer in dem Aquarell »Französisches Biwak« (Albertina) kaum zu finden. Im gegebenen Fall oder auch bei dem Bild »Die arme Offizierswitwe« (Wien, Österreichische Galerie) handelt es sich eher um Schilderung der Kehrseiten des farbenprächtigen Soldatentums, um Darstellung der schlechten sozialen Lage der hinterbliebenen Familien. Maßstäbe des Realismus mit kritischem Anklagen, historisch erst später einsetzend, dürfen dabei nicht gesetzt werden; das Thematisieren allein bedeutet Stellungnahme. Eine inhaltliche Parallele und möglicherweise auch Anregung stellt ein 1799 in London herausgegebener Punktierstich nach einer Arbeit von Henry Singleton (1766–1839) dar: »The Absent Father or The Sorrows of War« (Ein Soldat liest einer Frau mit 2 kleinen Kindern die Nachricht ihres Mannes vor).
SKB

Lit.: Ausstellungskatalog 1963, Österreichische Galerie, P. Fendi, Nr. 48.

IX/7 ▷

FERDINAND GEORG WALDMÜLLER

Familie Gierster, 1838

Öl auf Leinwand   174 x 143
Sign. u. dat. li. u.: Waldmüller/1838

HM, Inv. Nr. 73.050

Josef Leopold Gierster (1800–1863) war Bürger und Hausinhaber in Wien, Brauhaus- und Landwirtschaftsbesitzer und außerdem k. k. Hofbrauer, Ortsschulaufseher in Gaudenzdorf (heute zum 12. Wiener Gemeindebezirk gehörend), Mitglied vieler Kunst- und humanitärer Vereine und 1848 Hauptmann der Nationalgarde in Gaudenzdorf. Der Schwerpunkt seiner Tätigkeit fällt allerdings erst in die Jahre 1850 bis 1861, als er als erster Bürgermeister von Gaudenzdorf wirkte. — Waldmüllers qualitätvolles, bislang noch wenig bekanntes Familienbild zeigt Gierster gemeinsam mit seiner Frau Katharina (geb. 1798) und den Söhnen August (1828–1865) und Josef (geb. 1834), weiters mit den Töchtern Karoline (1836–1877), Katharina und Elisabeth. Nachträglich ließ Gierster auf seiner Uniform einen von Kaiser Franz Joseph I. gestifteten Orden mit dessen Wahlspruch »Viribus Unitis« malen.
SW/RKM

Lit.: Meidling. Der 12. Wiener Gemeindebezirk in Vergangenheit und Gegenwart, Wien 1930, S. 252f.

IX/8 ▷▷

FERDINAND GEORG WALDMÜLLER

Junge Dame am Toilettentisch, 1840

Öl auf Holz   39,5 x 30,9
Sign. u. dat. Mi. re. (am Sockel der Statuette): Waldmüller 1840

HM, Inv. Nr. 10.126

Widmung Fürst Johann II. von und zu Liechtenstein, 1894

Waldmüller tendierte bei seinen Porträts junger Frauen zu einer besonders pointierten Erfassung modischer Details, wie Frisur, Schmuck, Kleidung. Die materiellen Oberflächenreize ergaben sich schon aus der Herkunft der Dargestellten aus Adel und Großbürgertum. So sind der Tisch, das reichgerahmte Damenporträt, die Silbervase oder die klassizistische Marmorgruppe, eine »Apotheose Homers« darstellend, typische Versatzstücke gehobener Wohnkultur.
RKM

IX/7

IX/8

Ferdinand Georg Waldmüller

Die Gratulation zu Großvaters Geburtstag, 1845

Öl auf Holz   58,5 x 79,5
Sign. u. dat. re. u.: Waldmüller 1845

HM, Inv. Nr. 28.555

In diesem klassisch komponierten Genrebild erscheinen
drei Generationen im friedlichen Nebeneinander.
Hauptpersonen des vielfigurigen Bildes sind das gratu-
lierende Kind und der Großvater, Sinnbild eines
erfüllten Lebens. Dieses Thema spielte auch in der
zeitgenössischen Literatur eine wichtige Rolle. Mit Hilfe
von naturalistischen Mitteln suchte Waldmüller eine
wahrheitsgetreue Darstellung des Bildthemas. Im unver-
fälschten Bauernleben enthüllte sich für ihn eine
moralische Kraft, die »verbessernd und veredelnd«
wirken sollte. Somit verlor er in diesem Genre
weitgehend jene Objektivität, die seine Porträts und
Landschaften kennzeichnet.
RKM

Lit.: M. Buchsbaum, F. G. Waldmüller, Salzburg 1976, S. 127 ff.

Friedrich Gauermann

Ein Alpenschiff im Sturm, 1834

Öl auf Leinwand   74 x 94,8
Sign. u. dat. li. u.: F. Gauermann/1834

HM, Inv. Nr. 18.748

1901 Widmung der Witwe Nikolaus Dumbas, Marie
1834 notiert Gauermann (1807—1862) in seinem
Einnahmebuch den Großindustriellen und Kunstmäzen
Rudolf von Arthaber als Käufer seines neuen Bildes.
Ein Bericht über die Ausstellung dieses Werkes 1835 in
der Akademie veranschaulicht, was das Publikum
an Gauermanns virtuosen alpinen Genrestücken so
entzückte:
»Der Sturm auf dem Gebirgssee ist von einer unbe-
schreiblichen Wirkung und bezauberte Jedermann.
Die Windsbraut treibt die wild aufgeregten Wogen
himmelan, und dunkle Wetterwolken scheinen sich mit
ihnen zum Untergang eines Schiffes, mit Thieren
beladen, zu verbinden, das von fester Hand geleitet dem
sichern Hafen zueilt.
Das scheue Roß, von einem Blitze geschreckt, sucht
dem engen Raume zu entspringen; furchtlos blickt das
Kalb in die empörten Wogen gleich als ob es die Gefahr
nicht ahnte, und trotzig steht der Stier, seine Wildheit
bekämpfend, wo ein sicherer Untergang droht.
Der Ausdruck bey diesen Thieren verräth tiefes, man
kann sagen, psychologisches Studium, und das Ganze ist
mit einer Wahrheit aufgefaßt und wiedergegeben, die zur
Bewunderung hinreißt.
Die glatte glänzende Behandlung der Thiere, die vom
Regen genäßt, und vom Blitzstrahl beleuchtet erscheinen,
beweist, daß der Künstler nichts vergaß, uns ein treues
Bild des Lebens zu liefern.«
Gauermanns Arbeitsmethode unterschied sich wesentlich von der Waldmüllers, der direkt vor der Natur malte,
während Gauermann auf seinen Reisen in die Alpen-
länder nur Feder- und Ölskizzen anfertigte. Dieser Motiv-
fundus wurde erst im Atelier zu den effektvollen Schau-
stücken kompiliert.
RKM

Lit.: Wiener Chronik für Kunst, Literatur, Statistik und Tages-
ereignisse. In: F. Pietznigg, Mittheilungen aus Wien, 1835,
Juni-Heft, S. 197 f. (Zitat). R. Feuchtmüller, F. Gauermann, Rosenheim 1987.

IX/11

IGNAZ RAFFALT

Sommerliche Landschaft nach dem Regen, 1848

Öl auf Leinwand   42,5 x 52,5
Sign. u. dat. li. u.: Raffalt/1848

HM, Inv. Nr. 30.662

Ignaz Raffalt (1800—1875) erhielt seine Ausbildung
zwischen 1820 und 1825 an der Wiener Akademie. Lebte
in Kärnten und Steiermark, seit 1839 in Wien. Raffalts
Spezialität waren Regenlandschaften.

IX/12

FERDINAND GEORG WALDMÜLLER

Die Alpenhütte auf der Hoisenradalm bei Ischl gegen den Schönberg, 1834

Öl auf Holz   31,3 x 26
Sign. u. dat. Mi. re.: Waldmüller 1834

HM, Inv. Nr. 10.130

Widmung Fürst Johann II. von und zu Liechtenstein,
1894

IX/13

FERDINAND GEORG WALDMÜLLER

Die Traun bei Ischl, 1835

Öl auf Holz   31,3 x 26,3
Sign. u. dat. re. u.: Waldmüller/1835

HM, Inv. Nr. 8.152

Widmung Fürst Johann II. von und zu Liechtenstein, 1894

Waldmüller verbrachte viele Sommer in Bad Ischl, um diese großartige Landschaft zu malen. Im Gefolge der Künstler, die zu Beginn des 19. Jahrhunderts das Salzkammergut als Szenerie entdeckt hatten, zog es damals auch die Wiener Gesellschaft vermehrt nach Ischl. Schließlich schenkte 1854 Erzherzogin Sophie Kaiser Franz Joseph I. die Villa des Wiener Notars Dr. Josef August Eltz, dessen Familie Waldmüller 1835 vor der Ischler Landschaft porträtiert hatte, und machte diesen Ort zur bekanntesten Sommerfrische der Monarchie.
RKM

IX/14

FERDINAND GEORG WALDMÜLLER

*Der Dachstein mit dem Hallstätter See von der Hütten-
eckalpe bei Ischl, 1838*

Öl auf Holz   45,5 x 57,5
Sign. u. dat. Mi. u.: Waldmüller 1838

HM, Inv. Nr. 8.151

Widmung Fürst Johann II. von und zu Liechtenstein,
1894

Die Romantiker entdeckten die alpine Bildwelt,
besonders das Salzkammergut, als Bildthema, blieben
in ihren Darstellungen aber subjektiv und idealistisch.
Waldmüller hingegen, der ab 1830 bis in die vierziger
Jahre regelmäßig nach Ischl kam, ging es um die objektive Naturwiedergabe. Im Vergleich zum Porträt und dem
Genrebild kam sein Realismus im Landschaftsbild am
reinsten zur Geltung. Hinsichtlich Ausgewogenheit
des Bildausschnittes und Oberflächenschmelz ist es ein
Hauptwerk der biedermeierlichen Landschaftskunst.
RKM

IX/15

JOHANN NEPOMUK ENDER

Selbstbildnis mit Braut, 1817

Aquarell   13,5 x 10,5
Sign. u. dat. Mi. re.: Joh. Ender/pix. (sic!)/1817

HM, Inv. Nr. 138.321

J. N. Ender (1793—1854) war ein wichtiger Porträtist seiner
Zeit für Hochadel und Großbürgertum. Diese in der
Auffassung sehr private und intime Darstellung zeigt ihn
mit seiner Verlobten Elisabeth Rosalia Stöber.
SW

IX/16

JOSEF KRAFFT

Julie Krafft (1821—1903), um 1826

Aquarell, Dm. 9
Beschriftet auf der Rückseite: Josef Kraft gemalt

HM, Inv. Nr. 94.460

Josef Krafft (1787—1828), Bruder des Historienmalers
Johann Peter K. (1780—1856), porträtierte hier seine etwa
fünfjährige Nichte Julie, welche sich später ebenfalls
als Malerin betätigte und 1842 den Historiker und Archi-
var Johann Paul Kaltenbaeck (1804—1861) heiratete.
SW

Lit.: Ausstellungskatalog »Wien 1800—1850. Empire und Biedermeier«, Historisches Museum der Stadt Wien 1969, Nr. 489
(mit falsch angegebener Inventarnummer).

IX/17

MORITZ MICHAEL DAFFINGER

Selbstbildnis, um 1828

Ölmalerei auf Elfenbein   10,7 x 8,5

HM, Inv. Nr. 104.186

IX/18

FERDINAND GEORG WALDMÜLLER

Selbstbildnis, 1828

Aquarell   15,5 x 11,5

HM, Inv. Nr. 56.223

Die kaum bekannte Miniatur ist eine Variante
(Vorstudie?) des 1828 entstandenen Selbstbildnisses
(Wien, Österreichische Galerie).
SW

IX/21

JOSEF NIGG

Großes Blumenstück

Aquarell 50,9 x 35,8

HM, Inv. Nr. 116.020

Die Komposition ist eine freie Zusammenstellung der
nicht zu gleicher Zeit blühenden Pfingstrose, Edel-
rose, Mohnblume, Primel, Hyazinthe, Rittersporn, Garten-
nelke und Purpurwinde.
　Josef Nigg (1782—1863) war Schüler von Johann Baptist
Drechsler. Er wurde ständiger Mitarbeiter der Porzellanmanufaktur und dortiger Lehrer für Blumenmalerei
für die Manufaktureleven.
HB

IX/19

Gefranste Tulpe

Aquarell 29,8 x 22,5
Beschr. re. u. fälschlich: Daffinger

HM, Inv. Nr. 100.666/1

IX/20

SEBASTIAN WEGMAYR

Rosenstudie, um 1817

Aquarell 33,4 x 23,4

HM, Inv. Nr. 46.944/25

IX/21

IX/22

S<small>EBASTIAN</small> W<small>EGMAYR</small>

Kirschen, um 1817

Aquarell   35,5 x 24

HM, Inv. Nr. 46.944/37

X. REVOLUTION UND REAKTION

X/1

Abb. Seite 26

CHOLERASCHUTZMASSNAHMEN 1831

Anonyme Karikatur

Bleistiftzeichnung, aquarelliert 32 x 46,7
Is.: »So ausgerüstet, und so versehen, ist man sicher,
die Cholera — am Ersten zu bekommen.«
Mit handschriftlichem Zensurvermerk

HM, Inv. Nr. 31.741

Es handelt sich um die Vorzeichnung für die noch 1831
erschienene Kreidelithographie. Der Zensor Franz Sartori
vermerkte am 18. November 1831 »Excudatur jedoch
nicht auszuhängen«. Durch diese Auflage war, wenn sie
tatsächlich eingehalten wurde, die Absatzmöglichkeit
der Druckgraphik sehr eingeschränkt, da sie nicht in der
Auslage ausgestellt werden durfte.
KW

X/2

DIE HUNDEKOMÖDIE

Josef Danhauser, 1841

Bleistift, aquarelliert 21,7 x 27,5
Re. o. Zensurvermerk (mit Stempel): Excudatur,
aber bloß mit der/Unterschrift: Versäumte Vorsicht/ —
841 Moshamer

HM, Inv. Nr. 166.973

Studie zu dem Ölbild (ebenfalls im Historischen Museum
der Stadt Wien). Der Zensurvermerk bezieht sich auf
die beiden vorgeschlagenen ursprünglichen Titel der
Komposition (auf der Rückseite der Zeichnung, von alter
Hand): »Die Nothwendigkeit der Maulkörbe oder Versäumte Vorsicht.« Von diesen beiden Titeln wurde der
erstere abgelehnt, da er als Affront gegen die Einrichtung der Zensur selbst aufgefaßt werden konnte. In der
Literatur wurde häufig auf die Ähnlichkeit der Hunde
mit den unbeliebten Kritikern Moriz Gottlieb Saphir (der
Hund auf dem Tisch) und Joseph Christian Freiherr
v. Zedlitz (rechts unten) hingewiesen, die als Kollabora-
teure des Regimes bekannt waren. Aufgrund dieser
Ähnlichkeiten schreckte die Akademie davor zurück,
das ausgeführte Ölbild auszustellen, was zum Antrag
Danhausers auf Beurlaubung von seiner Professur führte.
Diesem Antrag wurde sogleich entsprochen.
HB

Lit.: V. Birke, Katalog J. D., Graphische Sammlung Albertina 1983,
S. 91f.

X/3

DER ZUDRINGLICHE FLOH

Carl Leybold, 1846

Kreidelithographie   42 x 27
Dat. und bez. samt handschriftlichem Zensurvermerk
und Stempel des k. k. Zensur-, Bücher-
und Revisionsamtes

HM, Inv. Nr. 50.504

Der halb entblößte Busen veranlaßte den Zensor Mos-
hamer am 24. April 1846 zur Verfügung: »Wird zum
Drucke nicht zugelassen.«
KAW

X/4

Abb. Seite 222

DIE FREIHEIT IN KRÄHWINKEL

Johann Christian Schoeller, 1848

Aquarell   13,5 x 18,6
Re. u. monogr. u. dat.: S. 1848

HM, Inv. Nr. 109.847

Die Reaction; 3. Akt. Szenenbild mit Nestroy als Eberhard Ultra (in der Verkleidung als Fürst Metternich),
Louis Grois als Bürgermeister und Wenzel Scholz
als Klaus.
    Carltheater, 1. 7. 1848.
    »Nestroy hat . . . mit seinem neuen Stücke ›Freiheit
in Krähwinkel‹ einen Triumph gefeiert, wie er ihm vielleicht trotz seiner vielen gelungenen, mit dem
größten Beifalle aufgeführten Volksstücke, noch
nicht zu Theil geworden. Er hat es verstanden,

die Zeit zu erfassen, die Bewegungen in Wien seit
dem 13. März in einem Miniatur Bilde mit großer
Geschicklichkeit vorzuführen, und durch Witz und Satyre
das Publikum unausgesetzt zu amüsiren, und in steter
Spannung zu erhalten. Es kommt in diesem Stücke Alles
vor, was die neuesten Tage charakterisirte: der glühende
Drang nach Freiheit, selbst in den untersten Classen, die
Willkür und Despotie der Beamten, der schauderhafte
Einfluß der Ligourianer, die Ligourianer selbst und ihre
Austreibung, die Hoffnungen der reactionären Partei
auf die Russen, Metternich sogar, und zuletzt — die Barri-
caden; kurz: die ganze Revolution und Reaction in einem
hellbeleuchteten Guckkasten . . . Nestroy selbst hat sich
eine äußerst brillante Rolle geschrieben, die er vortrefflich
spielt. Sein Erscheinen als Ligourianer, als russischer
Fürst und endlich als Fürst Metternich, erregten einen
Sturm von Applaus. Er wurde sowohl als Dichter wie als
Schauspieler gewiß einige zwanzig Male gerufen; seine
Couplets sind wieder meisterhaft und elektrisirten das
übervolle Haus . . .«
(Th. Z., 3. 7. 1848, S. 635)
WD

X/5
DIE ANSPRACHE DES ARZTES ADOLF FISCHHOF IM HOF DES LANDHAUSES 13. MÄRZ

Bleistift   40,4 x 30,6

HM, Inv. Nr. 89.519

Dr. Adolf Fischhof (1816–1893) hielt die erste Rede der Wiener Revolution, er verlangte Pressefreiheit, Religionsfreiheit, Lehr- und Lernfreiheit, die Konstitution und die Lösung der nationalen Probleme der österreichischen Monarchie: »Denken wir uns die hochstrebenden, dem Idealen zugewendeten Deutschen, die zähen, fleißigen und ausdauernden Slaven, die ritterlichen und schwungvollen Magyaren, die gewandten und scharfblickenden Italiener an den gemeinsamen Aufgaben des Staates mit vereinter und dadurch potenzirter Kraft arbeitend, und es kann in uns kein Zweifel entstehen, daß die Stellung Österreichs inmitten der Staaten Europas eine imposante werden müsse.« (Heinrich Reschauer, Das Jahr 1848. Geschichte der Wiener Revolution, 1. Bd., Wien 1872, 183). Fischhof wurde Mitglied der Akademischen Legion und Kommandant des Medizinerkorps, schließlich bis 17. Juli 1848 Präsident des Sicherheitsausschusses. Zu diesem Zeitpunkt leitete er bereits das Sanitätsreferat des Ministeriums des Inneren (2. Juli bis 20. Dezember 1848). Im Kremsierer Reichstag gehörte er dem Verfassungsausschuß an, nach Aufhebung des Reichstages wurde er in Untersuchungshaft genommen; nach erfolgtem Freispruch ließ er sich als praktischer Arzt in Wien nieder und übersiedelte 1875 nach Kärnten. GD

Scene am 13ten März 1848 beim Landhause in Wien.
Original-Zeichnung   Gedruckt von Hüffel bei Zöller

X/6
AM 13. MÄRZ VOR DEM LANDHAUS

J. Albrecht

Kreidelithographie, koloriert   31,5 x 23
Bez. li. u.: Original-Zeichnung
Bez. re. u.: Gedruckt von Hüffel bei Zöller
Sign. re. u.: Albrecht
Bez. Mi. u.: Scene am 13ten März 1848 beim Landhaus in Wien / zu haben in der Rofranogasse N° 56

HM, Inv. Nr. 87.534

Am 13. März zogen die Studenten zum Landhaus in der Herrengasse, um der dort tagenden Versammlung der Stände ihre Forderungen (Presse- und Redefreiheit, Lehr- und Lernfreiheit, staatsbürgerliche Gleichstellung der Angehörigen aller Religionsgemeinschaften, Öffentlichkeit und Mündlichkeit des Gerichtsverfahrens, Einführung der Geschworenengerichte, Beseitigung des Untertanenverhältnisses, Selbstverwaltung der Gemeinden und eine allgemeine Volksvertretung) vorzutragen. Eine große Menge schloß sich ihnen an in Erwartung der kommenden Ereignisse, da sich dieses Vorhaben bald wie ein Lauffeuer herumgesprochen hatte. Die Ereignisse überstürzten sich nun. Revolutionäre Reden wurden gehalten, die Menge vom Militär beschossen, und die ersten Opfer waren zu beklagen:

Peter Fürst, Essigsieder, Hausbesitzer, 66 Jahre, Schußwunde

Karl Heinrich Spitzer, Techniker, 18 Jahre, Schußwunde

Isidor Langer, Strumpfwirker, Schußwunde

Bernhard Herschmann, Webergeselle, 25 Jahre, Schädelzertrümmerung

Anna Serflinger, Pfründnerin, erdrückt

GD

X/8

WAFFENAUSGABE AN DIE STUDENTEN 13. MÄRZ

Ferdinand Hofbauer

Kreidelithographie, koloriert   45 x 61
Bez. li. u.: F. Hofbauer lithogr.
Bez. Mi. u.: 13. März 1848. / Erste Vertheilung der Waffen an die Studierenden der Wiener Universität. / Herausgegeben von J. Trentsensky in Wien
Bez. re. u.: Gedr. bei Eduard Sieger

HM, Inv. Nr. 87.609

Nachdem am Abend des 13. März die erste Forderung der Studenten, eine allgemeine Volksbewaffnung durchzuführen, bewilligt worden war, begann noch in der Nacht im Bürgerlichen Zeughaus die Waffenausgabe.
GD

X/7

Abb. Seite 82

DER ERSTE ANGRIFF DER KAVALLERIE VOR DEM BÜRGERLICHEN ZEUGHAUS   13. MÄRZ

A. Bettenhofer (Pseudonym für August von Pettenkofen)

Kreidelithographie   26,9 x 34,4
Bez. Mi. o.: 13 te MÄRZ, 1848
Sign. u. dat. li. u.: Betenhofer $\overline{848}$
Bez. li. u.: A. Bettenhofer gez. u. lith.
Bez. re. u.: Gedr. bei J. Rauh in Wien
Bez. Mi. u.: ERSTER ANGRIFF DER CAVALLERIE VOR DEM BÜRGERLICHEN ZEUGHAUSE

HM, Inv. Nr. 20.131

Auch auf dem Platz Am Hof hatte sich eine große Menschenmenge eingefunden, und als das »Volk« der Forderung Erzherzog Albrechts, des ältesten Sohnes von Erzherzog Carl, die Versammlung aufzulösen, nicht nachkam, wurde um 3 Uhr am Nachmittag eine Kavallerieattacke befohlen und eine beträchtliche Anzahl von Leuten verwundet.
GD

X/9

X/10 *Abb. Seite 83*

BEKANNTMACHUNG DER KONSTITUTION 15. MÄRZ

Carl Goebel

Kreidelithographie auf Tonplatte   47 x 63
Dat. u. sign. re. u.: 848 Goebel
Bez. li. u.: Gez. u. Lith. v. Göbel
Bez. Mi. u.: BEKANTMACHUNG DER CONSTITU-
TION / auf dem Sammelplatze der Nationalgarde im
Freihause auf der Wieden / AM 15. MÆRZ 1848

HM, Inv. Nr. 87.778

Die offizielle Zusicherung einer konstitutionellen
Staatsform, einer der Hauptprogrammpunkte der Revolu-
tion, löste ungeheuren Jubel in der Bevölkerung aus.
Schon am 25. April wurde der Verfassungsentwurf ver-
öffentlicht. Darin wurde allen Staatsbürgern volle
Glaubens- und Gewissensfreiheit gewährt und eine
Neuordnung der Gemeinden zugesichert.
GD

X/9

ERSTÜRMUNG DER BAUMWOLL-DRUCK-FABRIK GRANICHSTÄTTEN IN SECHSHAUS   14. MÄRZ

Franz Kaliwoda

Feder in Sepia, aquarelliert   29,5 x 43,5

HM, Inv. Nr. 89.518

Die Textilarbeiter waren sozial am schlechtesten gestellt,
für sie galten niedrige Löhne, lange Arbeitszeit,
Kinder- und Frauenarbeit, unregelmäßige Beschäftigung,
Arbeitslosigkeit durch Einführung neuer Maschinen,
schlechte und teure Wohnungen als selbstverständlich.
Als nun die Arbeiter der Vorstädte und Vororte der
bürgerlichen Erhebung in der Innenstadt nach Bekannt-
werden der Ereignisse in der Herrengasse zu Hilfe
kommen wollten und die Stadttore verschlossen vor-
fanden, kehrte das Proletariat um und wandte seine Wut
nun gegen die Unternehmer und deren Maschinen,
denen sie ihre Not zuschrieben. Eine der ersten Unternehmungen, denen diese Aktionen galten, war die
Baumwoll-Druck-Fabrik der Brüder Albert und Emanuel
Granichstätten (Wien 15, Pillergasse), die in der Nacht
vom 13. zum 14. März zerstört und in Brand gesteckt
wurde.
GD

X/11 *Abb. Seite 222*

DER ERSTE BUCHHANDEL DER FREYEN PRESSE 1848

Johann Nepomuk Höfel

Aquarell   20,5 x 27,2
Sign. u. dat. re. u.: IOH. HÖFEL, 1848
Bez. Mi. u.: Der erste Buchhandel der freyen Presse
1848

HM, Inv. Nr. 88.677

Nach Verkündigung der Pressefreiheit am 14. März ver-
legte sich das Schwergewicht des Vertriebes von aktuellen
Bildern, Flugschriften, Zeitungen usw. auf die Straße.
Die erste Kolportage in modernem Sinn wurde geboren.
Fliegende Händler etablierten sich auf fahrbaren
Ständen, wandernde Verkäufer riefen ihre Tagesliteratur
aus, und auf den Plätzen und Märkten wurde neben
Obst und Gemüse in den gleichen Obstkörben aktuelle
Literatur und Karikatur vertrieben.
GD

X/12

BEGRÄBNIS DER »MÄRZGEFALLENEN«
17. MÄRZ

Bleistift, weiß gehöht   15,2 x 22,5

HM, Inv. Nr. 20.184

Die 35 Gefallenen des 13. März 1848 (»Märzgefallene«)
fanden ihre erste Ruhestätte auf dem Schmelzer Friedhof
(heute Wien 15, Märzpark), wo die gemeinsame Bestat-
tung unter Assistenz von Geistlichen aller Konfessionen
stattfand. Sie erhielten nach der am 6. September 1888
erfolgten Exhumierung ein Ehrengrab auf dem Wiener
Zentralfriedhof.
GD

X/13   *Abb. Seite 85*

ZUG DER ARBEITER IN DIE STADT ZUM
BARRIKADENBAU   26. MAI

Franz Gaul d. J.

Aquarell und Deckfarben   26,9 x 37
Später beschriftet auf Rückseite: Am 26. Mai 1848/dem
ersten Barrikadentage./In den Nachmittagsstunden des
genannten Tages zog eine/große Masse bewaffneter
Eisenbahnarbeiter, geführt von/einem Studenten der
akademischen Legion zum Sukkurs/der Legion in die
Stadt./Dieselben kamen gemengt mit Weibern, die
ebenfalls bewaffnet waren von der/Südbahn./Die Skizze
stellt dar, wie die Masse mit Krampen, Schaufeln,
Hämmern, Eisenstangen/u. Sensen bewaffnet, an der
großen Barrikade bei der sogenannten »steinernen
Brücke«/:/die später an anderer Stelle durch die Elisa-
bethbrücke ersetzt wurde:/über den Wienfluß, nächst
dem/Naschmarkt vorbeizieht. Rückwärts reitet eine Abteilung Cürassiere durch die lange Pappelallee/in der
Richtung des Schwarzenbergpalais, die längs des
Wienflusses heraufgeritten kamen.

HM, Inv. Nr. 88.690

X/14

DIE ERSTE BARRIKADE IN DER MÄRZSTRASSE 26. MAI

Eduard Ritter

Kreidelithographie, koloriert 23,7 x 30,2
Sign. re. u.: E. Ritter

HM, Inv. Nr. 72.937

Für kurze Zeit wurde im Jahre 1848 die damalige »Untere Bäckerstraße« (heute 1., Sonnenfelsgasse) in Märzstraße umbenannt.
GD

X/15   *Abb. Seite 86*

BARRIKADE AM HEIDENSCHUSS 26. MAI

Johann Nepomuk Passini

Aquarell 29 x 22,5
Dat. u. sign. re. u.: Nach der Natur gezeichnet am
26. Mai 1848 / am Haidenschuß — zur Erinnerung von
Joh. Passini

HM, Inv. Nr. 96.374

X/16

DIE BARRIKADE AUF DEM MICHAELERPLATZ IN DER NACHT VOM 26. AUF DEN 27. MAI

Anton Ziegler, 1848

Öl auf Leinwand 68,7 x 55
Sign. u. dat. re. u.: 27. Mai/1848/A. Ziegler

HM, Inv. Nr. 31.471

Als am 25. Mai die Auflösung der Akademischen Legion als selbständiger Bestandteil der Nationalgarde verfügt und ihre Vereinigung mit dieser angeordnet wurde, zogen am nächsten Tag in großen Massen Studenten, Nationalgarde und Arbeiter in die Stadt und erzwangen gewaltsam Einlaß bei den mit Militär besetzten Stadttoren. Sie vereinigten sich mit der Akademischen Legion und errichteten über 160 Barrikaden in der Inneren Stadt. Unter dem Eindruck dieser Kampfmaßnahmen wurde der Auflösungsbeschluß zurückgenommen. Noch am 26. Mai konstituierte sich ein »Sicherheitsausschuß von Wiener Bürgern, Nationalgarde und Studenten zur Aufrechterhaltung von Ruhe und Sicherheit und zur Wahrung der Volksrechte«, der die Vermittlerrolle zwischen Volk und Regierung übernehmen sollte. Am 27. Mai wurde diese Körperschaft von der Regierung anerkannt. Es wurden ihr Behördenfunktionen übertragen, die Revolution war auf ihrem Höhepunkt angelangt.
GD

X/17

FRAU BEIM BARRIKADENBAU VOM 26. MAI

Franz Ruß d. Ä.

Bleistift, aquarelliert   17,4 x 13,4
Sign. u. dat. re. u.: F. Ruß 1848
Bez. Mi. u.: Am 26ᵗ May 1848 in Wien

HM, Inv. Nr. 88.712

Während der Barrikadentage vom 26. bis 28. Mai nahmen
zahlreiche Frauen am Barrikadenbau teil. Erst beim
Abwehrkampf im Oktober reihten sich Frauen in die
Mobilgarde ein und nahmen auch am Kampf teil.
GD

X/18

REDE EINES STUDENTEN AN DIE ARBEITER

Johann Nepomuk Höfel

Aquarell   30 x 40,8
Sign. u. dat. re. u.: JOH. HÖFEL / Juni 1848
Bez. Mi. u.: Rede eines Studenten an die Arbeiter/in
der Märzgasse (: untere Bäckerstrasse:) am 27ᵗ May 8̅4̅8̅
in Wien

HM, Inv. Nr. 88.685

X/19

ERINNERUNG AN WIEN MIT SEINEN BARRICADEN AM 26—27 U. 28ᵀᴱᴺ MAI 1848

H. Sommer nach Gustav Veith

Kreidelithographie   34,4 x 38,8
Titelvignette, Plan von Wien mit seinen 160 Barri-
kaden und 6 Einzeldarstellungen von Barrikaden
Sign. li. u.: G. Veith gez. Sommer lith.

HM, Inv. Nr. 20.234

X/20
ZEITUNGSVERKAUF IM JUNI

Johann Nepomuk Höfel

Aquarell   25,8 x 35,1
Sign. Mi. u.: I. Höfel
Bez. Mi. u.: Verkauf der Wahrheit (:Volksblatt:) zu
Wien/im Juni 1848 um 1 Xr Conv: Mz:

HM, Inv. Nr. 88.676

X/21
DIE PRATERKÄMPFE   23. AUGUST

F. Werner

Kreidelithographie, koloriert   27,2 x 40,7
Bez. re. u.: D. u. V. bei F. Werner Mariahilf Nº 128
i. Wien
Bez. Mi. u.: Scene im Prater (in Wien) am 23. August
1848

HM, Inv. Nr. 87.546

Um die große Zahl der Arbeitslosen zu verringern,
wurden diese zu Notstandsarbeiten bei öffentlichen
Bauten herangezogen. Die zunächst entsprechende
Entlohnung unterblieb durch witterungsbedingte Arbeits-
ausfälle; als auch ohne jede Begründung der Lohn der
Frauen und Jugendlichen um 5 Kreuzer herabgesetzt
wurde, kam es nach vergeblichen Vermittlungsversuchen
zu den Ereignissen am 23. August. Ein anfangs friedlicher
Demonstrationszug der Arbeiter artete zu einer regelrechten Schlacht mit der Sicherheitswache aus, in die
schließlich auch die Nationalgarde gegen die Demonstranten eingriff. Nicht zuletzt durch die große Zahl
an Opfern — auf Seite der Arbeiter gab es 282 Verwun-
dete und 18 Tote, auf der Gegenseite 56 und 4 —
wurde die bisher gemeinsame Front der Studenten,
Arbeiter und Nationalgarde gesprengt, die revolutionäre
Basis wurde kleiner.
GD

Scene im Prater in Wien, am 23. August 1848.

X/22

ALFRED FÜRST WINDISCH-GRAETZ

Karl Sterio

Aquarell auf blauem Papier   47,6 x 36,4

HM, Inv. Nr. 12.337

Alfred Fürst Windisch-Graetz (1787—1862), seit 1809
Kommandeur bei den Ulanen, kämpfte bereits in der
Schlacht von Aspern 1809. 1813 Vertrauter von Metternich,
blieb er immer ein Vertreter des Konservativismus, als
der er 1848/49 mit unnachsichtiger Strenge zuerst in Prag
und dann in Wien gegen die Revolutionäre vorging.
GD

X/23

FELDMARSCHALL JOHANN JOSEF WENZEL GRAF RADETZKY

Georg Decker

Öl auf Leinwand   61 x 50

HM, Inv. Nr. 17.770

Radetzky (1766—1858) war seit 1831 Generalkommandant
der österreichischen Armee in der Lombardei und Venetien. Er betrachtete die Armee als einzig wirksames
Instrument gegen Unabhängigkeitsbewegungen und Revolutionen. Er schlug in den Schlachten von Santa Lucia,
Mortara und Novara — die die ersten erfolgreichen Maßnahmen der Gegenrevolution waren — die nationale
italienische Revolution nieder. Die Stadt Wien verlieh
ihm das Ehrenbürgerrecht, dessen Urkunde Grillparzers
Worte verkündet: »Wiederhersteller des Vaterlandes,
größter Feldherr, Zierde Österreichs, Stolz Deutschlands.«
WD

Freiheit in Krähwinkel.
Die Reaction 3 Act. Hr. Nestroy als Metternich, Greis und Scholz.

Kat. X/4

Kat. X/11

Kein Champagner ! abgezogenen Johannisberger vom Riemveg

Kat. X/34

X/24

DIE ERSTÜRMUNG DER STERNBARRIKADE 28. OKTOBER

Carl Lanzedelly

Kreidelithographie, koloriert 24,7 x 29,3
Bez. o.: Scizzen von Wien im October 1848
Sign. li. u.: Lith. v. C. Lanzedelli, und re. u.: Gedr. bei J. Loder
Bez. Mi. u.: DIE ERSTÜRMUNG DER ÄUSSEREN BARIKADE IN DER JÄGERZEILE. / durch die K. K. Truppen den 28. October 1848

HM, Inv. Nr. 96.488/8

X/25

DAS ZERSTÖRTE WIEN IM OKTOBER 1848

Jägerzeile und Macksche Zuckerfabrik

Carl Goebel

Kreidelithographie, koloriert 26,4 x 35
Sign. u. dat. Mi. re.: Goebel/1848
Bez. o.: Skizzen von Wien im October 1848

HM, Inv. Nr. 96.488/2

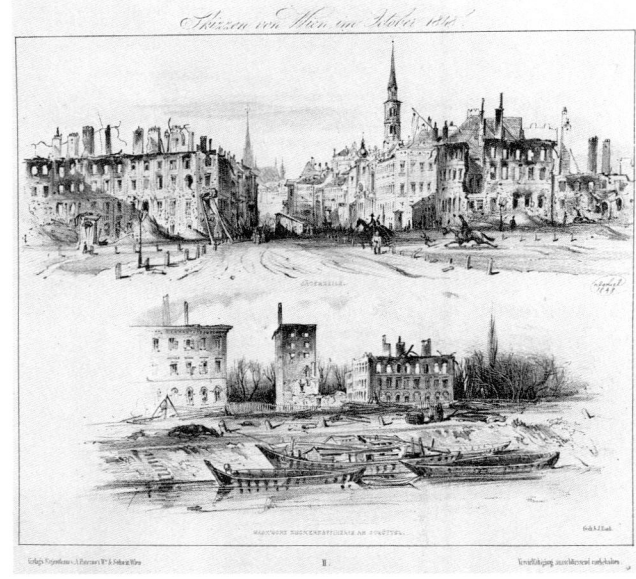

X/26

STANDRECHTLICHE ERSCHIESSUNG DES ABGEORDNETEN ZUR FRANKFURTER NATIONALVERSAMMLUNG, ROBERT BLUM 9. NOVEMBER

Kreidelithographie 20,3 x 25
Bez. Mi. o.: Robert Blum's Tod

HM, Inv. Nr. 98.098

Robert Blum (geb. 10. November 1807 in Köln), der als Abgeordneter des Frankfurter Parlaments als Kompanie-führer an den Oktoberkämpfen teilgenommen hatte, wurde unter Bruch des Völkerrechts, obwohl sich sogar Alfred Fürst Windisch-Graetz für seine Begnadigung aus diplomatischen Gründen eingesetzt hatte, standrecht-lich erschossen.
GD

X/27

STANDRECHTLICHE ERSCHIESSUNG DES KOMMANDANTEN DER NATIONALGARDE, CÄSAR WENZEL MESSENHAUSER 16. NOVEMBER

Weixelgärtner

Kreidelithographie   27,2 x 34
Sign. li. u.: Gez. u. lith. v. Weixelgärtner
Bez. Mi. u.: MESSENHAUSER's TOD. /
»Zielt gut, meine Freunde! — hier ist das Herz,
und das Herz müsst ihr Treffen . . . an . . . Feuer.«

HM, Inv. Nr. 87.568

Messenhauser (geboren 1813, standrechtlich erschossen im
Stadtgraben bei der Neutorbastei am 16. 11. 1848)
nahm 1848 als Offizier bei den Deutschmeistern seinen
Abschied. Mit seiner Berufung zum Kommandanten
der Wiener Nationalgarde wurde er zu einem der loyal-
sten Führer der Revolution, der den Befehlen von
Gemeindeausschuß und Reichstag gehorchte. Seine
Sorge galt der Verteidigung der Stadt und der Eintracht
und Festigkeit ihrer Bürger. In den letzten, bereits
aussichtslos gewordenen Tagen der Wiener Revolution
konnten ihn die Aufständischen zur neuerlichen
Übernahme des Oberbefehls bewegen, die in der Katastrophe vom 31. Oktober endete. Nach der Erobe-
rung Wiens durch die kaiserlichen Truppen stellte sich
Messenhauser Alfred Fürst Windisch-Graetz, wurde im
»Stabsstockhaus« gefangengesetzt, zum Tode verurteilt
und am 16. November 1848 standrechtlich erschossen.
GD

X/28

WIEN IM BELAGERUNGSZUSTANDE NR. 1

Carl Goebel

Kreidelithographie   51,5 x 65
Sign. re. u.: Goebel
»Bulletin-Leser — Halt wer da! — Patrouille
— Befestigung — Invaliden — Cavallerie Courier
— Ehrenbezeugung — Waffenauffindung — Honvéd Es-
corte — Attentat — Verspätete Ballgäste — wie Seressa-
ner einen Civilisten wegen Waffen untersuchen.«

HM, Inv. Nr. 97.887/1

X/30
Hut der Akademischen Legion

Hoher Hut aus Seidenfilz mit Krempe, Lederband, Kokarde, Federgesteck (schwarze Straußenfeder)
H.: 16

HM, Inv. Nr. 65.823/1

Der Träger gehörte der Juristen-Kohorte an. Die »Akademische Legion der Studenten« bildete innerhalb der in der Nacht vom 13. zum 14. März 1848 gegründeten »Nationalgarde« einen selbständigen Körper.
GD

X/29
Fahnenband der Akademischen Legion

Drei Seidenbänder — Schwarz, Gold, Rot; das mittlere Band (Gold) mit eingewebten Metallfäden ornamental bestickt — bekrönt von Rosette (Schwarz, Gold, Rot) mit aufgelegtem österreichischen Kaiseradler (schwarzes Blech)
Bänder: 136,5 / Rosette, Dm.: 16,5

HM, Inv. Nr. 157.900

X/31
Tschako der Nationalgarde

Schwarzes Leder, Roßhaar, Sturmband
An der Stirnseite Kokarde
H.: 36

HM, Inv. Nr. 65.823/2

X/32

GEWEHR MIT BAJONETT — BEWAFFNUNG DER NATIONALGARDE

Runder, glatter Lauf, glattes Batterieschloß, Modell
1798 mit unterstützter unterer Hahnlippe und
Pulverpfanne aus Messing. Schwarzer Vollschaft mit
schlankem Kolben, Messingmontierung. Düllen-
bajonett mit dreikantiger Klinge
Lauflänge: 106
Gesamtlänge: 138
Bajonettklinge: 47

HM, Inv. Nr. 55.019/1

Diese Gewehrmodelle, zumeist Armeegewehre, wurden
teilweise für die Bürgerwehr umgearbeitet und waren
anscheinend bis um 1840 in Gebrauch. 1848 bewaffnete
sich damit teilweise die Nationalgarde.
GD

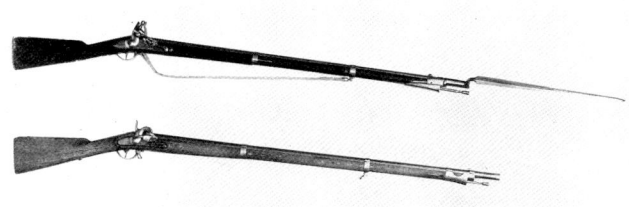

X/33

NATIONALGARDESÄBEL

Klinge beidseitig geätzt. Rechts von Klingenende
gegen Klingenspitze: Trauerweide, daneben Grabstein
mit Inschrift: Gefallen fürs Vaterland 13. 14. März
1848., stilisierte Burg, Karl Brehm. Trophäen mit
Fahne, darauf Inschrift: Recht Freiheit und Vaterland.
Links von Klingenende gegen Klingenspitze:
Trophäen, Erinnerung 13. 14. 15. März 1848. Fahne
mit Inschrift: Konstitution Nationalgarde Press
Freiheit.
Klingenlänge: 82,8, Gesamtlänge: 99

HM, Inv. Nr. 126.256

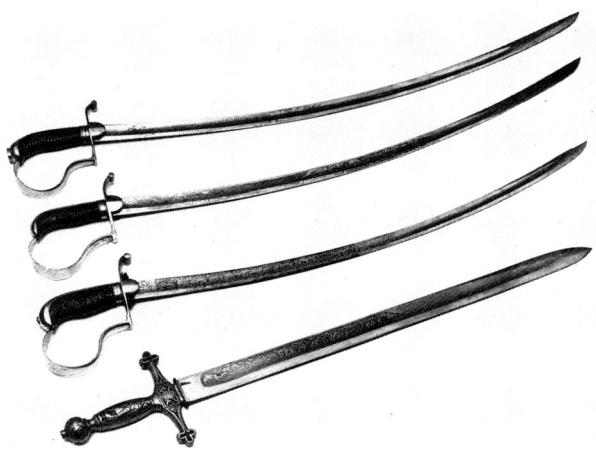

X/34

Abb. Seite 223

KARIKATUR AUF DIE FLUCHT METTERNICHS

Johann Christian Schoeller

Aquarell 11,2 x 14,2
Sign. u. dat. re. u.: Schoeller 15. Mz. 1848
Bez. Mi. u.: Kein Champagner! abgezogenen
Johannisberger am Reñweg

HM, Inv. Nr. 48.334

227

Jede Constitution erfordert Bewegung
den 14ᵗᵉⁿ März 1848.

Sö, wo geht ma denn da am Rennweg?
Lauf nur den Herrn nach.

X/35

KARIKATUR AUF DIE FLUCHT METTERNICHS

Anton Zampis

Kreidelithographie 34,9 x 27,2
Bez. u.: Ged. bei J. Höfelich / Jede Constitution
erfordert Bewegung / den 14. März 1848

HM, Inv. Nr. 89.100

Nach seiner Abdankung am 13. März und der Zerstörung
seiner Villa am Rennweg am 14. März flüchtete
Metternich mit seiner Familie über Feldsberg, Prag,
Dresden, Hannover und Holland nach England, das er
am 20. April erreichte. 1851 kehrte er nach Wien zurück
und übte bis zu seinem Tod (1859) noch Einfluß auf
den jungen Kaiser Franz Joseph I. aus. Er wandte sich
gegen den konstitutionellen Staat, gegen den Zentra-
lismus und riet zur Einigung mit Ungarn und Italien.
GD

X/36

KARIKATUR AUF METTERNICH

Anton Zampis

Kreidelithographie 44,8 x 29,6
Sign. li. u.: A. Zampis
Beschr. Mi. u.: Sö —, wo geht ma denn da am
Rennweg? / Lauf nur den Herrn nach

HM, Inv. Nr. 89.104

X/37

KARIKATUR AUF DIE FLUCHT METTERNICHS
ODER »DIE TOTALE MONDFINSTERNISS VOM
19. MÄRZ 1848«

Johann Christian Schoeller

Aquarell   14,4 x 11,7
Monogr. re. u.: »S«
Bez. wie Titel
Bez. auf Rs.: »Sag mir doch die Frau Sopherl warum
ist's deñ schon so finster, in meinem Kalender ist
doch Vollmond? Das will ich der Frau Kathl explicie-
ren, es ist der Metternich auf seiner Flucht wahrscheinlich schon dort oben ankoḿen, versteht die
Frau Kathl? deswegen ist's so finster im Mond.«

HM, Inv. Nr. 48.335

X/38

DIE GESCHICHTE VOM ALTEN HOFMEISTER
Karikatur auf das »System Metternich«
und dessen Ende

Friedrich Kaiser

Drei Kreidelithographien (Serie)   1848

»Wie der alte Hofmeister sorgfältig jedes
Licht auslöschte, damit der / liebe Kleine
nicht aus dem Schlafe erwache.«

Kreidelithographie   33,7 x 25
Sign. li. u.: Gez. v. Fr. Kaiser
Sign. re. u.: Gedr. bei L. Mohn

HM, Inv. Nr. 20.353/1

»Wie der alte Hofmeister den lieben
Kleinen am Gängel-/bande führt.«

Kreidelithographie   33,7 x 25
Sign. li. u.: Gez. v. Fr. Kaiser
Sign. re. u.: Gedr. bei L. Mohn

HM, Inv. Nr. 20.353/2

»Wie der liebe Kleine mündig wird, und
zur Feier dieses Tages den alten
Hofmeister höflichst / zu einer Landparthie
einladet.«

Kreidelithographie   25,2 x 33,8
Sign. li. u.: Gez. v. Fr. Kaiser
Sign. re. u.: Gedr. bei L. Mohn

HM, Inv. Nr. 20.353/3

Die Geschichte vom alten Hofmeister.

Gez. v. Fr Kaiser.   *Gedr. bei L. Mohn.*

*Wie der alte Hofmeister sorgfältig jedes Licht auslöscht, damit der
liebe Kleine nicht aus dem Schlafe erwache.*

X/38/1

Die Geschichte vom alten Hofmeister.

Gez. v. Fr Kaiser.   *Gedr. bei L. Mohn.*

*Wie der alte Hofmeister den lieben Kleinen am Gängel-
bande führt.*

X/38/2

Die Geschichte vom alten Hofmeister.

Gez. v. Fr Kaiser.   *Gedr. bei L. Mohn.*

*Wie der liebe Kleine mündig wird, und zur Feier dieses Tages den alten Hofmeister höflichst
zu einer Landparthie einladet.*

X/38/3

X/39
KARIKATUR AUF DIE PARISER FEBRUARREVOLUTION

Johann Christian Schoeller

Aquarell   18,2 x 14,2
Bez. Mi. u.: Proclamation de la République française./Paris le 24 Fevrier 1848. Monogrammiert u. dat.
re. u.: S. 1848

HM, Inv. Nr. 48.321

Das Bürgerkönigtum des Louis-Philippe d'Orléans,
1830 begründet, sah sich bald einer wachsenden Opposition gegenüber, wobei die Republikaner und Bona-
partisten weitaus gefährlicher wurden als die Legitimi-
sten. Die Jahre 1846/47 brachten Wirtschaftskrisen
und damit eine immer mehr zunehmende Radikalisie-
rung des neuen Proletariats, gegen welches das in
Gruppen zersplitterte Kleinbürgertum, im Verein mit
den Arbeitern, sich um Louis Blanc sammelte. Seine
Forderungen nach staatlicher Arbeitssicherung durch
Nationalwerkstätten trafen sich mit Lamartines
Wünschen zur Änderung des Wahlrechtes und des
Parlaments. Guizots Verbot eines Reformbanketts löste
die Februarrevolution aus. Studenten, Arbeiter und
die Nationalgarde erzwangen die Abdankung des Bürger-
königs. Er vollzog diese zugunsten seines minderjährigen
Enkels, des Grafen von Paris, Louis Philippe. Als die
Tuilerien von den Aufständischen eingenommen wurden,
rettete sich die Mutter des Grafen, die Herzogin Hélène
von Orléans, mit ihren Söhnen in das Sitzungshaus
der Deputiertenkammer, in das Palais Bourbon. Hier
wagte jedoch keiner der Minister den Vorschlag zur
Proklamierung des Königs, und mit dem Eindringen der
bewaffneten Proletarier in das Palais war die Existenz
der Französischen Republik gesichert.
GD

Proclamation de la République française
Paris le 24 Fevrier 1848

X/40   *Abb. Seite 88*
DIE ALLGEMEINEN WÜNSCHE SÄMMTLICHER VÖLKER

Kupferstich   26,4 x 20,8

HM, Inv. Nr. 98.088

X/41

KARIKATUR AUF DIE ERRUNGENSCHAFTEN
DER REVOLUTION

Johann Christian Schoeller

Aquarell   12,2 x 13,9
Monogrammiert u. dat. re. u.: S. 1848
Bez. Mi. u.: Unsere Errungenschaften

HM, Inv. Nr. 48.333

Mit der Karikatur »Unsere Errungenschaften« ist die
Flut von Zeitungen, Plakaten, Broschüren und
Karikaturen gemeint, die sich nach Verkündigung der
Pressefreiheit erhob.
GD

DIE THRONBESTEIGUNG S^a K.K. APOSTOL. MAJESTÄT FRANZ JOSEF I.

X/42

DIE THRONBESTEIGUNG KAISER FRANZ JOSEPHS I. AM 2. DEZEMBER 1848 IN OLMÜTZ

Franz Kollarž

Lithographie   47,2 x 60,3

HM, Inv. Nr. 134.044

Nicht in der kaiserlichen Haupt- und Residenzstadt,
die unter Kriegsrecht stand und noch nicht zur Ruhe
gekommen war, sondern in Olmütz verzichtete
Kaiser Ferdinand I. auf die Krone zugunsten seines
Neffen. Die »Presse« berichtete am 5. Dezember 1848:
    »Olmütz den 2. September.
    Am heutigen Tage um 8 Uhr Morgens versammelten
sich im Krönungssaale der fürsterzbischöflichen Residenz

233

zu Olmütz sämmtliche hier anwesende Glieder der durchlauchtigsten kaiserlichen Familie, nämlich Ihre kaiserlichen Hoheiten Erzherzog Franz Karl, die Frau Erzherzogin Sophie, die Erzherzoge Franz Joseph, Ferdinand Maximilian, Karl Ferdinand, Karl Wilhelm und Joseph, die verwitwete Frau Erzherzogin Maria Dorothea, die Frau Erzherzogin Elisabeth und Höchst-dero Gemahl Se. königliche Hoheit Erzherzog Ferdinand Viktor von Este, ferner:

Se. Durchlaucht Feldmarschall Fürst zu Windischgräz und der Banus von Croatien F. M. L. Freiherr von Jellachich, so wie der Oberhofmeister Sr. kaiserlichen Hoheit des Erzherzogs Franz Joseph G. M. Graf von Grünne.

Sämmtliche Minister, nämlich Fürst Felix von Schwarzenberg, Se. Erlaucht Graf von Stadion . . .

Bald darauf erschienen, unter dem Vortritte des General-Adjutanten G. M. Fürsten v. Lobkowitz, und gefolgt von dem zufällig in Olmütz anwesenden Oberst-hofmarschall Landgrafen v. Fürstenberg und der Obersthofmeisterin Landgräfin v. Fürstenberg, Ihre Majestäten der Kaiser und die Kaiserin, und ließen sich, sowie sämmtliche Glieder der kaiserlichen Familie auf den für sie bereiteten Sitzen nieder.

Se. Majestät der Kaiser eröffneten nunmehr der Versammlung, daß Allerhöchstdieselben aus wichtigen Gründen den Entschluß gefaßt haben, die Kaiserkrone zu Gunsten Allerhöchst ihres Neffen, des durchlauchtig-sten Erzherzogs Franz Joseph niederzulegen, nachdem Allerhöchstihr durchlauchtigster Bruder Erzherzog Franz Karl erklärt hätten, auf das Ihnen zustehende Recht der Thronfolge zu verzichten.

Die darauf bezüglichen Urkunden wurden demnächst von dem Minister des Hauses Fürsten von Schwarzenberg verlesen, und die Abdankungsakte von Sr. Majestät dem Kaiser und Sr. k. Hoheit dem Erzherzoge Franz Karl unterzeichnet, und von dem Minister des Hauses gegen-gezeichnet.

Ihre Majestäten begrüßten nunmehr Ihren durchlauch-tigsten Neffen als regierenden Kaiser.

Se. Majestät Kaiser Franz Joseph I. empfingen sodann die Huldigung sämmtlicher anwesenden Familienmit-glieder und der übrigen Zeugen.

Mit der Verlesung und Unterfertigung des Protokolles durch sämmtliche Anwesende endigte dieser feierliche Staatsakt.«
WD

X/43
FRANZ JOSEPH I.

J. Kriehuber, 1849

Lithographie 46,1 x 34

HM, Inv. Nr. 80.176

KLEINES LEXIKON DER BIEDERMEIER-KÜNSTLER

JAKOB ALT

1789 Frankfurt/Main
1872 Wien

Auf dem Weg nach Italien kam Jakob Alt nach Wien und ließ sich hier nieder. Von 1818 bis 1826 schuf er die 264 Blätter der »Donauansichten«, die sein erster und auch größter Erfolg wurden. Seit 1828 arbeitete er eng mit seinem Sohn Rudolf zusammen.

RUDOLF VON ALT

1812 Wien
1905 Wien

Der älteste Sohn des bekannten Landschaftsmalers Jakob Alt zeigte bereits ganz früh ungewöhnliche Begabung. Sein Talent ging weit über das des Vaters hinaus, und zum Ende der dreißiger Jahre wurde Rudolf Alt, selbst im Rahmen der Weltkunst gesehen, zu einem der größten Aquarellisten aller Zeiten. Glanzpunkte seines Werkes sind der »Blick auf Wien von der Spinnerin am Kreuz« (Kat. Nr. II/9) und »Sonnenfinsternis über Wien«.

FRIEDRICH VON AMERLING

1803 Wien
1887 Wien

Nach Abschluß seiner Studien in Prag 1826 führten ihn ausgedehnte Reisen nach London und Paris. 1832 erhielt er den Auftrag, ein repräsentatives Porträt Kaiser Franz I. im Krönungsornat zu malen. Er wurde einer der beliebtesten und begehrtesten Wiener Bildnismaler, sowohl für den Hof, die Aristokratie und das Großbürgertum.

MORITZ MICHAEL DAFFINGER

1790 Wien
1849 Wien

Bereits mit elf Jahren war er Schüler an der Zeichenschule der Wiener Porzellanmanufaktur. Später studierte er

Literatur:

Biedermeier Bote, Magazin zur Ausstellung »Bürgersinn und Aufbegehren«, Wien 1987/88

Kunst des Biedermeier, München 1988

G. Frodl, Wiener Malerei der Biedermeierzeit, Rosenheim 1987

an der Akademie, blieb aber auch in der Manufaktur, wo er Teller und Tassen mit mythologischen Szenen und Verkleinerungen berühmter Bilder bemalte. Daffinger war einer der begehrtesten Porträtisten der Wiener Gesellschaft.

JOSEF DANHAUSER
1780 Wien
1829 Wien

Seine Laufbahn begann er als Holzbildhauer und Vergolder und eröffnete 1807 eine »Fabrik für vergoldete, versilberte und bronzierte Produkte«, die später auf die Herstellung aller Arten von Möbeln erweitert wurde. Damit begann Danhausers Einfluß auf die Gestaltung des Wiener Biedermeiermöbels.

JOSEF DANHAUSER
1805 Wien
1845 Wien

Vom Vater, dem berühmten Möbelfabrikanten, erhielt er den ersten Zeichenunterricht. Er studierte an der Akademie und erhielt u.a. den Auftrag, Altarbilder für Erlau (Eger)/Ungarn zu malen. Widerwillig übernahm er nach dem Tod seines Vaters die Verwaltung und künstlerische Leitung der Möbelfabrik. In dieser Zeit entstand eine große Zahl von Möbelentwürfen, die die Form des Wiener Biedermeiermöbels wesentlich prägten. Nachdem er die Möbelfabrik seinen Brüdern überlassen hatte, widmete er sich wieder ganz der Malerei.

JOHANN STEPHAN DECKER
1784 Colmar
1844 Wien

Lernte u.a. in Paris bei J. L. David. Arbeitete fortan als erfolgreicher Porträtist. Sein Weg führte ihn über Colmar und Pest 1821 nach Wien, wo er für Metternich und bei Hof arbeitete.

Neben dem Porträt — vor allem Miniaturen und Lithographien — beschäftigte er sich auch mit Landschaften und Genreszenen.

JOHANN NEPOMUK ENDER
1793 Wien
1854 Wien

THOMAS ENDER
1793 Wien
1875 Wien

Die Zwillingsbrüder Nepomuk und Thomas waren die Söhne eines Tandlers und Bilderhändlers vom Spittelberg. Während Johann Nepomuk sich der Porträt- und Historienmalerei zuwandte, wurde Thomas ein berühmter Landschaftsmaler.

PETER FENDI
1796 Wien
1842 Wien

1818 wurde er Zeichner und Stecher des k. k. Münz- und Antikenkabinetts. In dieser Eigenschaft fertigte er 2000 Darstellungen antiker Denkmäler an. Neben dieser Tätigkeit wurde er zum Genremaler schlechthin.

LEOPOLD FERTBAUER
1802 Wien
1875 Wien

Sohn des »bürgerlichen Großuhrmachers« Philipp Fertbauer. Malte neben einigen Historienbildern vorwiegend Einzel- und Gruppenporträts.

FRIEDRICH GAUERMANN
1807 Miesenbach (NÖ)
1862 Wien

Den ersten Unterricht erhielt er von seinem Vater, dem Maler Jacob Gauer-

mann. An der Wendung der Kunst von dem im Atelier nach Vorlagen und Einzelskizzen komponierten Bild zum künstlerisch verarbeiteten Naturerlebnis war Gauermann entscheidend beteiligt.

ANTON KOTHGASSER
1769 Wien
1851 Wien

Arbeitete zunächst als Buntmaler an der Wiener Porzellanmanufaktur, später als Vergolder und Dessinmaler. Nach 1811 Mitarbeit in der Ausführung von Glasfenstern bei Gottlob Samuel Mohn, der von Dresden kommend die Kenntnis der Transparentmalerei nach Wien mitbrachte. Von diesem Zeitpunkt an beschäftigte sich Kothgasser intensiv mit der Bemalung von Hohlgläsern, die sehr bald zu einem regelrechten selbständigen Produktionszweig mit einer erstaunlichen Motivvielfalt wurde.

JOSEF KRAFFT
1787 Hanau (Hessen)
1828 Wien

Der Bruder des hochgeschätzten Historienmalers Johann Peter Krafft war ein erfolgreicher Porträtist. Geboren wurde er in Hanau (Hessen) und kam mit seiner Familie 1801 nach Wien.

JOSEF KRIEHUBER
1800 Wien
1876 Wien

Nach Abschluß seiner Studien an der Akademie wurde er Mitarbeiter des Verlages M. und J. Trentsensky, wo er sich schon frühzeitig mit der Lithographie beschäftigte. Im Laufe mehrerer Jahrzehnte entstanden mehr als 4000 Porträtlithographien und Aquarelle.

LEOPOLD KUPELWIESER

1796 Piesting (NÖ)
1862 Wien

Von besonderer Bedeutung wurde für den erfolgreichen Porträtisten seine Freundschaft mit Franz Schubert und dessen Kreis, dem u.a. auch Moritz von Schwind und Wilhelm August Rieder angehörten. Später, insbesondere nach seiner Rückkehr von verschiedenen Italien-Reisen, wurde seine Malerei hauptsächlich von religiösen Themen bestimmt.

MICHAEL NEDER

1807 Oberdöbling
1882 Wien

Durch Zufall wurde das Zeichentalent des Schustermeistersohns entdeckt. Genreszenen aus der Welt der Handwerker und Weinbauern waren seine Themen. 1831 entschloß er sich, die Malerei aufzugeben, und kehrte zum Schusterhandwerk zurück. Drei Jahre später fand er wieder zur Malerei.

JOSEPH NIGG

1782 Wien
1863 Wien

In der Wiener Porzellanmanufaktur war er 43 Jahre seines Lebens als Schöpfer hochgeschätzter Porzellanmalerei tätig.

IGNAZ RAFFALT

1800 Weißkirchen
1857 Wien

Kam 1840 aus seiner steiermärkischen Heimat nach Wien. Zunächst mit dem Genrebild beschäftigt, bevorzugte er immer mehr die Landschaft. Gewitter- und Regenstimmungen waren seine Themen, denen er eine besondere atmosphärische Erscheinung vermitteln konnte. Man nannte ihn auch den »Wolken-Raffalt«.

CARL RAHL

1812 Wien
1865 Wien

Sohn des berühmten Reproduktionsstechers Carl Heinrich Rahl, der 1799 von Schwaben nach Wien kam (1779 bis 1843). Carl Rahl studierte in Wien, München und Stuttgart und hielt sich ferner in Paris, England und Italien auf. Seine in den fünfziger Jahren gegründete »Rahl-Schule« spielte im Wiener Historismus eine bedeutende Rolle.

JOHANN MATTHIAS RANFTL

1804 Wien
1854 Wien

Während einer Schweiz-Reise 1819 beschloß der Gastwirtssohn, angesichts der grandiosen Alpenwelt, Maler zu werden. Geschätzt wurde er als Genre- und Tiermaler. Die große Zahl seiner Hundedarstellungen bringt ihm den Spitznamen »Hunde-Raffael« ein.

FRIEDRICH PHILIPP REINHOLD

1779 Gera
1840 Wien

Sohn des Porträtmalers Johann Friedrich Reinhold. Studierte an der Dresdner Akademie, wo er mit Caspar David Friedrich bekannt wurde. Kam über Prag nach Wien (1804). Sein Schaffen setzte sich neben zeitgenössischen Ereignissen (Stiche u. Radierungen) zunehmend mit der Landschaft auseinander.

WILHELM AUGUST RIEDER

1796 Wien
1880 Wien

Der Sohn des Lehrers u. Komponisten Ambros Rieder (1771–1855) war Maler von Porträts, Genreszenen und religiösen Darstellungen. Gehörte seit 1823 dem engeren Kreis um Franz Schubert an, dessen Aquarell-Bildnis ihm zur Berühmtheit verhalf.

LEANDER RUSS

1809 Wien
1864 Kaltenleutgeben bei Wien

Sohn des Historienmalers Karl Russ. Beschäftigte sich zunächst mit Themen aus der österreichischen Geschichte. 1833 begleitete er den Diplomaten und Orientalisten Anton Graf von Prokesch-Osten auf einer Reise in den Orient, welche für seine weitere Entwicklung als Maler entscheidend war. Ab 1840 schuf er im Auftrag von Kaiser Ferdinand I. eine Reihe von Guckkastenbildern mit Ansichten von Wien oder Ereignissen aus dem Leben des Kaiserhauses.

JOHANN CHRISTIAN SCHOELLER

1782 Rappoltsweiler
1851 Wien

Nach einer Tätigkeit als Buchhalter in Augsburg Ausbildung an der Münchner Akademie. Nach ausgedehnten Auslandsreisen ließ er sich zur Zeit des Kongresses in Wien nieder, wo er ein vielbeschäftigter Graphiker wurde. Bis Ende der vierziger Jahre schuf er eine Vielzahl von Arbeiten, u.a. Aquarelle zu Veröffentlichungen wie die »Wiener Allgemeine Theaterzeitung«, die »Gallerie interessanter und drolliger Scenen« und die »Theater-Bildergallerie«. Es waren überwiegend Karikaturen aus dem Wiener Volks- u. Gesellschaftsleben, Schauspielerporträts, Kostüm- und Bühnenbilder u.a. von Raimund und Nestroy.

MORITZ VON SCHWIND

1804 Wien
1871 München

Ging 1825 nach München, wo er insbesondere Wandmalereien schuf, aber auch Zeichnungen für die »Fliegenden Blätter« sowie graphische Zyklen. Seine poetisch-gemütvolle Kunst ließ ihn zu einem der Hauptmeister der deutschen Spätromantik werden.

FERDINAND GEORG WALDMÜLLER

1793 Wien
1865 Hinterbrühl

Er war erst dreizehn Jahre alt, als sein Vater starb, und schlug sich mit dem »Illuminieren von Bonbonbildchen« durch. 1811 ging er als Zeichenlehrer der Kinder des kroatischen Grafen Gyulai für drei Jahre nach Agram, wo er die Sängerin Katharina Weidner kennenlernte, die er bald heiratete. Eine Verpflichtung der Sängerin an die Hofoper machte die Rückkehr nach Wien möglich, wo Waldmüller als Dekorationsmaler Arbeit fand. 1822 läßt sich das Ehepaar, Eltern von vier Kindern, scheiden. Erste Erfolge für den Maler Waldmüller stellen sich ein. Von 1827 an porträtiert er verschiedene Mitglieder der kaiserlichen Familie. Sein »jähzorniges und tyrannisches Temperament« bringt ihn in große Schwierigkeiten mit der Akademie, deren veraltete Lehrmethoden er angreift; als ehemaliger Schützling Metternichs wird er bei gekürzten Bezügen zwangspensioniert. Ferdinand Georg Waldmüller, der berühmteste Maler jener Epoche, wird zugleich gern als der größte und »echteste« Wiener Biedermeiermaler bezeichnet. Diese eher populäre Behauptung erscheint jedoch bedenklich, da sich das Werk Waldmüllers nur zum Teil in diesen Bereich einfügen läßt.

SEBASTIAN WEGMAYR

1776 Wien
1857 Wien

Wegmayrs Werk besteht aus Blumenbouquets, Früchtestücken u. Stilleben mit Tieren. Er war Professor für Blumenmalerei an der Wiener Manufakturzeichenschule.

BALTHASAR WIGAND

1770 Wien
1846 Wiener Neustadt

Das neunte Kind eines Haarbeutelmachers und späteren Kaffeesieders erhielt seine Ausbildung an der Wiener Akademie. In seinen zahlreichen Gouachen und Aquarellen als Einlagen für Möbel, Fächer, Kassetten und Dosen nahm Wigand immer wieder Wiener Themen auf: sowohl Veduten als auch volkstümliche Szenen oder historisierende Darstellungen.

ZEITTAFEL 1814–1848

GESCHICHTE/POLITIK

1814

I. Pariser Frieden; Frankreich verliert seine Eroberungen seit 1792 — Napoleon dankt ab und wird nach Elba verbannt — Ludwig XVIII. (Bourbone), französischer König — Talleyrand, französischer Außenminister
Wiener Kongreß: politische Neuordnung Europas — Ende der französisch beeinflußten »Helvetischen Republik« (seit 1798); neuer Bundesvertrag der 22 Schweizer Kantone; Anerkennung ihrer »ewigen Neutralität« — Allgemeine Wehrpflicht in Preußen

1815

Napoleon kehrt von Elba nach Paris zurück; wird von Blücher und Wellington bei Waterloo geschlagen (»Hundert Tage«) — II. Pariser Friede: Verbannung Napoleons nach St. Helena — »Heilige Allianz« zwischen Rußland, Österreich und Preußen (antiliberal) — Wilhelm I. von Oranien, König von Holland und Belgien — Geburt von Fürst Otto von Bismarck

1816

Deutscher Bund unter österreichischer Führung mit »Bundestag« in Frankfurt/Main — Großherzog Karl August von Sachsen-Weimar gibt seinem Land eine Verfassung und fördert die Industrialisierung wie die Kultur — Kaiser Franz I. von Österreich heiratet Carolina Augusta von Bayern — Argentinien wird unabhängig von Spanien

KULTUR

1814

Chamisso: Peter Schlemihls wundersame Geschichte — Goethe: Dichtung und Wahrheit III — Tod von Johann Gottlieb Fichte.
Beethoven: Fidelio, Uraufführung in Wien — Schubert: Gretchen am Spinnrad — Geburt des französischen Malers Millet

1815

Eichendorff: Ahnung und Gegenwart — Erste Gesamtausgabe der Werke von Schiller — Uhland: Gedichte.
Kotzebue: Geschichte des Deutschen Reiches (auf dem Wartburgfest 1817 als reaktionär verbrannt) — Savigny: Geschichte des römischen Rechtes.
Schubert: 3. Symphonie, Wanderers Nachtlied, Heidenröslein — C. D. Friedrich: Hafen von Greifswald

1816

Goethe: Die italienische Reise — Gebrüder Grimm: Deutsche Sagen — E. T. A. Hoffmann: Die Elixiere des Teufels — Hegel: Wissenschaft der Logik — Johann Schickh gründet die »Wiener Zeitschrift für Kunst, Literatur, Theater und Mode«.
Klenze baut Glyptothek in München — Bankier Johann Friedrich Städel stiftet Kunstschule und Museum in Frankfurt/Main.
Uraufführung von E. T. A. Hoffmanns Oper »Undine« in Berlin — Rossini: Der Barbier von Sevilla, Uraufführung in Rom — Schubert: 4. Symphonie (»Die Tragische«) und 5. Symphonie

ZEITCHRONIK

1814

Fraunhofer entdeckt im Sonnenspektrum dunkle Absorptionslinien — Straßenbeleuchtung mit Gas in London — Gründung des »Rheinischen Merkur«

1815

Der Wiener J. N. Mälzel erfindet das Metronom — J. F. Voigtländer gründet optische Werkstätten in Wien — Gründung der Technischen Hochschule in Wien (Polytechnisches Institut) — Der Kanzelredner Zacharias Werner predigt in Wien gegen die Frivolität der Kongreßzeit — Blüte der »Salondiplomatie« in der Donaumetropole

1816

Erste Wetterkarte von Brandes — Hornbostel: mechanische Webstühle (Wien) — Die gemäßigt liberale Zeitung von Görres »Rheinischer Merkur« wird verboten — Jahn: Die deutsche Turnkunst; Zur Einrichtung der Turnplätze — Kartoffel entwickelt sich zum Volksnahrungsmittel — Extrem kalter Sommer in Europa

1817

Wartburgfest der deutschen Burschenschaften, die unter den Farben Schwarz-Rot-Gold die Einheit Deutschlands fordern. Folge: Verschärfung der Zensur und des Spitzelwesens — Union der Lutheraner und Reformierten in Preußen — James Monroe, Präsident der USA (bis 1825)

1817

A. von Arnim: Die Kronenwächter — Grillparzer: Die Ahnfrau — E. T. A. Hoffmann: Nachtstücke — Brentano: Die Geschichte vom braven Kasperl und dem schönen Annerl; Die mehreren Wehmüller — Hegel: Enzyklopädie der philosophischen Wissenschaften

1817

Brewster: Kaleidoskop — Berzelius entdeckt Selen und Lithium — G. B. Belloni entdeckt das Grab von »Sethos I.« im Tal der Könige (Ägypten) — Der erste »Gesellschaftswagen« fährt von Wien nach Hietzing — Experimente mit Leuchtgas im Polytechnischen Institut in Wien

1818

Aachener Kongreß der »Heiligen Allianz« — Verfassungen in Baden und Bayern — Bernadotte, König von Schweden (Karl XIV.) — Chile unabhängig von Spanien — Geburt von Karl Marx

1818

Grillparzer: Sappho — In Oberndorf (Salzburg) ertönt zum ersten Mal »Stille Nacht, heilige Nacht« (Text: J. Mohr; Musik: Fr. Gruber) — Friedrich von Gentz gibt die Wiener Jahrbücher für Literatur heraus.
Schinkel: Neue Wache — Erstes deutsches Denkmalschutzgesetz in Hessen-Darmstadt.
Schubert: 6. Symphonie — C. M. von Weber: Jubel-Kantate

1818

Coindet: Jod in der Kropftherapie — Mitscherlich: Entdeckung der Isomorphie der Kristalle — Friedrich Wilhelm Raiffeisen gründet landwirtschaftliche Kreditgenossenschaften — Probefahrten des Dampfschiffes »Carolina« auf der Donau

1819

Ermordung von Kotzebue in Mannheim; Folge: Karlsbader Beschlüsse gegen politische und geistige Freiheit in Deutschland und Österreich — Verfassung in Hannover und Württemberg — USA kauft Florida von Spanien — Simon Bolivar beginnt Befreiung Südamerikas von der spanischen Herrschaft

1819

E. T. A. Hoffmann: Klein Zaches — Goethe: Westöstlicher Diwan — A. von Arnim: Die Majoratsherren — Eichendorff: Das Marmorbild — J. Grimm: Deutsche Grammatik (4 Bde. bis 1834) — Schopenhauer: Die Welt als Wille und Vorstellung — Geburt von Theodor Fontane.
Geburt des französischen Malers Gustave Courbet.
Schubert: Forellenquintett — Lanner gründet sein Trio — Geburt der Komponisten Offenbach und Franz von Suppé

1819

Einführung des Stethoskops in Deutschland (R. T. H. Laennec) — Jakob Degen erfindet in Wien den »Doppeldruck für Banknoten« — 1. Dampfschiff von USA nach Europa in 26 Tagen — In Deutschland Verfolgung der Burschenschaften — Zwölfstündiger Arbeitstag in England und Arbeitsverbot für Kinder unter 9 Jahre

1820

Wiener Schlußakte zur Verfassung des Deutschen Bundes — Verfassung in Hessen-Darmstadt — George IV., König von Großbritannien und Hannover (bis 1830) — Revolutionen in Spanien, Portugal, Neapel und Sardinien — Geburt von Friedrich Engels

1820

E. T. A. Hoffmann: Lebensansicht des Katers Murr nebst fragmentarischer Biographie des Kapellmeisters Johannes Kreisler (unvoll., 2. Bd. 1822).
Gründung des Großherzoglichen Museums in Darmstadt.
Owen: Das Buch von der neuen Welt

1820

Karl E. v. Baer: Entstehung und Entwicklung der Keimblätter — Wilhelmine Reichardt startet mit Heißluftballon im Wiener Prater — Erstbesteigung der Zugspitze durch Naus — Opiumverbot in China, Turnverbot in Preußen

GESCHICHTE/POLITIK

1821

Griechischer Aufstand gegen die Türken (bis 1829) — Österreichische Truppen beseitigen Verfassung in Neapel und Piemont — Fürst Metternich wird Österreichs Haus-, Hof- und Staatskanzler — Studenten gründen die Geheimgesellschaft »Jünglingsbund« — Tod von Napoleon — Mexiko unabhängig von Spanien

1822

Kongreß der »Heiligen Allianz« in Verona — Griechenland erklärt seine Unabhängigkeit — Brasilien unabhängig von Portugal — Simon Bolivar befreit Ecuador von spanischer Herrschaft

1823

Preußen beruft anstelle der 1815 versprochenen Verfassung nur Provinzialstände — Revolution in Spanien niedergeschlagen — USA-Präsident Monroe verkündet: »Amerika den Amerikanern« (isolationistische Monroe-Doktrin)

1824

Verfassung in Sachsen-Meiningen — Karl X., König von Frankreich (bis 1830) — Vereinigung Jülich-Cleve-Berg und Niederrhein zur preußischen Rheinprovinz — Simon Bolivar befreit Peru von spanischer Herrschaft

KULTUR

1821

Grillparzer: Das Goldene Vließ — E. T. A. Hoffmann: Die Serapionsbrüder — Kleist: Die Hermannsschlacht, Prinz Friedrich von Homburg (posthum) — Hegel: Grundlinien der Philosophie des Rechts — Geburt der Schriftsteller Dostojewski, Flaubert und Baudelaire.
Carl Maria v. Weber: Der Freischütz, Uraufführung in Berlin

1822

W. von Humboldt: Über das vergleichende Sprachstudium — Stendhal: Über die Liebe.
Schinkel beginnt in Berlin mit der Planung des Alten Museums — Gründung einer lithographischen Anstalt in Wien durch Joseph und Matthias Trentsensky.
Liszt: Diabelli-Variationen — Mendelssohn: Symphonie in D-Dur — Schubert: 8. Symphonie (»Die Unvollendete«).
Eröffnung des Wiener Theaters in der Josefstadt mit Beethovens »Die Weihe des Hauses«

1823

Goethe: Marienbader Elegie — Heine: Tragödien nebst einem lyrischen Intermezzo — Raumer: Geschichte der Hohenstaufen und ihrer Zeit (bis 1825) — Raimund: Der Barometermacher auf der Zauberinsel, Uraufführung in Wien.
Beethoven: 9. Symphonie — Schubert: Rosamunde, Die schöne Müllerin — Weber: Euryanthe, Uraufführung in Wien

1824

Raimund: Der Diamant des Geisterkönigs.
Gründung der National Gallery in London — Gründung des Wallraf-Richartz-Museums in Köln.
Schubert: Streichquartette a-moll — Lanner gründet sein eigenes Tanzorchester — Uraufführung in Wien von Beethovens 9. Symphonie (letzter Auftritt des Komponisten)

ZEITCHRONIK

1821

In Wien werden erstmals fälschungssichere Banknoten nach dem System Degen gedruckt — Veröffentlichung eines Reiseführers durch Wien von Johann Pezzl — Faraday findet Grundlage des Elektromotors

1822

J. N. Niepce erfindet Heliographie — Erste Versammlung deutscher Naturforscher und Ärzte in Leipzig — Erfindung eines Spiralbohrers für Metall — Geburt von Louis Pasteur

1823

E. A. Geitner: Neusilber (Nickellegierung) — Voigtländer entwickelt Opernglas — Gauß: Ausgleichsrechnung — Gründung des Rheinischen Karnevals

1824

Erste Atomtheorie der Kristalle von L. A. Seeber — Justus von Liebig wird Professor in Gießen — Erste Profilfräse in Wien — Erster Tierschutzverein in London gegründet

1825

Ludwig I., König von Bayern (dankt 1848 ab) — Nikolaus I., Zar von Rußland (bis 1855) — Dekabristen-Aufstand um eine Verfassung in Rußland wird niedergeworfen — Beginn der Auswanderungswelle von polnischen und russischen Juden nach Deutschland — John Quincy Adams, Präsident der USA (bis 1829) — Ende des spanischen Kolonialreiches in Südamerika

1825

Grillparzer: König Ottokars Glück und Ende — Puschkin: Boris Godunow — Gründung des Börsenvereins der deutschen Buchhändler in Leipzig.
Beethoven: Große Fuge B-dur — Johann Strauß (Vater) gründet sein Orchester — Geburt von Johann Strauß (Sohn)

1825

Preußen führt das medizinische Staatsexamen ein — Pferdeomnibus in Berlin — Erste Kettenbrücke (Sophien-Brücke) in Wien — Erstbesteigung des 2995 m hohen Dachsteins (Steiermark) — Erste deutsche Technische Hochschule in Karlsruhe gegründet

1826

Metternich übernimmt Vorsitz der Ministerkonferenz und somit die oberste Leitung des Staatswesens in Österreich — Tod von Thomas Jefferson

1826

Eichendorff: Aus dem Leben eines Taugenichts — Heine: Reisebilder, Harzreise — Raimund: Der Bauer als Millionär — Uhland und Schwab geben Hölderlins Gedichte heraus — Pestalozzi: Lebensschicksale.
Schinkel: Schloß Charlottenburg.
Liszt: 48 Exercices dans tous les tons — Mendelssohn: Musik zu »Ein Sommernachtstraum« — Weber: Oberon — Gründung der Philharmonischen Gesellschaft in Berlin

1826

Errichtung des ersten chemischen Unterrichtslabors in Gießen (Liebig) — Gasbeleuchtung in Hannover, ein Jahr zuvor in Berlin (Unter den Linden)

1827

Abzug der österreichischen Truppen aus dem Königreich beider Sizilien — Herzog Karl II. von Braunschweig hebt Verfassung auf — Schlacht bei Navarino: Sieg der englischen, französischen und russischen Flotte über die türkisch-ägyptische im griechischen Unabhängigkeitskrieg — Peru wählt Simon Bolivar zum Präsidenten auf Lebenszeit

1827

Heine: Buch der Lieder — Karl Baedeker gründet Verlag für Reisehandbücher — Nestroy: Der Zettelträger Papp.
Ludwig I. von Bayern kauft altdeutsche Gemäldesammlung der Gebrüder Boisserée für die Alte Pinakothek — Geburt des Malers Böcklin.
Schubert: Winterreise — Mendelssohn: 1. Symphonie und Die Hochzeit von Canacho — Tod von Beethoven

1827

Joseph Ressel erfindet in Wien die Schiffsschraube — Karl Ernst von Baer entdeckt das Säugetierei — Anton Löhner: Rollschuhe — G. S. Ohm findet sein Gesetz für elektrische Ströme

1828

Mitteldeutscher Handelsverein, gegen Preußen gerichtet: zwischen Hannover, Kurhessen, Sachsen, Braunschweig, Nassau, Frankfurt/Main, Bremen und Thüringer Kleinstaaten — Zollverein zwischen Preußen und Hessen-Darmstadt — Süddeutscher Zollverein zwischen Bayern und Württemberg — Tod von Karl August, Großherzog von Sachsen-Weimar

1828

Grillparzer: Ein treuer Diener seines Herrn — Raimund: Der Alpenkönig und der Menschenfeind — Briefwechsel zwischen Goethe und Schiller erscheint — Grimm: Deutsche Rechtsaltertümer — Anton Philipp Reclam gründet Reclam-Verlag — Geburt von Ibsen, Tolstoi und Jules Verne.
Tod von Franz Schubert — Ignaz Bösendorfer gründet in Wien eine Klavierfabrik

1828

Als Geschenk des Vizekönigs von Ägypten trifft in Wien die erste Giraffe ein — Berzelius entdeckt das Thorium — Josua Heilmann erfindet die Stickmaschine — Erste Synthese eines organischen Stoffes aus anorganischen Stoffen durch Friedrich Wöhler — Gasbeleuchtung in Dresden

1829

Russisch-türkischer Friede zu Adrianopel: Griechenland wird von der Türkei unabhängig — Andrew Jackson, Präsident der USA

1829

Goethe: Wilhelm Meisters Wanderjahre — Grabbe: Don Juan und Faust — W. Grimm: Die deutsche Heldensage — Victor Hugo: Der letzte Tag eines Verurteilten (gegen die Todesstrafe) — Balzac beginnt »Die menschliche Komödie«.
Moller: Schauspielhaus Mainz — Gründung in Rom des Deutschen Archäologischen Instituts — Geburt des Malers Anselm Feuerbach.
Mendelssohn: Die Heimkehr aus der Fremde — Rossini: Wilhelm Tell — Chopin debütiert als Klaviervirtuose in Wien — Lanner wird Musikdirektor der Wiener Redoutensäle

1829

A. von Humboldt unternimmt auf Veranlassung des russischen Zaren eine Forschungsreise nach Sibirien — Optischer Telegraph Berlin—Koblenz in Betrieb

1830

Juli-Revolution in Paris; Abdankung von Karl X.; Louis-Philippe von Orléans wird König von Frankreich (»Der Bürgerkönig«) — Talleyrand, französischer Botschafter in London — Frankreich erobert Algerien — Unruhen in Kurhessen, Braunschweig, Göttingen, Sachsen; der Bundestag in Frankfurt/Main beschließt »Maßregelungen zur Herstellung und Erhaltung der Ruhe in Deutschland« — Belgien erhebt sich gegen Niederlande — Vergeblicher polnischer Aufstand gegen Rußland — Revolution in Italien — Einführung demokratischer Verfassungen in den Schweizer Kantonen — Wilhelm IV., König von Großbritannien — Geburt von Franz Joseph, Kaiser von Österreich ab 1848

1830

Grabbe: Napoleon oder die hundert Tage — Immermann: Tulifäntchen — Dahlmann: Quellenkunde der deutschen Geschichte — L. Feuerbach: Gedanken über Tod und Unsterblichkeit — Victor Hugo: Hernani — Stendhal: Rot und Schwarz.
Fanny Elßlers Tanzkarriere beginnt in Berlin — Chopin nach Paris

1830

J. Madersperger erfindet in Wien die Nähmaschine — Von Reichenbach: Paraffin — Michael Thonet entwickelt das Bugholz für die Herstellung von Stühlen — Simon Plößl baut in Wien das erste dialytische Fernrohr — Beginn amtlicher Wetteraufzeichnungen in Berlin — Erste Anzeichen in Wien für eine Cholera-Epidemie

1831

Sachsen erhält Verfassung — Pressefreiheit in Baden — Belgien von Holland unabhängig; Leopold von Sachsen-Coburg-Gotha wird König der Belgier — Aufstand im Herzogtum Parma von österreichischen Truppen niedergeschlagen — Johann Josef Wenzel Graf Radetzky von Radetz wird Generalkommandant der österreichischen Truppen in Lombardo-Venetien — Arbeiteraufstand in Lyon — Türkei verliert Syrien an Ägypten

1831

Heine in Paris: Reisebilder (1826—1831) — Goethe: Gesammelte Werke (letzter Hand, 40 Bde., 1827—1831) — Grillparzer: Des Meeres und der Liebe Wellen — Anastasius Grün: Spaziergänge eines Wiener Poeten (Gedichte gegen Metternich) — Victor Hugo: Notre-Dame de Paris (Der Glöckner von Notre-Dame).
Mendelssohn: 1. Klavierkonzert

1831

Liebig entdeckt mit Subeiran das Chloroform — J. N. Reithoffer gründet in Nieder-Österreich eine Fabrik zur Herstellung von »gummierten Geweben« — Dampfschiff »Kaiser Franz I.« nimmt seine regelmäßigen Fahrten bis in die Moldau-Fürstentümer auf — Choleraepidemie erreicht in Wien ihren Höhepunkt

1832

Hambacher Fest führt zur Einschränkung von Presse-, Vereins- und Versammlungsfreiheit — Parlamentsreform in England dehnt das Wahlrecht auf das wohlhabende Bürgertum aus — In Wien Tod des Staatsmanns und Publizisten Friedrich von Gentz; in Schönbrunn Tod des Herzogs von Reichstadt, Sohn von Napoleon und Marie-Louise von Österreich

1832

Goethe: Faust II — Nikolaus Lenau: Gedichte — Immermann: Merlin — Geburt des Dichters und Zeichners Wilhelm Busch — Tod von Goethe.
Geburt des französischen Malers Edouard Manet.
Schumann: Papillons (Klavierstücke, 1828—1832) — Lanner: Promenadenkonzerte in Wien — R. Wagner besucht erstmals Wien — Mendelssohn: Die Hebriden, Uraufführung in London

1832

Liebig: Annalen der Chemie — Joh. Friedrich Kammerer erfindet Phosphorstreichhölzer — In Wien wird das erste Haus mit Gas beleuchtet, die ersten Straßen werden geflastert

1833

Gründung des Deutschen Zollvereins — Aufständische stürmen die Konstabler-Wache in Frankfurt/Main, um die Bundesversammlung zu sprengen; auf Antrag von Österreich beschließt der Bundestag, eine neue Zentraluntersuchungskommission zur Verfolgung revolutionärer Umtriebe einzusetzen

1833

Laube: Das neue Jahrhundert — Heine: Französische Zustände — Eichendorff: Die Freier — Nestroy: Der böse Geist Lumpazivagabundus oder Das liederliche Kleeblatt, Uraufführung im Theater an der Wien.
Menzel: Illustrationen zu Goethes »Künstlers Erdenwallen«.
Mendelssohn: 4. Symphonie (Die Italienische) — Chopin: 12 Etüden, op. 10 — Geburt des Komponisten Johannes Brahms

1833

Gauß und Weber erfinden in Göttingen den magnetischen Nadeltelegraphen — Geburt von Alfred Nobel — Erste Damenschwimmschule in Wien eröffnet — Auf der Donau wird der Linienverkehr Wien—Konstantinopel eingeführt

1834

Deutscher Zollverein tritt in Kraft — Die Wiener Schlußakte von 1820 werden bekräftigt und verschärft: Landtage und -stände werden eingeschränkt, Universitäten geschlossen, die Zensur verschärft — Liberale Verfassung in Spanien

1834

Grillparzer: Der Traum ein Leben im Wiener Hofburgtheater uraufgeführt — Raimund: Der Verschwender — Büchner: Flugschrift »Der hessische Landbote« (»Friede den Hütten, Krieg den Palästen«) — Heine: Der Salon — Balzac: Le Père Goriot (Vater Goriot) — J. v. Eichendorff: Dichter und ihre Gesellen.
Geburt des französischen Malers Degas — Höfel gründet xylographisches Institut in Wien — Tod in München des Erfinders der Lithographie, Alois Senefelder.
Kreutzer: Das Nachtlager von Granada — Wagner: Die Feen (1832—1834)

1834

F. F. Runge entdeckt Phenol und Anilin in Steinkohlenteer — Gabelsberger: Stenographie — Das »Neue Wiener Tagblatt« berichtet über die Verurteilung von J. Strauß wegen »verbotenen Spiels und einer feuersgefährlichen Handlung«

1835

In Wien Tod von Franz I., bis 1806 letzter römisch-deutscher Kaiser, seit 1804 Kaiser von Österreich; sein Sohn Ferdinand I. folgt ihm; eine »Geheime Staatskonferenz« übernimmt die österreichischen Regierungsgeschäfte, da Kaiser Ferdinand I. nicht handlungsfähig ist — Verbot der liberalen Bücher des »Jungen Deutschlands« bis 1842 (Börne, Gutzkow, Heine, Laube u. a.)

1835

Bettina von Arnim: Goethes Briefe mit einem Kinde — Büchner: Dantons Tod; Büchner flieht in die Schweiz über Straßburg — Nestroy: Zu ebener Erde und erster Stock oder Die Launen des Glückes — J. Grimm: Deutsche Mythologie

1835

Einführung der allgemeinen Volksschule in Sachsen — Erste deutsche Eisenbahn zwischen Nürnberg und Fürth — Revolver von Colt — James Gordon Bennett gründet »New York Herald« als 1-Cent-Massenblatt

1836

Karl Ludwig Napoleon (III.), Neffe von Napoleon I., versucht vergeblich in Straßburg sich zum Kaiser zu machen; wird nach Amerika verbannt

1836

Heine: Die romantische Schule — Lenau: Faust — Immermann: Die Epigonen — Dickens: Die Pickwickier — Schopenhauer: Über den Willen in der Natur — Tod von Ferdinand Raimund. Geburt des Malers Franz von Lenbach

1836

Dreyse: Hinterlader-Zündnadelgewehr — Preußisches Medizinalgesetz mit Anerkennung der Zahnheilkunde — Gründung in Triest des »Österreichischen Lloyd«

1837

Victoria, Königin von Großbritannien (bis 1901); »Viktorianisches Zeitalter« des Bürgertums

1837

Lenau: Savonarola — Eichendorff: Das Schloß Dürande — Dickens: Oliver Twist — Tod von Georg Büchner

1837

Dove: Polare und äquatoriale Luftströmungen bestimmen das europäische Wetter — Schreibtelegraph von Samuel Morse — Eisenbahn Leipzig—Dresden — Das »Tabakrauchen auf den Gassen und Plätzen in der inneren Stadt« wird vom Wiener Magistrat untersagt

1838

Kaiser Ferdinand I. von Österreich wird in Mailand mit der »Eisernen Krone« zum König von Lombardo-Venetien gekrönt — Tod des französischen Staatsmannes Talleyrand

1838

Grillparzer: Weh dem, der lügt — Annette von Droste-Hülshoff: Gedichte — Immermann: Münchhausen — Mörike: Gedichte — Brentano: Gockel, Hinkel und Gackeleia.
R. Schumann: Kinderszenen (Klavierstücke)

1838

Erste preußische Eisenbahn Berlin—Potsdam

1839

Unterzeichnung des Londoner Protokolls, welches Belgiens Unabhängigkeit und dauernde Neutralität bestätigt — Beginn des englisch-chinesischen Opiumkrieges und der Orientalischen Krise (Krieg zwischen Türkei und Ägypten)

1840

In der Orientalischen Krise unterstützen die meisten europäischen Staaten die Türkei, Frankreich dagegen Ägypten — Tod von Friedrich Wilhelm III., König von Preußen; ihm folgt Friedrich Wilhelm IV.

1841

Dardanellen-Vertrag in London verbietet allen fremden Kriegsschiffen die Durchfahrt der türkischen Meerengen — Truppen einer britisch-österreichischen Flotte besetzen Beirut; die Briten beschießen Alexandria

1842

Ende des englisch-chinesischen Opiumkrieges; China tritt im Frieden von Nanking Hongkong an Großbritannien ab

1839

Stendhal: Die Kartause von Parma. Spitzweg: Der arme Poet — Geburt der Maler Cézanne, Sisley und Hans Thoma. Berlioz: Romeo und Julia — Chopin: Préludes, op. 28 für Klavier — R. Schumann: Nachtstücke, op. 23 für Klavier

1840

Nestroy: Der Talisman, Uraufführung in Wien — »Der Condor« und »Das Heidedorf«, erste Erzählungen von A. Stifter in Wien veröffentlicht — Hebbel: Judith — Bettina von Arnim: Die Günderode — Geburt des französischen Schriftstellers Emile Zola.
Tod von Caspar David Friedrich — Geburt des österreichischen Malers Hans Makart.
Chopin: Valse, op. 42 — Wagner: Rienzi (1837—1840) — Geburt des Komponisten Tschaikowsky

1841

Nestroy: Das Mädel aus der Vorstadt — Eichendorff: Die Glücksritter — Charles Sealsfield: Das Kajütenbuch. R. Schumann: 1. Symphonie B-Dur (Frühlingssymphonie) — Chopin: 2 Nocturnes — Wagner: Der fliegende Holländer (1840/41).
Geburt des Komponisten Anton Dvořák — Tod von Karl Friedrich Schinkel

1842

Annette von Droste-Hülshoff: Die Judenbuche — Lenau: Die Albigenser — Nestroy: Einen Jux will er sich machen — Tod von Clemens Brentano und Stendhal.
Geburt des Malers Renoir.
Rossini: Stabat Mater (1832—1842) — Meyerbeer wird Generalmusikdirektor der Berliner Oper

1839

In Paris führt Daguerre die von ihm erfundene Photographie (Daguerrotypie) erstmals vor — J. L. Stephens entdeckt die Maya-Kultur — Goodyear: Kautschuk-Vulkanisation — Schwan entdeckt Kern der Tierzelle

1840

Karl Basedow beschreibt die nach ihm benannte Krankheit — In Wien entwickelt J. Petzval das erste spezielle Photo-Objektiv (16x lichtstärker als das Daguerre-Objektiv) — Liebig: Die organische Chemie in ihrer Anwendung auf Agrikultur und Physiologie (begründet Anwendung der künstlichen Düngung) — Erste Briefmarken in England

1841

Friedrich Voigtländer: Kinematographisches »Lebensrad« (»Zauberscheibe«) und photographische Metallkamera mit Petzval-Objektiv — Beginn der Dampfschiffahrt auf dem Main — Eröffnung des Zoologischen Gartens in Berlin — Beginn der allgemeinen Gasbeleuchtung in Wien

1842

Doppler veröffentlicht in Wien seine bahnbrechende Arbeit über das Prinzip der Wellenlehre (Doppler-Effekt) — Schönbein entdeckt Ozon — Baedeker: »Handbuch für Reisende durch Deutschland und das österreichische Kaiserreich« — Michael Thonet beginnt mit der Produktion der Wiener Bugholzmöbel — Totale Sonnenfinsternis in Wien

GESCHICHTE/POLITIK	KULTUR	ZEITCHRONIK
1843	*1843*	*1843*
Tausend Jahre Deutsches Reich wird feierlich begangen — Die ungarischen Stände erreichen, daß im ungarischen Reichstag nur die ungarische Sprache verwendet wird	Bettina von Arnim: Dies Buch gehört dem König — Lenau: Don Juan (1842—1844) — Hebbel: Genoveva — Karl Marx: Religion ist das Opium des Volkes — Tod von Friedrich Hölderlin	Alexander von Humboldt: Asie centrale (2 Bde. bis 1844) — James Joule bestimmt die Wärmeäquivalenz mechanischer Arbeit — Gründung der Wirtschaftszeitschrift »The Economist« — Bevölkerung im Deutschen Bund: 46 Millionen
1844	*1844*	*1844*
Aufstand der Weber in Schlesien — Marx lernt Engels in Paris kennen	Bettina von Arnim: Clemens Brentanos Frühlingskranz — Annette von Droste-Hülshoff: Gedichte — Hebbel: Maria Magdalene — Heine: Deutschland, ein Wintermärchen — A. Stifter: Wien und die Wiener — Dumas (Vater): Die drei Musketiere. Verdi: Ernani, Uraufführung in Venedig — J. Strauß (Sohn) debütiert mit einer eigenen Kapelle bei »Dommayer« in Wien-Hietzing	Liebig: Chemische Briefe — Fr. G. Keller entdeckt das Holzschliff-Papier — Vier- und mehrdimensionale Geometrie von H. Graßmann — In München werden die »Fliegenden Blätter« gegründet
1845	*1845*	*1845*
Geburt von Ludwig II., ab 1864 König von Bayern — Karl Marx wird aus Frankreich ausgewiesen und geht nach Brüssel (1848 nach Paris, dann Köln und schließlich London) — Petition der Wiener Schriftsteller an den Kaiser für ein geordnetes Zensurverfahren	Dumas (Vater): Der Graf von Monte Christo. R. Wagner: Tannhäuser (1842—1845)	A. von Humboldt: Kosmos (5 Bde. bis 1862), umfassend beschreibendes Weltbild — Geburt von Wilhelm Röntgen — Die steigende Arbeitslosigkeit in Wien führt zu Unruhen in der Bevölkerung (Lebensmittelpreise steigen um mehr als 100%)
1846	*1846*	*1846*
Beginn des dänisch-preußischen Konfliktes — Unruhen in Galizien; der Aufstand der polnischen Nationalisten wird von österreichischen Truppen niedergeschlagen; der Freistaat Krakau wird dem Kaiserreich Österreich einverleibt	Mörike: Die Idylle vom Bodensee — H. Chr. Andersen: Das Märchen meines Lebens — Edward Lear: The Book of Nonsense. Mendelssohn: Elias — Johann Strauß (Vater) wird Hofballmusikdirektor	E. Howe: Doppelstich-Nähmaschine (1851 von J. M. Singer verbessert und produziert) — Carl Zeiss gründet Optische Zeisswerke in Jena — In Wien erfindet der Arzt A. Martin Pleischl das emaillierte Blechgeschirr

1847

Sonderbundskrieg in der Schweiz — Hungernde Arbeitslose plündern in den Wiener Vorstädten Lebensmittelgeschäfte — Tod von Marie-Louise, Tochter des österreichischen Kaisers Franz I. und frühere Gemahlin Napoleons

1848

Februar-Revolution in Paris; König Ludwig Philipp dankt ab; Frankreich wird (2.) Republik mit Karl Ludwig Napoleon als Präsidenten — März-Revolutionen in Deutschland und Österreich mit dem Ziel demokratischer Verfassungen — Aufhebung der Karlsbader Beschlüsse von 1819 — Metternich flieht nach London — Deutsche Nationalversammlung in der Paulskirche zu Frankfurt/Main arbeitet Verfassung aus.
Juni-Aufstand in Paris wird blutig niedergeschlagen — Oktober-Revolution in Österreich; Kaiser Ferdinand I. dankt ab; Franz Joseph I., Kaiser von Österreich bis 1916; J. Graf Radetzky stellt österreichische Herrschaft in dem aufständischen Ober-Italien wieder her — Ungarische und tschechische Erhebungen gegen den Habsburger — Schweiz wird Bundesstaat — »Kommunistisches Manifest« von Marx und Engels erscheint

1847

Heine: Atta Troll — »Struwwelpeter« des Arztes Heinrich Hoffmann erscheint.
Geburt des Malers Max Liebermann — Tod des Komponisten Mendelssohn-Bartholdy

1848

Nestroy: Freiheit in Krähwinkel — Grillparzer: Der arme Spielmann — J. Grimm: Geschichte der deutschen Sprache — Dumas (Sohn): Die Kameliendame.
Honoré Daumier beginnt »Représentants, représentés« und »Actualités«, über 1000 graphische Blätter zur Zeitsatire — Geburt des französischen Malers Paul Gauguin

1847

Erste Chloroform-Narkose in England durch Simpson — Niepce: Glasphotoplatten — Hamburg-Amerika-Linie (HAPAG) gegründet — Telegraphenlinie Wien—Brünn—Prag, die erste große europäische Überlandverbindung

1848

Bismarck gründet »Neue Preußische Zeitung« (»Kreuz-Zeitung«) — Karl Marx gründet »Neue Rheinische Zeitung« — In Deutschland wird der 12-Stunden-Arbeitstag gefordert — Goldfunde in Kalifornien lösen Massenauswanderung aus

Literatur:

Werner Stein, Der große Kulturfahrplan, München 1987

Bürgersinn und Aufbegehren. Biedermeier und Vormärz in Wien, 1815—1848, Wien 1987/88

Kunst des Biedermeier, 1815—1835, München 1988

BIBLIOGRAPHIE
(Auswahl)

UNVERGÄNGLICHES ÖSTERREICH — Ferdinand Georg Waldmüller und seine Zeit. Ausstellungskatalog, Villa Hügel, Essen 1960

GRIMSCHITZ, BRUNO — Die Altwiener Malerei. Unbekanntes und bekanntes Biedermeier, Wien 1961

FEUCHTMÜLLER, RUPERT; MRAZEK, WILHELM — Biedermeier in Österreich, Wien/Hannover/Bern 1963

HERMANN, GEORG — Das Biedermeier im Spiegel seiner Zeit, Hamburg 1965 (1. Aufl. Berlin 1913)

DER WIENER KONGRESS. 1814—1815 — Ausstellungskatalog, Wien 1965

BERLINER BIEDERMEIER VON BLECHEN BIS MENZEL — Ausstellungskatalog, Bremen 1967

DER FRÜHE REALISMUS IN DEUTSCHLAND. 1800—1850 — Ausstellungskatalog, Nürnberg 1967

BUCHSBAUM, MARIA — Deutsche Malerei im 19. Jh. Realismus und Naturalismus, Wien/München 1967

BÖHMER, GÜNTER — Die Welt des Biedermeier, München 1968

WIEN 1800—1850 — Empire und Biedermeier, Ausstellungskatalog, Historisches Museum der Stadt Wien 1969

WIENER PORZELLAN 1718—1864 — Ausstellungskatalog, Wien 1970/71

HOUBEN, HEINRICH HUBERT — Der gefesselte Biedermeier. Literatur, Kultur, Zensur in der guten alten Zeit, Hildesheim 1973 (1. Aufl. Leipzig 1924)

DAS JAHRHUNDERT DES WIENER AQUARELLS — 1780—1880. Ausstellungskatalog, Graphische Sammlung Albertina, Wien 1973

GENSCH, DIETLIND — Biedermeier, Leipzig 1976

BUCHSBAUM, MARIA — Ferdinand Georg Waldmüller, Salzburg 1976

KOCH, HORST — Wiener Biedermeier, Ramerding 1977

ENDLER, FRANZ — Wien im Biedermeier, Wien 1978

DER WIENERWALD — Malerei und Graphik des 19. Jhs. Ausstellungskatalog des Historischen Museums der Stadt Wien (Hermesvilla), 1978

VIENNA IN THE AGE OF SCHUBERT — Ausstellungskatalog, London 1979

KRÜGER, RENATE — Biedermeier. Eine Lebenshaltung zwischen 1815 und 1848, Leipzig 1979

GEISMEIER, WILLI — Biedermeier, Leipzig 1979

TROLLOPE, FRANCES — Briefe aus der Kaiserstadt, Gütersloh 1980 (Originalausgabe: »Vienna and the Austrians«, London 1838)

KRETSCHMER, HILDEGARD — Biedermeier, München 1980

SPEIGL, WALTER — Biedermeier-Gläser, München 1981

NEUWIRTH, WALTRAUD — Biedermeiertassen, München 1982

KESSLER-AURISCH, HELGA — Mode und Malerei in Wien. Vom Wiener Kongreß bis zum Ersten Weltkrieg. Diss., Bonn 1983

FORSTNER, REGINA — Kreuzstichmuster aus der Biedermeierzeit, Rosenheim 1983

BERNHARD, MARIANNE — Das Biedermeier. Kultur zwischen Wiener Kongreß und Märzrevolution, Düsseldorf 1983

MARQUARDT, BRIGITTE — Schmuck. Klassizismus und Biedermeier 1780—1850. Deutschland, Österreich, Schweiz. München 1983

NIPPERDEY, THOMAS — Deutsche Geschichte 1800—1866, Bürgerwelt und starker Staat, München 1983

BAUMSTARK, REINHOLD — Wiener Biedermeier. Gemälde aus den Sammlungen des regierenden Fürsten von Liechtenstein, Ausstellungskatalog Vaduz 1983

STERK, HARALD — Industriekultur in Österreich. Der Wandel in Architektur, Kunst und Gesellschaft von 1750 bis 1873, Wien 1984

MÜLLER, GISELA — Ferdinand Georg Waldmüller. Ein Beitrag zum Frauenbildnis des Biedermeier, St. Augustin 1984

DIE AERA METTERNICH — Ausstellungs-katalog, Historisches Museum der Stadt Wien 1984

WAISSENBERGER, ROBERT (Hrsg.) — Wien 1815–1848. Bürgersinn und Auf-begehren. Die Zeit des Biedermeier und Vormärz, Fribourg 1986

PRESSLER, RUDOLF; STRAUB, ROBIN — Biedermeier-Möbel, München 1986

DRIMMLER, HEINRICH — Franz von Österreich. Kaiser des Biedermeier, Wien/München 1986

HOLLER, GERD — Gerechtigkeit für Fer-dinand, Wien/München 1986

FRODL, GERBERT — Wiener Malerei der Biedermeierzeit, Rosenheim 1987

KOSCHATZKY, WALTER — Österreichi-sche Aquarellmalerei 1750–1900. Ge-schichte, Künstler, Meisterwerke. Fri-bourg 1987

NÖDL, CARL (Hrsg.) — Das unroman-tische Biedermeier. Eine Chronik in Zeitdokumenten 1795–1857, Wien 1987

BIEDERMEIERS GLÜCK UND ENDE — Die gestörte Idylle, 1815–1848. Ausstellungs-katalog Stadtmuseum München 1987

NORMAN, GERALDINE — Die Maler des Biedermeier, 1815–1848. Freiburg 1987

WILKIE, ANGUS — Biedermeier. Eleganz und Anmut einer neuen Wohnkultur am Anfang des 19. Jhs., Köln 1987

BADEN UND WÜRTTEMBERG IM ZEIT-ALTER NAPOLEONS — Ausstellungskata-log Stuttgart 1987

SCHLESIEN IN DER BIEDERMEIERZEIT — Ausstellungskatalog Wertheim 1987

HIMMELHEBER, GEORG — Biedermeier-möbel, München 1987

SAIDI, EVA — Biedermeier-Stickerei, Rosenheim 1987

HAUSEN, ALICE — Die zensurierte Muse. Musikleben im Wiener Bieder-meier, Köln 1987

DINKEL, JOSEPH — Wagenmoden im Biedermeier. Stadtwagen, Reise- und Sportfahrzeuge zwischen 1830 und 1840, Düsseldorf o.J.

WITZMANN, REINGARD — Freund-schaftskarten und Glückwunschkarten aus dem Wiener Biedermeier. Hrsg. vom Historischen Museum der Stadt Wien, Düsseldorf o.J.

BÜRGERSINN UND AUFBEGEHREN — Bie-dermeier und Vormärz in Wien, 1815 bis 1848, Ausstellungskatalog, Wiener Künstlerhaus 1987/88. Sonderausstel-lung des Historischen Museums der Stadt Wien

HIMMELHEBER, GEORG (Hrsg.) — Kunst des Biedermeier, 1815–1835. Ausstel-lungskatalog Haus der Kunst, Mün-chen 1988/89

Die INTERNATIONALEN TAGE wurden auf Initiative von Dr. Ernst Boehringer zum ersten Mal im Jahre 1959 in Ingelheim veranstaltet. Dahinter stand der Gedanke, die Kenntnis über andere Länder und das Verständnis dafür in Ingelheim zu fördern. Die ersten INTERNATIONALEN TAGE galten im Frühjahr 1959 *Frankreich*. Der Erfolg dieser Veranstaltung führte im Herbst des gleichen Jahres dann bereits zu *Schweizer Tagen*.

So wurden ununterbrochen bis heute jedes Jahr die INTERNATIONALEN TAGE mit erweiterten Programmen durchgeführt. 1960 wurden *Spanische Tage* veranstaltet, erstmals mit einer größeren Kunstausstellung mit Werken von Picasso, Miró, Tàpies, Saura und Chillida. Als günstigste Zeit bildeten sich die Monate Mai und Juni heraus. Im Jahre 1964 waren es *Holländische Tage*, wobei holländische Maler des 17. Jahrhunderts sowie seltene Radierungen von Rembrandt im Mittelpunkt standen.

Patricia Rochard – François Lachenal

Inzwischen haben bis 1988 31 INTERNATIONALE TAGE stattgefunden, die jeweils einem Land oder auch einem Künstler gewidmet waren, so z.B.:

Griechenland (1965), *Japan* (1967), *Jugoslawien* (1969), *Brasilien* (1970), *Mexiko* (1975), *Polen* (1978), *Westafrika* (1982); 1966 Zeichnungen und Graphiken von *Goya*, 1968 *Toulouse-Lautrec*, 1971 *Honoré Daumier*, 1977 das graphische Gesamtwerk von *Edouard Manet*, 1979 *Paul Klee* und 1981 *Picasso*. Aber auch bei den gezeigten Ländern stand eine Kunstausstellung stets im Mittelpunkt der INTERNATIONALEN TAGE. Den größten Publikumserfolg hatten 1972 bei den *Türkischen Tagen* die Pergamon-Ausstellung in Erinnerung an Erich Boehringer sowie ebenfalls die Ausstellungen *100 Jahre Kunst in Deutschland (1885-1985)*, 1986 *Burgund im Spätmittelalter (12.-15. Jh.)* sowie 1987 *Kunst in Venedig 16.-18. Jh.*

Zur Ausstellung erscheint jeweils ein Katalog mit wissenschaftlichen Beiträgen und Abbildungen aller ausgestellten Werke.

Seit 1976 werden die INTERNATIONALEN TAGE gemeinsam mit der Stadt Ingelheim und dem Weiterbildungszentrum durchgeführt. Gemeinsam wird auch jeweils ein umfangreiches Rahmenprogramm aufgestellt, mit Konzerten, Theater und Filmen, Seminaren, Verkaufsausstellungen in Ingelheimer Geschäften, Weinproben und sportlichen Veranstaltungen.

Die INTERNATIONALEN TAGE sind institutionelles Mitglied des Internationalen Museumsrates (ICOM). Nachfolgend sind die früheren Ausstellungen mit dem entsprechenden kulturellen Rahmenprogramm aufgeführt.

März 1959
Französische Tage
Vortrag: Wozu Dichter in dürftiger Zeit?, von Pierre Bertaux; Einführung durch Prof. Carlo Schmid
Chansonabend Marc et André; Marionetten von Yves Joly
Konzert für Orgel und Violinen (D. und R. Hellmann, F. Müller)

Pierre Bertaux, Professor an der Universität Sorbonne, Paris

Kurzfilme – Spielfilme (La grande illusion; Die Ferien des Herrn Hulo)
Weinprobe – Besuch einer französischen **Schulklasse**

Oktober 1959
Schweizer Tage
Ausstellungen: Die besten Plakate 1958; Lehrmittel aus der Schweiz
Vorträge: Europa und die Angst, von Prof. Karl Schmid; Heutiges Planen und Bauen, von Prof. Alfred Roth; Die Schweizer Volksschule, von Dr. Martin Simmen; Rettungs- und Transportflüge in den Alpen, von Hermann Geiger
Theater: Die große Wut des Philipp Hotz (Max Frisch)
Konzert des Viola-da-gamba-Quartetts (A. Wenzinger, Basel)
Folklore-Abend mit Lini Sollberger und Seppetoni Niederberger (Alphorn, Fahnenschwingen)
Kulturfilme – Sing- und Turnfest
Weinprobe – »Schweizer Stube« (Fondue und Râclette)
Grußworte von Prof. Jean R. de Salis im Programmheft

1960
Spanische Tage
Ausstellung: Picasso – Miró – Tàpies – Saura – Chillida (Malerei, Plastik, Keramik). Leihgeber: Barcelona, Xavier Vidal de Llobatera; Juan Antonio Samaranch; Paris, Mme. P. Cuttoli, Mme. Françoise Gilot, Galerie Louise Leiris; Schweiz, Othmar Huber, Glarus, Galerie Rosengart, Luzern; Deutschland, Berthold Müller-Oerlinghausen, Kressbronn, Privatsammlung Ingelheim
Vorträge: Reise durch Spanien, von Dr. Eva-Maria Wagner; Spanien, Bastion

Europas, Brücke nach Nordafrika und Amerika, von Prof. Percy Ernst Schramm
Spanische Lyrik (Jiménez, Machado, Lorca, Vicente Aleixandre, Alberti, Hernández, José Herrera Petere) Einleitung: Prof. E. W. Palm, Heidelberg
Gitarre: J. de Azpiazu
Theater: Die wundersame Schustersfrau (F. Garcia Lorca)
Liederabend Pilar Lorengar
Spielfilme (Der Tod eines Radfahrers; Hauptstraße; Calabuig) – **Volksfest-Flamenco**
Weinprobe – Bodega
Grußworte von Vicente Aleixandre im Programmheft

1961
Österreichische Tage
Ausstellungen: Textilien; Kunsthandwerk; Bücher
Vorträge: Humanität heute, von Prof. Friedrich Heer; Vom Bregenzerwald zum Wienerwald, von Th. Brieger; Rationeller Weinbau, von Lenz Moser; Österreich und die Lande am Rhein, von Dr. R. Laufner; Österreichische Dichter, von Janko von Musulin
Theater: Herzspezialist (Hans Holt)
Musik: Liederabend mit Anton Dermota – Kammerkonzert mit dem Hamann-Quartett (Pierrot Lunaire von Schönberg, Alban Berg, Anton Webern; Leitung: Francis Travis) – Kirchenkonzert (Mozart, Bruckner, Haydn; Leitung: Leopold Hager)
Spielfilme (Maskerade; Einen Jux will er sich machen)
Wiener Revue mit den Hoch- und Deutschmeistern und einem Operetten-Ensemble – **Modenschau**
Weinprobe – Hansl und Rudi beim Heurigen
Grußworte von Friedrich Heer im Programmheft

1962
Britische Tage
Ausstellung: Genuß- und Nahrungs-mittel; Textilien; Die neue Stadt: Stevenage; Bücher. Eine Plastik von Henry Moore. Ein Ölbild von Winston Churchill
Vorträge: Englisch-deutsche Beziehungen, von Prof. Agnes Headlam-Morley; Das britische Commonwealth, von R. Steed; Old England, von H. D. Molesworth; Essen und Trinken in England, von G. Mikes; Gespräch am Runden Tisch mit Mrs. Evelyn Emmet, J. B. Hynd, T. Prittie, A. von Kessel, Stefan Thomas
Theater: Twelfth-night (Shakespeare), Trial by Jury (Gilbert and Sullivan) –
Konzert Julian Bream (Laute); **Kirchenkonzert** (Purcell, Dunstable, Händel)
»Free Cinema«-Abend; Spielfilme (Terminus; Time without Pity)
Volksfest mit »Morris Dancers«, »The Elizabethans« (Jigs), Kapelle der Royal Ulster Rifles und Dudelsack-pfeifer
Sport: Tischtennis, Fußball

Teeprobe, Alkoholprobe – »Brown's Inn«
Grußworte von Robert Birley im Programmheft

1963
Italienische Tage
Ausstellungen: Kunsthandwerk (Glas, Keramik, Stroh, Leder, Handweberei); Graphik; Alte Bücher; Industrie-Land Italien; »Compasso d'oro« (Die neue Form)
Vorträge: Die Stadt gestern – heute – morgen, von Prof. L. Piccinato; Literatur der Gegenwart, von G. Selvani; Gespräch am Runden Tisch mit Quinto Quintieri, A. von Kessel, Prof. René König, A. Kohn-Brandenburg, G. Stein – Dante-Lesung
Theater: Die Narrenkappe (Pirandello)
Neue Musik (Severino Gazzeloni, Flöte, und Niccolo Castiglioni, Klavier)
Opernabend mit Clara Foti, Giuseppe Nait
Kirchenkonzert (Frescobaldi, Monteverdi, Scarlatti, Vivaldi)
Dokumentarfilme; Spielfilme (Senso; Danilo Dolci; Liebe 1962)
Volksfest mit Chor aus Verona und Tanzgruppe aus Orgosolo (Sardinien); Marionetten aus Sizilien
Sport: Radrennen
Weinprobe – »Trattoria da Bruno«
Grußworte von Guido Piovene im Programmheft

Dr. Ernst Boehringer und Julius Liebrecht empfangen italienische Gäste im Verwaltungsgebäude von Boehringer Ingelheim

1964
Holländische Tage
Ausstellungen: Holländische Zeichnungen des 17. Jahrhunderts; Radierungen von Rembrandt; Industrie in den Niederlanden; Karel Appel; Blumenschau
Vorträge: Die Wirkung Rembrandts, von Dr. A. B. de Vries; Albert Verwey und Stefan George, von Dr. Stefan Radt; Der Obstbau und die moderne Schädlingsbekämpfung, von Dr. A. F. H. Besemer; Der Kampf der Holländer mit dem Wasser, von J. van Heurck; Gespräch am Runden Tisch mit Prof. W. F. de Gay Fortman, Bert E. L. Stoop, Louis A. van Gasteren, Dr. H. A. Jacobsen, Fabian von Schlabrendorff, Leitung: Prof. Henk Prakke
Pantomimen-Abend Rob van Reijn – Der **Niederländische Kammerchor** (Felix de Nobel) und P. Fischer (Orgel)

Rembrandt · *Antiope und Jupiter 1659*
Radierung · Privatbesitz Deutschland

Kurzfilme (Bert Haanstra-Abend)
Volksfest mit Maurits-Harmonie und
Tanzgruppe »Twente«
Sport: Schützenfest; Klootschieten
Käsespezialitäten
Besuch des Gymnasiums aus Bussum;
Haarlemer Bloemenmeisjes; Riesen-
drehorgel aus Gouda – »Eethuis de
Bruin«, »Schweikhards Hoek«
Grußworte von Henk Prakke
im Programmheft

1965
Griechische Tage
Ausstellungen: Dionysos – Griechische
Antiken; Griechisch-byzantinische
Kunst
Vorträge: Die byzantinische Ikonen-
malerei, von H. Skrobucha; Mythos
und Wahn bei den Griechen, von Prof.
Erika Simon; Byzanz und das
Abendland, von Dr. V. H. Elbern;
Der Gott Dionysos, von Prof. Walter
Marg; Picasso und die Antike, von
Dr. J. Thimme
Theater: Elektra (Sophokles)
Byzantinische Kirchenmusik
Kurzfilme
Tavernen

1966
Goya
Ausstellung: Zeichnungen, Radierun-
gen und Lithographien. Original-
Kupferplatten und Dokumente.
Leihgeber: Biblioteca Nacional,
Museo del Prado, Fundación Lázaro
Galdiano, Madrid; Bibliothèque
Nationale und Musée du Petit Palais,
Paris; Kunstmuseum, Basel;
Eidgenössische Technische Hoch-
schule, Zürich; Museen von Berlin,
Bremen, Hamburg, Köln; Privat-
sammler aus Spanien, der Schweiz
und Deutschland
Vorträge: Goya und sein Werk, von
Dr. P. A. Riedl; Wie entsteht eine
Radierung?, von E. Wenger; Goya –
Protagonist der Moderne, von Dr. E.
Gradmann
Kurzfilme

1967
Japanische Tage
Ausstellung: Ukiyo-e, Holzschnitte der
Sammlung Otto Riese, Lausanne;
Lack-, Schnitz-, Metall-, Tonarbeiten
(Leihgeber: Genf, Collection Baur;

Hamburg, Museum für Kunst und
Gewerbe; Köln, Museum für Ost-
asiatische Kunst; Ingelheim am Rhein,
Privatsammlungen); Shiryū Morita
(Shōdō); Papier und Papierkünste
(Origami, Kusa-e); Das japanische
Haus; Moderne Grafik und Aquarelle:
Nobuko Emoto (E-maki), Kenzô
Takenaka, Nagoya, Pierre Landy,
Paris, Hakuō Iriyama, Tōkyō
(»Urushietchings«), Tsuyoshi
Yayanagi; Fotoausstellung (Kazuko
Hamachi, Osaka, Nicolas Bouvier,
Genf, Martin Cohen und Fosco
Maraini, Tōkyō, Florian Steiner,
Kyōtō und Asolo)

Plakat der Japanischen Tage
Design: Horst Riehl

Vorträge: Der japanische Holzschnitt,
von R. Hempel; Das japanische Haus,
von Prof. E. von Erdberg-Consten;
Japans Wirtschaftsstellung in der Welt,
von Prof. K. Hax; Japanische Malerei,
von Prof. D. Seckel; Der Japonismus,
von Prof. L. Reidemeister; Shodō,
die ostasiatische Schreibkunst, von
I. Schaarschmidt-Richter; Vorführun-
gen von Kusa-e (Mrs. Keiko Hida),
Ikebana (Mrs. Fay Kramer)
Filme: Zeichentrickfilme von Yōji Kuri
Sport: (Schauturnen, Judō, Karate,
Aikidō, Kendō)
Grußworte von Nobusuke Kishi
im Programmheft und im Katalog

Japanisches Haus, in Ingelheim
aufgebaut: Zimmer mit tatami
(Reisstrohmatten) und tokonoma
(Ehrennische) mit ikebana
(Blumenarrangement)

Henri de Toulouse-Lautrec
Cha-U-Kao 1895 · Öl auf Karton
New York, Sammlung Mrs. Florence
Frank Jay Gould

1968
Henri de Toulouse-Lautrec
Ausstellung von Gemälden, Zeich-
nungen, Radierungen, Lithographien,
sämtlichen Plakaten; Briefe,
Dokumente. Leihgeber: Albi, Musée
Toulouse-Lautrec; Paris, Musée du
Petit Palais; London, British Museum,
Victoria and Albert Museum,
Courtauld Institute Galleries; Oxford,
Ashmolean Museum; Basel, Kunst-
museum; Zürich, Kunstgewerbe-
museum; Boston, Museum of Fine
Arts; Bremen, Kunsthalle; Frankfurt
am Main, Städtische Galerie;
Hamburg, Museum für Kunst und
Gewerbe, Kunsthalle; Hannover,
Kestner-Museum; Ulm, Ulmer
Museum; Privatsammler aus Frank-
reich, England, der Schweiz, den USA
und Deutschland
Weitere Ausstellungen: La Belle
Epoque: Frankreich um die Jahr-
hundertwende – Illustrierte Zeitungen.
Leihgeber: Félix Labisse, Paris –
Originalaufnahmen von Yvette
Guilbert und Aristide Bruant; Mode;
Auto- und Fahrradmodelle
Vorträge: Henri de Toulouse-
Lautrec, von Dr. Wolf Stubbe;
Wie entsteht eine Lithographie?,
von H. Kaufmann, Mainz; Der Jugend-
stil, von Dr. Gisela Zick, Köln;
Das Plakat, von Dr. Willy Rotzler,
Zürich
Weinprobe: Südfranzösische Weine
mit Referaten über »Probleme des
Weinbaus in größeren Europa« von
Georges Vabre, Paris, und Dr. Kurt
Becker, Dalsheim
Kostümball 1900 mit French Can-Can,
getanzt vom Ballett-Ensemble des
Städtischen Theaters Mainz, Chansons
Modenschau, gestaltet vom Damen-
komitee des Carnevalvereins Wäsch-
bächer 1885, Ingelheim am Rhein
»Tease-in«

1969
Jugoslawische Tage
Ausstellungen: Jugoslawische Volks-kunst aus den Ethnographischen Museen in Belgrad, Cetinje, Ljubljana, Sarajevo, Skopje, Split und Zagreb; Mittelalterliche Fresken aus Kloster-kirchen Serbiens und Makedoniens; Kirchenschätze des 13.-16. Jahr-hunderts aus Serbien; Fotoausstellung, Aufnahmen von Tošo Dabac, Zagreb; Politische Karikaturen von Adi Mulabegović, Sarajevo; Briefmarken-ausstellung; Neueste Grafik aus Jugoslawien: Werke von Bernik, Debenjak, Djak, Galić, Hožo, Maraž, Šutej; Möbel, Teppiche und Kunst-gewerbe aus Jugoslawien
Vorträge: Volksglauben in Jugoslawien, von Dr. Slobodan Zečević; Masken und Maskenbräuche in Jugoslawien, von Dr. Boris Kuhar, Ljubljana; Mittel-alterliche Fresken in Serbien und Makedonien, von Prof. Dr. Richard Hamann-Mac Lean, Mainz; Selbst-verwaltung in der jugoslawischen Wirtschaft, von Prof. Dr. Rikard Lang, Zagreb; Die zeitgenössische Literatur, von Prof. Anton Slodnjak, Ljubljana
Musik: Slowenisches Oktett, Ljubljana; Motetten und Madrigale von Jakobus Gallus
Jazzkonzert des Zagreb-Jazzquintetts
Filme: Reise durch Jugoslawien; Zeichentrickfilme; Eigenartige Volks-bräuche in Jugoslawien; Ich traf sogar glückliche Zigeuner; der Liebesfall; Der Traum
Sport: Schauturnen
Jugoslawisches Volksfest, National-folkloregruppe »Lado«
Weinprobe

1970
Brasilianische Tage
Ausstellungen: Kultur und Kunst der Indianer, aus den Völkerkundemuseen von Basel, Berlin-Dahlem, Genf, Hamburg, Stuttgart; Gemälde von Frans J. Post (17. Jh.), Radierungen von Max von Wied, Drucke von J. B. Debret (19. Jh.); Afrobrasilianische Religionen; Zeitgenössische Grafik (E. Araujo, E. Behring, S. Esmeraldo, M. Grassman, F. Ostrower, A. L. Piza, I. Pons, A. L. Quadros, Perez Rossini), Plastik (F. Krajcberg), Collagen (Nina Barr), Wandteppiche (N. Nicola, J. Dochez, M. A. Pedrosa, M. Zoboran, Eila); Edelsteine und Schmuck (Lilly Richter-Montagne); Fotografien (Fulvio Roiter); Sakrale Kunst: Skulpturen aus dem 16.-18. Jh. aus den Museen von Salvador-Bahia, Ouro Prêto und Sammlungen A. Rodrigues (Recife) und H. Görgen (Bonn)
Vorträge: Kunst der brasilianischen Indianer, von Otto Zerries; Sozialer und kultureller Wandel bei den Indianern Brasiliens, von Egon Schaden; Wirtschaftliche Expansion in Brasilien, von Karl Hax; Der Amazonawald und seine Tierwelt, von F. Schaller; Brasilien und der europäische Barock, von E. W. Palm; Moderne Architektur in Brasilien, von Rainer Neusch; Die Literatur in

Brasilien, von C. Meyer-Clason; Afrobrasilianische Religionen, von Juana Albein de Santos; Brasilien, seine Bedeutung für die westliche Welt, von H. Görgen
Musik: Madrigal Renascentista (Belo-Horizonte), J. Barrense-Dias und F. Perret (Gitarre und Flöte), Maura Moreira (Volkslieder), Yara Bernette (Klavier)
Filme: O Cangaceiro (Limo Barreto); Gott und der Teufel im Lande der Sonne; Antonio das Mortes (Glauber Rocha)
Carneval do Rio – Samba-Ensemble von Russo do Pandeiro
Weinprobe
Grußworte von Gilberto Freyre im Programmheft

1971
Honoré Daumier
Ausstellung von 19 Gemälden, 30 Zeichnungen, 365 Lithographien, Skulpturen (das Gesamtwerk). Leihgeber: Museen: Louvre, Petit Palais, Ecole Nationale des Beaux-Arts, Paris; Marseille, Reims (Frankreich); Courtauld Institute London, Ashmolean Oxford, Cardiff (Großbritannien); Rijksmuseum, Stichting van Gogh, Mesdag, Kröller-Müller, Boymans- van Beuningen (Niederlande); Basel, Genf, Zürich (Schweiz); Stuttgart und Privatsamm-lungen
Vorträge: Daumier, Leben und Werk, von Erwin Gradmann; Daumier und die Lithographie, von Wilhelm Weber; Daumier, Masse – Zeit, von Heinz R. Fuchs
Seminar »Bildende Kunst« mit Karin Thomas, Konrad Farner, Georg Bussman
Filme
Weinprobe aus Bordeaux

1972
Türkische Tage
Pergamon-Ausstellung in Erinnerung an Erich Boehringer
Skulpturen, Bronzen, Terrakotten, Münzen, Dokumente. Leihgeber: Pergamon-Museum, Berlin/DDR; Archäologische Museen in Istanbul, Bergama, Izmir; Museen von Rom, Neapel, Venedig; British Museum, London, Ashmolean Museum, Oxford; Cabinet des Médailles, Paris; Museen Genf, Den Haag, Berlin-Charlottenburg, Würzburg, München, Essen, Mainz, Privatsammlungen.

Vorträge: Die Hethiter und ihr Reich, von Rudolf Naumann; Der große Altar von Pergamon, von Elisabeth Rohde; Pergamon – Politik und Kunst, von Ernst Künzl; Tiere der Vorzeit, von Heinz Tobien; Kemal Atatürk, der Gründer der Türkischen Republik, von Ernst Hirsch; Galen, der Arzt aus Pergamon, von Kurt Ganzinger; Konstantinopel und Kleinasien; Kunst im byzantinischen Reich, von Otto Feld; Die deutsch-türkischen Bezie-hungen im Zeitalter des Barock, von Ekkehard Eickhoff
Filme: Ağit (Yilmaz Güney)
Konzert: Hühya Saydam (Klavier)
Ringkämpfe
»Bättlerfescht Pro Pergamo«
Essen und Trinken
Grußworte von S. E. V. Halefoğlu, Türkischer Botschafter in Bonn im Programmheft und im Katalog

1973
Schwedische Tage
Ausstellungen: Gemälde, Zeich-nungen, Radierungen von Carl Frederik Hill, Ernst Josephson, Carl Larsson, Anders Zorn, Holzschnitzereien von Axel Petersson Döderhultarn; Bücher-ausstellung; Bauernmalerei aus Dalarna; Grafik von Bolin, Lindström, Norrman, Rodhe, von Schantz, Schibli, Steen, Stenqvist, Strid, Thelander
Vorträge: Kunst und Normalität, Internationales Kolloquium mit Psychiatern und Kunsthistorikern: I. Mesterton (Josephson), N. Lindhagen (Hill), L. Navratil (Normalität, Kunst, Psychose); Das deutschsprachige Exil in Schweden nach 1933, von H. Müssener; Das Wasa-Schiff, von Kapitän Ohrelius; Alfred Nobel und die Nobelpreise, von Ulf von Euler; Linné – Systematiker und Mediziner, von H. Goerke; Der »Königspfad« – Wandern in Lappland, von M. Walder; G. Bucht, I. Birnbaum, Åke Lindgren: Sozialwesen, Außenpolitik, Kultur
Filme von Ingmar Bergman, Bo Wider-berg, Vilgot Sjöman und Astrid Lindgren
Orgelkonzert von Karl-Erik Welin; Musik aus Dalarna
Schnapsprobe
Grußworte von S. E. Sven Backlund, Schwedischer Botschafter in Bonn im Programmheft und im Katalog

1974
Ingelheim 774-1974
Ausstellungen: Ingelheim: Frühzeit – Karl der Große – Neuzeit; Die Ingel-heimer Königspfalz; Karolingische Fresken; Dokumente: Ingelheimer Oberhof, Sebastian Münster, Präsident Mohr, Multatuli, Robert Boehringer. Nachbildungen des »Trône de Dagobert« und der »Cathedra Sancti Petri« Leihgeber: British Museum, London; Ashmolean Museum, Oxford; Musée du Louvre und die Bibliotheken von Paris, Autun, Basel, Stuttgart, Trier; Abtei von St. Maurice, Wallis; Staatliche Museen Stiftung Preußischer Kulturbesitz, Berlin; Musée National

Teilkonstruktion des Frieses des Zeus-Altars im Pergamon Museum, Staatliche Museen zu Berlin (DDR), mit dem Abguß eines Göttertorsos, der im Dezember 1968 in Worksop (Notts./England) als Figur des Frieses erkannt wurde. Dieser wurde nach der Ausstellung dem Pergamon Museum überreicht und in den Fries eingefügt.

Rechts: »Alexanderkopf« (Istanbul); links: »Wilder Mann« (Bergama, Türkei) und »Jünglingskopf« (Pergamon Museum, Berlin)

Im Programmheft und Katalog:
Heimfahrt, *Gedicht*
von Robert Boehringer:

Mächtig ruhig fließt der Rhein
Schon seh ich die türme ragen
Auf den hängen warmer schein
Abendwinde düfte tragen
Feucht vom regen seltsam fruchtig
Sind es reben? Lindenblüten?
Kaiserdome: würdig wuchtig
Stumm die großen zeiten hüten
Oppen- Nacken- Bodenheim
Glänzen mir in goldnem licht
Pochend treibt mich sehnsucht heim
Heim zur Pfalz eh nacht einbricht.

Bibliographie (Hrsg. C. H. Boehringer Sohn): Ingelheim 774-1974 (Monographie, Ingelheim im Schrifttum)

Ingelheimer Chronik 1899-1950 (Auszüge aus der Ingelheimer Zeitung)

Ingelheim '74 (Wegweiser durch das kommunale, wirtschaftliche und kulturelle Leben)

Cathedra Sancti Petri
Eichenholz mit Elfenbeinplatten Peterskirche, Rom · 875 von König Karl dem Kahlen Papst Johannes VIII geschenkt. Gezeigt wurde eine Nachbildung, die für diese Ausstellung vom Römisch-Germanischen Zentralmuseum Mainz hergestellt wurde

des Monuments français, Paris; Landesmuseum, Darmstadt; Mittelrheinisches Landesmuseum und Römisch-Germanisches Zentralmuseum, Mainz; Museum Nassauischer Altertümer und Staatsarchiv, Wiesbaden; Historisches Museum, Ingelheim
Weitere Ausstellungen: Fotografien, Kinderzeichnungen, Kunsthandwerk und Ingelheimer Möbel, Briefmarken; Werke von Gustav, Armin und Hubertus Wermann, Hermann von Saalfeld und Eva Linden; Zeitgenössische Medailleurkunst
Vorträge: Europa, eine Bilanz, Internationales Kolloquium unter der Schirmherrschaft von Prof. Dr. h. c. Carlo Schmid; Moderator: Prof. O. Reverdin, Genf, mit Sven Backlund, Bonn, Anthony Hartley, London, Peter Schneider, Mainz, Claus Schöndube, Frankfurt, Gerhard Jennemann, Frankfurt; Ingelheim – Geschichte und Gegenwart, von Kurt Böhner; Kaiservilla, Kalifenschloß und Königspfalz, von Konrad Weidemann; Wie entsteht ein neues Arzneimittel?, von Alex Heusner; Sebastian Münster, von Karl Heinz Burmeister; Endloses Wachstum?, von Karl-Christian von Weizsäcker; Moderne Heimatpflege, von Helmut Mathy; Ingelheim – Mittelzentrum am Rande des Rhein-Main-Ballungsgebiets, von Prof. Friedrich Gunkel

Medizinische Filme: 2 cm³ Leben (Regie: Eckerhard Munck); Sinfonie in G-Dur (Regie: Eckerhard Munck); Keep Your Health (Regie: Grant Munro u. a., Kanada 1969); Volksmund – oder man ist, was man ißt (Regie: Markus Imhof, Schweiz 1973)
Andere Filme: Papst Johanna (Pope Joan – Großbritannien 1971), Die Legende von der in Ingelheim geborenen Päpstin Johanna (Regie: Michael Anderson) mit einer Einleitung von Klaus Völker
Theater: Das Haus in Montevideo von Curt Götz (Theatergemeinschaft des Sebastian-Münster-Gymnasiums; Regie: Jürgen Hufeld)
Musik: Tassilone (Tragödie für Musik in fünf Akten), Musik: Agostino Steffani, 1654-1726, Konzertante Aufführung mit dem Mainzer Kammerorchester, Leitung Günter Kehr. Konzerte mit der Schola gregoriana coloniensis, den katholischen Kirchenchören, den Bläserchören, der Jugendmusikschule und Monica von Saalfeld (Klavier)
Sport: Euro-Turnier der Kunstturner – Kaiser-Karl-Fischen – Handball (HSC Ingelheim gegen die Schweizer Meistermannschaft) – Judo – Kaiser-Karl-Schießen (Schützenfest) – Schwimmwettbewerb der Partnerstädte
Ball am Hofe Karls des Großen
Essen und Trinken
Weinprobe – Weinprobierkeller

1975
Mexikanische Tage
Ausstellungen: Präkolumbische Kunst. Kolonialkunst. Die Mexikanische Landschaft (19.-20. Jh.). Diego Rivera, José C. Orozco, David A. Siqueiros. Grafik von J. G. Posada. Taller de Gráfica Popular. Volkskunst. Leihgeber: Museo Nacional de Antropologia, México, Musée d'Ethnographie, Genève, Museum of Mankind, British Museum, London, Musée de l'Homme, Paris, Museum für Völkerkunde, Berlin, Kurt und Lore Stavenhagen, México; Museo Nacional del Virreinato, Tepotzotlan, Museo Nacional de Historia, México; Dirección General de Asuntos Culturales, Secretaria de Relaciones Exteriores de México; Lic. Licio Lagos, México; Taller de Gráfica Popular, México, Neue Gesellschaft für Bildende Kunst, Berlin; Ibero-Amerikanisches Institut, Berlin
Weitere Ausstellungen: Fotografien von Ursula Bernath und Manuel Alvarez Bravo; Zeichnungen von Anneliese Zerries; Plakatentwürfe; Kinderzeichnungen; Briefmarken; Kunsthandwerk, Silber, Edelsteine, Schmuck und moderne Grafik
Vorträge: Alt-Mexico, von Dieter Eisleb; Barockarchitektur, von Erwin W. Palm; Fiestas, von Helga Sybille Wyss-Paasche; Mazahua-Krankenhaus, von Theodor Binder; Volkskunst, von Erdmann Gormsen; Soziale Probleme, von Rodolfo Stavenhagen; »Mexico – ein Entwicklungsmodell«, Seminar mit Christian Graf von Krockow, Helga Steeg, Hans-Werner Tobler, Manfred Mols, Albrecht von Gleich, Erdmann Gormsen, Andreas Thimm
Filme: Reed-Mexico insurgente; Im Beben der Erde ist das Leben; Tan Kukul; Dokumentarfilme; Neuer Mexikanischer Film (Alexandro Jodorowski, Sam Pikinpah); Zyklus Buñuel
Musik: Henryk Szeryng, Violine; Vokalensemble Mainz singt aus dem Franco Codex von Fernando Franco
Sport: Gymnastik-Länderkampf Deutschland-Mexiko (Frauen)
Fiesta Mexicana: Ballett »Viva Mexico«, Mariachi-Kapelle – Wein- und Schnapsprobe – Essen und Trinken – Trio Los Pastores in den Gaststätten
Grußworte von Octavio Paz im Programmheft und im Katalog

1976
USA 200
Ausstellungen: Ingelheimer Schüler sehen Amerika; Geschichte Amerikas in Bildern; Grenzgebiete in der amerikanischen Architektur; Leihgeber: Centre de Construction Industrielle (CCI) des Centre Georges-Pompidou, Paris; Naive Bilder von Vivian Ellis; Kinderzeichnungen; Briefmarken; Kunsthandwerk, Silber, Schmuck; Moderne Grafik
Seminar: »Die deutsch-amerikanischen Beziehungen vom Dritten Reich bis 1952«, mit Vorträgen von James Riddleberger, Hans Speidel (Sicherheit und Bündnis), Heinz Mesenberg (Wirtschaftsbeziehungen), Siegfried von Nostitz (Deutschlandbild), Robert Grathwol (Deutsche Einwirkungen in USA) und Eberhard Kessel
Weitere Vorträge: Schule und Weiterbildung in den USA, von Heinz Müller; Das »freye« Land, von Ludwig Petry; Auswanderungen, von Karl Scherer; Mainzer Adelsverein, von Helmut Mathy; Eskimos, von Franz Sauer; Reise durch den amerikanischen Western, von Hans Sachs; Raumfahrt, von Heinrich Schiemann; Moderne Architektur, von Martin Schichtel; In San Francisco leben, von Dr. Magnus
Filme: Industriefilme, Dokumentarfilme; Alistair Cooke-Zyklus; Spielfilme
Musik: Europäische und amerikanische Chormusik mit dem Vokalensemble Mainz: Ciompi-Streichquartett; Chor der 7. Amerikanischen Armee; America in Concert; Amerikanische Folklore; Schools in Concert
Theater: Ein Abend in Salt Lake City; Das Gespenst von Canterville; Theatergemeinschaft des Sebastian-Münster-Gymnasiums
Sport und Spiel: Fußball; Turnen; Judo; Schießen; Volleyball; Angeln; Kegeln – Bowling
Openhouse der Mc Cully Barracks, Wackernheim – Amerikanische Militärparade – Maientanz – Tanz in die Freiheit (3./4. Juli)
Essen und Trinken
Probe kalifornischer Weine

1977
Französische Tage
Ausstellung: Edouard Manet – Das graphische Werk
Meisterwerke der Bibliothèque Nationale; weitere Leihgeber: Paris, Musée du Louvre, Galerie du Jeu de Paume und Cabinet des Dessins; Stockholm, Nationalmuseum; London, British Museum und Courtauld Institute Galleries; London, P & D Colnaghi & Co; Bremen, Kunsthalle; Frankfurt, Städelscher Museumsverein – Stiftung Goedecke Meyer; Hamburg, Kunst-halle; Stuttgart, Graphische Sammlungen der Staatsgalerie; Privatsammlungen
Weitere Ausstellungen: Die literarischen Beziehungen von 1933 bis heute; Französisches Kunsthandwerk – Brot, Wein, Käse; Moderne Wandteppiche von Jean Lurçat und Mario Prassinos; Fotoausstellung – sechs Familien in Frankreich; Die französische Presse; Die Partnerstadt Autun; Tapisserien von J. Perrin; Ingelheimer Schüler sehen Frankreich; Das Leben in Minot, Kinderzeichnungen; Briefmarken, Münzen; französisches Kunsthandwerk; Möbel, Schmuck; Moderne Graphik
Seminare: »Verfassung, Regierung, politische Parteien in Frankreich und Deutschland« mit Vorträgen von F.-G. Dreyfus (Institutionen und politische Parteien), Guy Sautter (Tradition und Direktwahlen zum Europäischen Parlament); »Das Spiel – Die Ethik der Zukunft« mit Vortrag von Pierre Bertaux (Spiel und Spieltrieb); »Deutschland und Frankreich. Die Wirklichkeit dargestellt durch ihre Medien« mit Vorträgen von Pierre Emmanuel (Rencontre de l'Allemagne) und Sigismund Freiherr von Braun (Frankreich und Deutschland); »Volksmusik heute – Renaissance einer Kulturform«; »Der Impressionismus in der Kunsterziehung« mit Vorträgen von Erwin Gradmann (Manet und der Impressionismus) und Camille Claus (Malerei als Ausdruck oder Kommunikation)
Weitere Vorträge: Manet – Leben und Werk, von Hans-Jürgen Imiela; Französische Malerei im 19. und 20. Jh., von Gina Spörr; Kulturpolitik und Wiedereröffnung der Mainzer Universität 1945/46, von Helmut Mathy; Provence, von Wolfgang Selzer; Volksgeist im Witz, von Norbert Sadler
Musik: Philippe Entremont, Klavier; Trierer Kammerchor, Französische Chor- und Orgelmusik; Frankreich »in Concert«; Französische Folklore
Theater: Dr. Knock oder der Triumph der Medizin von Jules Romains, Theatergemeinschaft des Sebastian-Münster-Gymnasiums
Filme: Reise durch Frankreich (Dokumentarfilme), Spielfilme von Marcel Carné, Jean Cocteau, J. Giovanni, Albert Lamorisse, Michel Lang, Adrian Maben, Louis Malle, Jean Renoir, Jacques Tati und François Truffaut
Sport: »Tour d'Ingelheim cycliste«, Fußball; Volleyball; Internationales Pfingstfischen; Boule
Deutsch-französisches Volksfest (Folklore aus Espalion)
Essen und Trinken
Weinprobe aus dem Loire-Tal – Duo Danielle und Tony in den Gaststätten.

Im Programmheft und Katalog deutsche und französische Ausgabe:
Europa, Gedicht von Robert Boehringer
Grußworte von Pierre Emmanuel im Katalog

Das Ballett »Viva Mexico« aus Mexiko am Abend der Ausstellungseröffnung

Carlo Schmid, einer der Väter des Grundgesetzes, Vize-Präsident des Deutschen Bundestages 1949-1966 und 1969-1972, Bundesratsminister 1966-1969 und François Lachenal.

Palm, Hans-Adolf Jacobsen, Józef Boroń, Gotthold Rhode (Probleme der Darstellung polnischer Geschichte in deutschen Schulbüchern); Schirmherrschaft: Carlo Schmid. »Volksmusik in Mittel- und Osteuropa« mit Vorträgen von Jan Stęszewski (Die kulturelle Bedeutung der Volksmusik in Polen), Zygmunt Krauze und der »Góral«-Familie Bachleda (Berichte aus der Volksmusik-Szene); »Das kulturelle Leben in Polen. Literatur, Theater, Kunst« mit Vorträgen von Andrzej Kuśniewicz (500 Jahre deutsch-polnische Beziehungen), Karl Dedecius (Das Polnische in der polnischen Literatur), R. Stanisławski (Die polnische Malerei vom Jugendstil bis heute) und Kasimierz Zygulski

Weitere Vorträge: Młoda Polska – Der Jugendstil in Polen, von Bohdan Rymaszewski; Moderne polnische Literatur, von Klaus Staemmler; Christlich leben nach dem zweiten vatikanischen Konzil, von Franciszek Macharski; Reise durch Polen, von H.-J. Orth; Der Beitrag Polens zur Theologie, von Exz. A. Nossol

Musik: Chopin-Konzert mit Janusz Olejniczak; Krakauer Barock-Trio; Liederabend mit Marianne Wolf und H.-G. Zambona; Namysłowski-Gruppe (Modern Jazz)

Pontifikalamt von Bischof A. Nossol, Opole/Oppeln

Theater: »Die Polizisten« von Sławomir Mrożek, Theatergemeinschaft des Sebastian-Münster-Gymnasiums

Filme: Dokumentarfilme; Spielfilme von Andrzej Munk, Jerzy Kawale-rowicz, Roman Polański, Kazimierz Kutz, Krysztof Zannussi, Jerzy Anczak und Janusz Majewski

Sport: Handball; Turnen: Euroturnier

Folklore-Abend mit der Volkstanz-gruppe Sanniki

Essen und Trinken
Wódka und andere Spirituosen in den Gaststätten

Grußworte von Jarosław Iwaszkiewicz im Programmheft und im Katalog

1978
Polnische Tage
Ausstellung: Młoda Polska – Der Jugendstil in Polen. Leihgeber: Kraków, Hauptbibliothek der Kunst-akademie; Bytom, Górnoślaskie Museum; Płock, Masowisches Museum; Warszawa, Adam Mickiewicz Museum für Literatur; Kielce, Nationalmuseum; Kraków, National-museum; Poznań, Nationalmuseum; Warszawa, Nationalmuseum; Toruń, Bezirksmuseum; Zakopane, T. Chalu-biński Museum; Kraków, Roman Konarski

Weitere Ausstellungen: Volkskunst aus Masowien, Leihgeber: Płock, Masowisches Museum; Literatur, Theater, Musik, Wissenschaft; Geschichte Polens; Stefan George und Wacław Rolicz-Lieder; Ikonen und Sargporträts; Moderne Wandteppiche; Plakate, Fotoausstellung Land und Leute; Landeskunde; Briefmarken, Münzen, Kinderzeichnungen; Möbel- und Kunsthandwerk; Schmuck und Moderne Grafik

Seminare: »Polen 1978. Politik, Wirtschaft, Erziehungswesen« mit Vorträgen von Mieczysław Rakowski (Polen in den siebziger Jahren), Hans

Plakat der Polnischen Tage
Design: Horst Riehl

1979
Schweizer Tage
Ausstellung: Paul Klee. Gemälde, Aquarelle, Zeichnungen, Graphisches Werk. Leihgeber: Bern, Kunst-museum, Paul Klee-Stiftung; Basel, Kunstmuseum, Kupferstichkabinett; Bern, Sammlung Felix Klee; Bern, Sammlung Eberhard W. Kornfeld; Luzern, Galerie Rosengart; Düssel-dorf, Kunstsammlung Nordrhein-Westfalen; Privatsammlungen Bern, Genf, Zürich und andere

Weitere Ausstellungen: Tapisserien von Le Corbusier, Leihgeber: Schweizerische Eidgenossenschaft; Genf, Musée d'Art et d'Histoire; Paris, Mobilier National; Privat-sammlung Schweiz. Kunsthandwerk aus der Schweiz, Leihgeber: Zürich, Schweizer Heimatwerk. Literatur: Schweizer Schriftsteller. Deutsche Schriftsteller in der Schweiz. Plakate, Multivision, Landeskunde. Die schmunzelnde Schweiz: Der Nebelspalter; St. Nikolaus von der Flüe, Leihgeber: Sachseln, Museum Bruder Klaus. Schülerzeichnungen, Masken, Münzen, Briefmarken. Moderne Grafik: Vallotton, Luginbühl, Tinguely, Tschumi, Wenger. Uhren und Schmuck; Möbel und Kunsthandwerk

Seminare: »Kind und Kunst. Das Beispiel Paul Klee« mit Vorträgen von Günter König (Paul Klee und die Kunsterziehung), Otto F. Gmelin (Der spielerische Intellekt), Tilman Osterwold (Kind und Spiel) und Anton Friedt (. . . uns trägt kein Volk); »Die Schweiz 1979. Politik, Wirtschaft und Kultur. Die Beziehungen zu Deutschland« mit Vorträgen von Klaus Urner (Schweiz – Deutschland. Wandlungsverhältnisse 1848-1945), Daniel Frei (Ein Kleinstaat in der Völkergemeinschaft), Christoph Hoffmann (Geländeformen der Schweiz), Franz Lehner (Föderalismus und direkte Demokratie in der Schweiz), Stephan Bieri (Wirtschaftspolitik in einem föderalistischen Kleinstaat), Peter André Bloch (Die deutschschweizer Gegenwartsliteratur) und Franz Birrer (Die viersprachige Schweiz). Medizinisches Kolloquium (Immunität und Resistenz), mit u.a. Prof. Lindemann, Zürich (Interferon), und Prof. Silvio Barandun, Bern

Schweizer Fahnenschwinger vor der Ausstellung **Paul Klee** *in der Villa Schneider*

Weitere Vorträge: Bergparadies Lauterbrunnental, von Toni Hiebeler; Sebastian Münsters Wirken in der Schweiz, von Karl-Heinz Burmeister; Paul Klee – Leben und Werk, von Felix Klee; Chancen und Gefahren der Freizeitgesellschaft, von Lorenz Stucki; Der Oekumenische Rat der Kirchen im Kreuzfeuer der Kritik, von Jacques Rossel; Le Corbusier, Architekt, Maler und Schriftsteller, von Alfred Roth; Die Rolle des Internationalen Roten Kreuzes heute, von Jakob Burckhardt

Musik: Orgelkonzert mit Josef Bucher; Klavierkonzert mit Karl Engel; Berner Streichquartett

Cabaret: Emil

Filme: Kurzfilme, Dokumentarfilme, Spielfilme von Maximilian Schell, Kurt

Patricia Rochard begleitet eine Schulklasse durch die Ausstellung »Belgische Tage«

Gloor, Claude Goretta, Alain Tanner und Luigi Comencini

Sport: Gymnastik-Länderkampf, Leichtathletik, Wilhelm-Tell-Schießen

Folklore-Abend mit Seppetoni Niederberger, Lini Sollberger u. a. (Jodeln, Alphorn, Fahnenschwingen)

Essen und Trinken: Weinprobe, Käseprobe, Spezialitäten in den Gaststätten

Grußworte von Jean R. de Salis im Programmheft und im Katalog

1980

Belgische Tage

Ausstellungen: Malerei in Belgien, von Ensor bis Paul Delvaux; sowie Paul Maas, die flämischen Expressionisten Van den Abeele, Van de Woestijne, Servaes, Constant Permeke, Gustaaf De Smet, Frits Van den Berghe; Edgard Tytgat; die Surrealisten Mesens, Magritte und Delvaux; Henri Michaux, Raoul Ubac, Gaston Bogaert, Christian Dotremont; Skulpturen von George Minne, Rik Wouters, Dodeigne; Holzschnitte von Frans Masereel. Belgien zur Zeit der Römer, Merowinger und Franken. Klöppelspitzen. Bücherausstellung: Literaturen in Belgien. Alte flämische Wandteppiche: die Verduren aus Oudenaarde. Alte sakrale Kunst

Vorträge: Belgien, Land mit reicher politischer Erfahrung, von Jacques Willequet; Peter Paul Rubens als Porträtist, Diplomat und Zeuge seiner Zeit, von Prof. Justus Müller-Hofstede; Zum Werk von James Ensor, von Prof. Wilhelm Weber; 1000 Jahre Brüssel, von Piet Van Nieuwenhuysen; 1000 Jahre Nachbarschaft Lüttich-Aachen, von Victor Gielen

Medizinisches Kolloquium über Arrhythmia mit belgischen und deutschen Professoren

Pontifikalamt von Guillaume-Marie Van Zuylen, Bischof von Lüttich

Seminar: 150 Jahre Belgien. Politik, Wirtschaft, Kultur

Konzerte: Stefan Askenase; das Kuyken-Ensemble; Orgelkonzert von Anne Froidebise; Trierer Kammerchor; Königl. Männerquartett Eupen; Jazz mit der Gruppe Saxo 1000

Marionetten-Theater aus Lüttich – »Le ménage de Caroline« von M. de Ghelderode mit der Theatergruppe des Sebastian-Münster-Gymnasiums Ingelheim

Sport: Bogenschießen, Radrennen

Essen und Trinken

Belgische Bierprobe

Katalog mit einer Einleitung von Philippe Roberts-Jones, Bruxelles und einem Grußwort von Pierre Harmel

1981

Spanische Tage

Pablo Picasso – Maler, Grafiker, Bildhauer, Keramiker, Dichter

Leihgeber: Musée Picasso, Paris; Musée d'Art Moderne de la Ville de Paris; Musée d'Art et d'Histoire de la Ville de Saint-Denis; Kunstmuseum, Bern; Cabinet des Estampes du Musée d'Art et d'Histoire, Genève; Kunsthaus, Zürich; Städtische Galerie im Städelschen Kunstinstitut, Frankfurt/Main; Mittelrheinisches Landesmuseum, Mainz; Kunstmuseum Hannover mit Sammlung Sprengel; Galerie Louise Leiris, Paris; Editions Combat pour la Paix, Paris; Claude et Sydney Ruiz Picasso, Paloma Ruiz Picasso Lopez, Bernard Ruiz Picasso, Paris; Privatsammlungen aus Spanien, Frankreich, Deutschland und der Schweiz

Weitere Ausstellungen: Plakate von Picasso. Leihgeber: Christoph Czwiklitzer u. a. Fotografien von

Lucien Clergue, Robert Doisneau und Man Ray; Spanische Briefmarken, alte Bücher, Münzen. Moderne Grafik: Miró, Tàpies, Chillida, H. Gogar. Möbel und Kunsthandwerk, Schmuck.
Vorträge: Picasso, Leben und Werk, von Dr. Ewald Rathke; Die Geschichte der Religionsfreiheit in Spanien, von Prof. J. Saranyana, Pamplona
Seminare: Picasso im Kunstunterricht; Spanien, der neue Partner der EG
Konzerte: Gitarren-Quartett Tarrago, Barcelona; Spanischer Liederabend der Singgemeinschaft Frei-Weinheim
Folklore: Vicente Pradal und seine Gruppe aus Sevilla; Grupo Español de Danzas, Stuttgart
Filme: Reise durch Spanien; Filme über Picasso; »Das goldene Zeitalter« von L. Buñel
Essen und Trinken: Spanische Spezialitäten in den Gaststätten; Weinprobe
Katalog mit einem Gedicht und einem Grußwort von Vicente Aleixandre; Texte von Paul Eluard, François Lachenal, Maurice Jardot, Michel Leiris, Raymond Queneau, Sebastian und Herma Goeppert; graphologische und astrologische Studien; erweiterte und aktualisierte Biographie von Picasso; Bibliographie; Worte und Bekenntnisse Picassos
Deutsche, französische und spanische Ausgabe

Hajo Erbsmehl beim Aufbau der Ausstellung »Pablo Picasso«.

1982
Westafrikanische Tage
Ausstellungen: <u>Villa am Neuweg 2,</u> Ober-Ingelheim:
2000 Jahre Kunst Westafrikas;
Leihgeber: Musée Barbier-Müller, Genève. Die Schrift und Zeichnungen der Bamum (Kamerun); Leihgeber: Musée d'Ethnographie, Genève
<u>Burgkirche,</u> Ober-Ingelheim:
Albert Schweitzer: Leben und Werk. Das Spital in Lambaréné (Gabun). Leihgeber: Maison Albert Schweitzer und Museum, Günsbach (Elsaß).
Albert Schweitzer-Sonntag: Hilfe für das Spital in Lambaréné/Gabun
<u>Fridtjof-Nansen-Haus:</u> Fotoaus-

Bambara, Mali · Stülpmaske
Smlg. Barbier-Müller, Genf

stellung: Westafrika. Land und Leute
<u>In Banken und Schulen:</u> Atlanten, Briefmarken, Münzen, Goldgewichte der Ashanti, Kinderzeichnungen
<u>Ausstellungen und Verkauf:</u> Möbel, Kunsthandwerk, Masken, Schmuck, Textilien, Kleider aus Batik, zeitgenössische Kunst aus Nigeria
Vorträge: Die Lobi und die Dan, von Piet Meyer, Zürich; Als noch keine Europäer da waren . . . Drei Reiche zwischen Wald und Wüste: Ghana, Mali, Songhai, von Prof. Pierre Bertaux, Paris; Überblick über die politische Situation in Westafrika, von Prof. Franz Ansprenger, Berlin; Animismus, Islam und Christentum, Podiumsdiskussion mit Beiträgen von Pfr. Lichtenthaeler, Pfr. Obielu und Johannes Stöckle, Missionar; Die entwicklungspolitische Zusammenarbeit der BRD mit den Ländern Westafrikas, von Dr. H. M. Schmid, Bonn; Albert Schweitzers Denken und Handeln, von Prof. Hermann Mai, Münster; Die traditionelle Medizin in Westafrika, von John Burton, WHO/Genève
Seminare: Von Senegal bis Gabun; Deutsche Entwicklungspolitik – Afrika als Partner; Die Frau in Afrika als Autorin und literarische Figur
Medizinisches Symposium in der Akademie der Wissenschaften und der Literatur, Mainz: Tropenkrankheiten in Afrika
Pontifikalamt von Dr. Mark Unegbu, Bischof von Owerri/Nigeria
Konzerte: Folklore-Gruppe aus Togo: Novesi Agbeko; Afro-Disco (Ltg. W. Bender, Bayreuth); Die sprechende Trommel der Yoruba (Nigeria), mit Muraina Oyelami; Traditionelle Rhythmen und Tanz aus Ghana, von Mustapha Tettey Addy und der Gruppe Wosso-Wosso, Düsseldorf; Abdullah Ibrahim (Dollar Brand), Jazz-Pianist; Rainer Noll, Kelsterbach, Orgelkonzert
Filme: Ceddo; Mandabi/Die Postanweisung, Regie: Sembene.Ousmane, Senegal; Dokumentarfilme, u. a. von H. Stein (Senegal 81) und M. Rohde (Ghana)

Essen und Trinken: Westafrikanische Spezialitäten und Getränke in den Gaststätten
Katalog mit dem Gedicht »Prière aux masques« (»Gebet an die Masken«), von Léopold Sédar Senghor, Texte von Juan Gris, Michel Leiris, Elsy Leuzinger und einer Einführung von Claude Savary, Genève

1983
Norwegische Tage
Ausstellungen: <u>Altes Rathaus,</u> Nieder-Ingelheim: Seefahrt, Fischerkultur, Erdöl in der Nordsee; Wohnkultur und Kunsthandwerk; Die Kultur der Lappen; Edvard Munch; Rolf Nesch; Gustav Vigeland. Leihgeber: Norsk Sjøfartsmuseum, Oslo; Fiskerimuseet, Bergen; Norsk Oljemuseum, Stavanger; Norsk Folkemuseum, Oslo; Munch-Museet, Oslo; Privatsammlungen
Weitere Ausstellungen: <u>Saalkirche,</u> Nieder-Ingelheim: Tapisserien von S. Anker Aurdal. Die Stabkirchen
<u>Fridtjof-Nansen-Haus:</u> Fridtjof Nansen, Leben und Werk
<u>Neues Rathaus:</u> Fotoausstellung
<u>In den Banken:</u> Münzen, Briefmarken, Fotos
<u>In den Schulen:</u> Kinderzeichnungen aus Norwegen
<u>Ausstellungen und Verkauf:</u> Möbel, Kunsthandwerk, Schmuck, moderne Kunst, Strickwaren, Sportbekleidung, Bücher

Plakat der Norwegischen Tage
Design: Horst Riehl

Vorträge: Fridtjof Nansen. Persönlichkeit und Lebenswerk, von Tim Greve, Oslo; Norwegen als Erdöl- und Gasproduzent. Verhältnis zu den Großmächten, von Knut Frydenlund, Oslo; Von Kristiansand zum Nordkap, von Rektor Wolfgang Ertel, Gau-Algesheim; Eine Reise zu den Stabkirchen, den mittelalterlichen Holzkirchen Norwegens, von Prof. Fritz Reese, Münster/Westfalen; Edvard Munch und Rolf Nesch, von

Prof. Fritz Reese, Münster/Westfalen;
Die Geschichte der Wikinger, von
Rektor Karl-Heinz Henn, Ingelheim
Seminare: Norwegen – Ein euro-
päisches Land im Strukturwandel;
Formen expressiver Kunst. Von Edvard
Munch bis zu den »Neuen Wilden«
Konzerte: Klavierkonzert Einar
Steen-Nøkleberg, Oslo; Orgelkonzert;
Solveig, Burkhard und Ferenc
Theater: »Gespenster« von Henrik
Ibsen, Theater AG der Konrad-Duden-
Schule, Bad Hersfeld
Filme: »Die Wildente«, 1976, nach
dem Stück von Henrik Ibsen, Regie:
Hans W. Geissendörfer; »Norwegen
heute« Dokumentarfilme; »Die
Geschichte von Kalle und Reinhart«
Jugendfilm, 1982; »Mit dem Wohn-
mobil ins Land der Fjorde und der
Mitternachtssonne« Farbtonfilm von
Mathias und Wolfgang Ertel,
Gau-Algesheim; »Hintertupfinger
Grand Prix«, 1976, Jugendfilm;
»Nora«, 1944, nach dem Stück von
Henrik Ibsen, Regie: Harald Braun
Sport: Turnschau mit 30 Turnerinnen
des Turnvereins Njaard, Oslo, Leitung:
Eva Berge; Deutsch-Norwegisches
Freundschaftsfischen
Essen und Trinken: Norwegische
Spezialitäten und Getränke
Probe norwegischer Getränke:
Vom Quellenwasser bis zum Linie-
Aquavit, besprochen von Tore Tanum
Katalog: Grußwort, von Lars Roar
Langslet. **Texte:** Sebastian Münster
und Norwegen, von K.-H. Burmeister;
Norwegen heute, von Tim Greve;
Seefahrt, Das Schiffahrtsland
Norwegen, von Bård Kolltveit;
Fischerkultur, von Øystein Frøyland;
Erdöl in der Nordsee, von Jone
Johnsen; Wohnkultur und Kunsthand-
werk, von Inger Lise Christie;
Die Kultur der Lappen, Die Samen und
ihre Volkskunst, von Bjørn Årseth;
Edvard Munch und das Munch-Museet
von Oslo

1984
Koreanische Tage
Ausstellungen: <u>Museum Altes Rathaus</u>
Kunst in Korea 5.-20. Jh.; Leihgeber:
British Museum, London, Victoria
& Albert Museum, London, Ashmolean
Museum, Oxford, Fitzwilliam Museum,
Cambridge, Nationalmuseet, Kopen-
hagen, Musées Guimet und Cernuschi,
Paris, Museum für Ostasiatische Kunst,
Köln, Privatsammlungen
Volkskunstmalerei 18. und 19. Jh.;
Traditionelles Leben in Korea
(Im Hause, Buch und Schrift, Spiele,
Musikinstrumente, Shamanismus,
Masken, Tuschemalereien von Ki-san);
Leihgeber: Museum für Völkerkunde,
Hamburg und Privatsammlungen
Zeitgenössische Malerei: Werke
von Chang Woo-song (Wol Jeun), Kim
Ki-chang (Unpo), Ung No Lee (Koam),
Kim Tschang-yeul, Lee Hang-sung
Fotos von Choi Min Shik, Pusan/Korea
und Rolf Kunitsch, Münster-Altheim
Weitere Ausstellungen: <u>Rathaus:</u>
100 Jahre deutsch-koreanische
Beziehungen (Fotos)

Plakat der Koreanischen Tage
Design: Horst Riehl

<u>Fridtjof-Nansen-Haus:</u> Gemälde von
Bang Hai-ja
<u>In den Banken:</u> Münzen und
Briefmarken
<u>In den Schulen:</u> Kinderzeichnungen
der Sun-sim Schule von Waegwan,
Korea
Ausstellungen und Verkauf: Möbel,
Kunsthandwerk, Schmuck, Bücher,
Gouachen von Lee Hang-sung
Vorträge: Einführung in die Kunst
Koreas, von Dr. Youngsook Pak,
London; Religionen in Korea, von
Dr. Werner Sasse, Bochum; Korea –
ein Reiseland, von Dr. H.-J.
Zaborowski, Limburg/Lahn; Korea
zwischen China und Japan, von Dr. M.
Deuchler, Universität Zürich;
Die traditionelle Musik in Korea,
von Frank Nellen, Bonn; Die Rolle
der christlichen Religionen in Korea,
von Pater Dr. N. Hötzel, Mainz und
Pfarrer Sohn Kyoo-tae, Frankfurt/M.;
Korea. Die Geschichte eines heute
geteilten Landes, von Prof. G. K.
Kindermann, München
Seminare: »5000 Jahre Korea – Politik,
Wirtschaft und Kultur« mit Vorträgen
von Dr. E. Dege, Kiel (Geographie),
Dr. D. Eickemeier, Tübingen (Sprache
und Schrift), Jürgen Kleiner, Bonn
(Geschichte), H. Oppermann, Bochum
(Menschenrechte), Prof. H. G.
Meissner, Dortmund (Wirtschaft) und

Bundespräsident a. D. **Walter Scheel**
und Mr. **Hahn Kwang-ho,** *Präsident*
von Boehringer Ingelheim Korea

Dr. Hyeryung Choi (Rolle der Frau);
»Die Kunst in Korea, China und Japan.
Ihre Bedeutung für die westliche Kunst-
entwicklung« mit Vorträgen von Prof.
R. Goepper, Museum für Ostasiatische
Kunst, Köln und Prof. S. Wichmann,
Bayerisches Nationalmuseum,
München
Kirchentage: 200 Jahre Katholizismus
in Korea; 100 Jahre Protestantismus in
Korea – Gottesdienst
Konzerte: Liederabend mit Reyang
Kim, Mezzosopran, Düsseldorf;
Konzert Isang Yun mit u. a. Duo für
Cello und Harfe (Welt-Uraufführung;
Auftrag der Internationalen Tage
Ingelheim)
Film: »Das verordnete Paradies«,
Dokumentarfilm über Nord-Korea,
von Peter Krebs
Sport und Spiel: Internationales
Baduk-Go Turnier; »Wer rechnet
schneller: Abakus oder Taschen-
rechner?« mit Yi Chan-hee, Welt-
meister im Abakus-Rechnen;
Taekwon-Do-Vorführung; Volleyball,
Koreanische Nationalmannschaft der
Damen gegen TG Rüsselsheim
1862 e.V.
Essen und Trinken: Koreanische
Spezialitäten (Kim-tchi!) und Getränke
(Ginseng-Tee/Insam-tsa) in den Gast-
stätten
Katalog von Dr. Youngsook Pak.
Einleitung von Roderick Whitfield

1985
100 Jahre Kunst in Deutschland
1885-1985
100 Künstler – 100 Werke
Von Leibl bis Salomé
Realismus – Symbolismus – Impressio-
nismus – Jugendstil – Expressionismus –
Dada/Surrealismus – Neue Sachlich-
keit – Das Bauhaus – Gegenstandslose
Malerei – 1933-1945 Kulturzerstörung,
Innere Emigration, Exil – Malerei und
Plastik nach 1945 – Informelle Kunst –
Zero – Künstler aus der DDR –
Erweiterter Kunstbegriff – Die neue
Malerei
Leihgeber:
Museen: <u>Schweiz</u> – Aarau, Basel,
Bern, Genf, Zürich; <u>Bundesrepublik</u>
<u>Deutschland</u> – Berlin, Bonn, Bottrop,
Bremen, Düsseldorf, Duisburg,
Hamburg, Hannover, Kaiserslautern,
Ludwigshafen, Mainz, Mannheim,
Mönchengladbach, München, Stutt-
gart, Wuppertal
Galerien: <u>Schweiz</u> – Bern; <u>Bundes-</u>
<u>republik Deutschland</u> – Berlin, Düssel-
dorf, Hamburg, Köln, München
Privatsammlungen der Schweiz und der
Bundesrepublik
Vorträge: 100 Jahre Kunst in Deutsch-
land, von Hans-Jürgen Imiela, Wulf
Herzogenrath, Bernhard Holeczek,
Helmut R. Leppien, Karin Thomas;
Industrielisierung in Ingelheim, von
Ernst Reifart; Stadtwerdung Ingel-
heims, von Bernd Ludwig; 100 Jahre
Boehringer Ingelheim, von Philipp
Bennecke
Seminare: Wandel und Bedeutung
der Landschaft in der modernen Kunst

Paul Klee
Landschaft bei E (in Bayern) 1921
Kunstmuseum Bern

1945: Die »Gunst der Stunde 0«
verpaßt?
Konzerte: Angelica May (Cello).
Marenotte Tauber (Sopran). 100 Jahre
deutsches Lied (Ingelheimer Gesang-
vereine)
Filme: Das Kabinett des Dr. Caligari.
M – eine Stadt sucht einen Mörder
(Fritz Lang). Deutsche Trickfilme nach
1945
Sport: Sportschau: Turnen, einst und
jetzt. Sportfest Boehringer Ingelheim
Fest: Festzug des Gewerbe- und
Verkehrsvereins; Frühlingsfest
(2. Juni)
Essen und Trinken: Deutsche Wein-
probe, Spezialitäten aus deutschem
Lande in den Gaststätten

1986
Burgundische Tage
Ausstellung: Burgund im Spätmittel-
alter 11. bis 15. Jh.
Skulpturen, Handschriften, Gemälde,
Zeichnungen, Tapisserien, Schätze aus
der Schweizer Burgunderbeute
Leihgeber:
Museen: Frankreich: Autun, Dijon,
Kirchen der Saône-et-Loire, Paris
(Louvre); Belgien: Brüssel; Nieder-
lande: Amsterdam; Schweiz: Basel,
Bern, Glarus, Fribourg, Genève,
Liestal, Luzern, Solothurn, Zürich;
Spanien: Madrid (Prado, Biblioteca
Nacional); USA: New York
(Metropolitan); Bundesrepublik
Deutschland: Frankfurt, Essen
Privatsammlungen
Weitere Ausstellungen: Die gallo-
römische Medizin; Rebe und Boden in
Burgund; 30 Jahre Partnerschaft
Rheinland-Pfalz/Burgund; Zeitge-
nössische Kunst aus Burgund: Arbeiten
von André Chetot, Maurice Copreau,
Jean Perrin, Bernadette Truchot und
Micheline Reboulleau
Ausstellungen und Verkauf: Möbel,
Gobelins, Kunsthandwerk, Schmuck,
Keramik, Kunsteinbände

Vorträge: Die Herzöge Burgunds als
Auftraggeber, von Prof. Florens
Deuchler, Genf; Burgund, Land der
Geschichte, Land des Weines, von
Dr. Karl Greifenstein, Ingelheim;
Das Nibelungenlied. Spiegel der
Geschichte der Burgunder in ihrer
Wormser Zeit, von Dr. Wolfgang
Selzer, Mainz; Literarische Wechsel-
spiele zwischen Frankreich und
Deutschland im 18. und 19. Jahr-
hundert, von Pierre Bertaux, Paris;
Der Autor, das Buch und der Leser:
Podiumsdiskussion mit u.a. Pierre
Bertaux, Paris, Georges-Arthur
Goldschmidt, Paris, Jérôme Vaillant,
Chefredakteur von »Allemagnes
d'aujourd'hui«, Fritz Nies, Düsseldorf,
Martin Gregor-Dellin, Präsident des
P.E.N. der BRD, München, Fritz J.
Raddatz, Hamburg und Paris, Angelika
Ürling-Folle, Inter Nationes, Bonn,
Dr. Barthold Witte, Auswärtiges Amt,
Bonn (In Zusammenarbeit mit der
Deutschen Lesegesellschaft, Mainz);
Die Burgunder. Schicksalsweg eines
germanischen Volkes, von Dr. Wolf-
gang Selzer, Mainz; Frankreich nach
der Wahl, von Prof. Henri Menudier,
Paris

Claus Sluter, Christusbüste
Musée archéologique, Dijon

Seminare: »2000 Jahre Wechsel-
beziehungen: Die Stammlande der
Burgunder und der Rheinland-Pfälzer
in Vergangenheit und Gegenwart«,
mit Prof. Dr. Helmut Mathy und Prof.
Dr. Hermann Weber, Mainz, Prof. Dr.
Alain Ruiz, Aix-Marseille, Staats-
sekretär Dr. Christoph Stollenwerk,
Dr. Peter Lautzas, Mainz; »Kunst zu
Beginn der Neuzeit. Die frühnieder-
ländisch-burgundische Malerei«, mit
Dr. Eberhard König, Berlin und
Dr. Heinz Jürgen Sauermost,
München; »Die Rolle Frankreichs im
westlichen Bündnis«, mit Dr. Walter
Schütze, Paris, Dr. Wichard Woyke,
Bochum und Münster und Prof. Rudolf
Hrbeck, Tübingen
Musik und Folklore: Chansons, Senf,
Wurst und Wein aus Burgund mit der
Gruppe »Les Jeunes Morvandiaux«,
Saulieu und dem Werkschor Boeh-

ringer Ingelheim; Musiciens du
Morvan: Lieder aus dem Mittelalter;
Trio de Bourgogne: Werke von Jean-
Philippe Rameau, d'Andrieu,
Philidor, Couperin, Leclair
Film: Dokumentarfilme über Burgund
Sport und Spiel: Fallschirmspringen,
Fußball, Modellfliegen, Volleyball,
Fechten, Judo, Taekwan-Do und
Karate
Essen und Trinken: Weinprobe aus
Burgund; burgundische Spezialitäten in
den Gaststätten

1987
Venezianische Tage
Ausstellung: Kunst in Venedig – 16.-18.
Jh. Gemälde und Zeichnungen
Leihgeber:
Museen: Italien: Venedig, Mailand;
England: Oxford, Cambridge, London;
Paris: Le Louvre; Madrid: Prado;
Schweiz: Genf; Bundesrepublik
Deutschland: Bonn, Braunschweig,
Hannover, Köln, Mainz, Nürnberg,
Stuttgart. Privatsammlungen: Paris,
Genf, Zürich
Kinderführungen; Mittagspause der
Kunst
Deutsch/italienischer Katalog 256
Seiten mit Texten von K. H. Bur-
meister, M. Hellmann, E. Hüttinger,
A. Mariuz, G. D. Romanelli
Weitere Ausstellungen: Fridtjof-Nan-
sen-Haus: Ingelheimer photographie-
ren Venedig; Rathausfoyer: San Pietro
in Cariano; Stadtbücherei: Venedig
und Venetien; Commerzbank: Alte
Bücher, Karten, Stiche; Deutsche
Bank: Venezianische Masken aus dem
Kunstkurs 13 BK2 des Seb.-Münster-
Gymnasiums
Ausstellung mit Verkauf: Möbel,
Kunsthandwerk aus Venetien bei
Möbel-Schwaab; Gold- und Juwelen-
schmuck, Korallen, Kameen und
Gemmen, Murano-Glas, Lithos von
Paolo Barrufaldi in der Kunststube und
Galerie Wermann; Marmorpapier,
Aquarelle, Collagen von Raffaelo Lucci
in der Kleinen Galerie Gold; Schmuck-
design bei Juwelier Klein; Keramik-
figuren von Cesare Poli in der Vitrine;
Glaswerkstatt Ingrid Conrad-Lindig;
Bücher über Venedig bei Wagner,
Büchereck
Vorträge: Venezianische Malerei von
Dr. J.-H. Baumgarten, Köln;
Aufstieg und Niedergang der Republik
Venedig von Prof. Dr. M. Hellmann,
München; Venedig – Der vierte Kreuz-
zug und Byzanz von Prof. Dr. G.
Prinzing, Mainz; Venedig – Gestalt
und Funktion von Prof. Dr. W.
Wolters, TU Berlin; Der byzantinische
Einfluß auf die Kunst Venedigs von
Dr. J.-H. Baumgarten, Köln; Der
Doge und der Kleine Rat von Dr. K. J.
Partsch, Ingelheim; Marco Polo von
Prof. Dr. E. Schmitt, Bamberg
Podiumsgespräch: Ist Venedig zu
retten? Was wird getan? mit Prof. W.
Wolters, TU Berlin, H. von Herwarth,
Bonn und Dr. Paolo Cadorin, Vene-
dig/Basel
Seminare: »Machtstrategien mittelal-
terlicher Imperien« mit Beiträgen der

Prof. Dr. I. Geiss, Bremen, Dr. M. Hellmann, München, Dr. G. Prinzing, Mainz sowie Dr. A. Luttenberger, Mainz und Paul Millotat, Ingelheim. »Beispiel Venedig – Zum Zusammenhang von Geschichte, Landschaft und Kunst« mit Beiträgen der Prof. Dr. E. König, Berlin, Dr. Günther Ludig, Koblenz, P. Schubert, Dortmund, Dr. G. Schweikhart, Bonn, Dr. W. Wolters, Berlin sowie Dr. Heide Bideau, Zürich

Canaletto · *Piazza San Marco*

Musik und Folklore: Roberto Micconi, Organist an der Basilica von San Marco, Venedig; Gruppe Chantal; I Villani; Kammerorchester Mainzer Solisten; Laura und Paula Tedeschi (Klavier); Coro Polifonico, San Pietro und Ingelheimer Kantorei; Venetomarkt; »Eine Nacht in Venedig« von J. Strauß, Ensemble des Stadttheaters Trier; Maskenball
Film: Dokumentarfilme; Wenn die Gondeln Trauer tragen; Tod in Venedig
Theater: Die Commedia dell'Arte a l'Avogaria, Venedig mit »Le Massere« von Goldoni; »Herren im Haus« von Goldoni gespielt von der Theatergruppe des Seb.-Münster-Gymnasiums
Essen und Trinken: Weinprobe; Club kochender Männer, Chuchi Kaiser Karl, Ingelheim; Spezialitäten aus Venedig und dem Veneto in Cafés, Gaststätten und Bäckereien

1988
Prag
Ausstellung: Nationalgalerie Prag
Von der Gotik bis zur Klassischen Moderne. 160 Gemälde, Zeichnungen, Graphiken und Plastik. Katalog 196 Seiten mit Abb. aller Werke. Einleitung von Jiři Kotalik
Kunsthandwerk in Böhmen
Vom Barock bis zum Jugendstil Kunstgewerbemuseum Prag Katalog mit Abb. aller Werke und zahlreiche Texte. Einleitung von Dagmar Hejdova
Weitere Ausstellungen:
Rathausfoyer: Fototagebuch Tschechoslowakei/Land und Leute; Stadtbücherei: Leseecke Tschechoslowakei; Fridtjof-Nansen-Haus (WBZ): Böhmen – Bilder einer Reise (Fotowettbewerb); Deutsche Bank: Alte böhmische Marionetten; Raiffeisen-Volksbank: Prägemünzen
Ausstellungen mit Verkauf: Möbel-Schwaab: Möbel und Kunsthandwerk;

Alfons Mucha
Prinzessin Hyazinthe 1911

Juwelier-Galerie Wermann: Bohemia Cristal, zeitgenössische Graphik und Plastiken; Kleine Galerie Gold: Werke von Josef Jeršl
Vorträge: Kafka und die Frauen von Marcel Reich-Ranicki, Frankfurt; Spaziergang durch Prag von Dr. Johanna Baronin von Herzogenberg, München; Prag in der rudolfinischen Zeit von Dr. Rudolf Distelberger, Wien; Das Ingelheimer Augustiner-Chorherrenstift im Saal von Silke Ackermann und Dr. H. P. Glöckner, Frankfurt; Prag zwischen West- und Osteuropa im Zeitalter Karl IV. von Dr. Jiři Spevacek, Prag
Seminare: »Prag – Hauptstadt zwischen Ost und West« (aus Prag, Prof. Dr. Jan Galandauer). »Prag – Zum Zusammenhang von Politik, Kultur und Kunst« (aus Prag, Dr. D. Libal)
Musik: Josef Suk, Violine und Josef Hala, Klavier; Slawische Tänze mit dem Tschechoslowakischen Tanzensemble, Prag; Chansons von Hana Hegerová
Filme: Zeichen- und Puppentrickfilme; »Fauns allzuspäter Nachmittag« (Věra Chytilová); »Der Prozeß, nach Kafka« (Orson Wells); »Die verkaufte Braut« nach Smetana (Max Ophüls)
Theater: Das schwarze Theater, von Jiři Srnec, Prag; Speijbl und Hurvínek – Marionettentheater, Prag
Essen und Trinken: Weinprobe; Club kochender Männer, Chuchi Kaiser Karl, Ingelheim; böhmische Spezialitäten in Cafés, Gaststätten und Bäckereien

1989
Berlin der zwanziger Jahre
Ausstellung: Der Traum von einer neuen Welt. Berlin 1910–1933
165 Gemälde, Aquarelle, Zeichnun-

gen, Graphik und Skulpturen von 45 Künstlern zu den Themen: Großstadtexpressionismus, Kriegstrauma und Revolution, Dada Berlin, Novembergruppe, Osteuropäische Avantgarde, Realismus der 20er Jahre. Fotografien von S. Brandl, F. Seidenstücker und E. Salomon.
Leihgeber: Über 40 Museen, Galerien und Privatsammler aus der Bundesrepublik Deutschland, England, den USA und der Schweiz. Katalog: 254 Seiten mit Abb. aller Werke und Einleitungstexten von John Willett, Eberhard Roters, Hansdieter Erbsmehl, Bernd Goldmann, Klaus Völker, Theo Fürstenau, Wolfgang Jansen, Günther Kühne, Gero von Boehm. Erschienen im Verlag Philipp von Zabern
Ausstellungen mit Verkauf: Möbel Schwaab: Möbel, Kunsthandwerk, Der Berliner Bär; Juwelier-Galerie Wermann: Heinrich Zille, Beispiele Art déco; Kleine Galerie Gold: Ingrid Tönnishoff von Guennigfelde (Porzellan), Kattrin Kühn (Keramik), Tino Bierling (Pastelle); Deutsche Bank: Evi Drahozal (Figurinen zur Dreigroschenoper)
Vorträge: »Der Traum von einer neuen Welt. Berlin 1910–1933« und »Von Dada bis zur Neuen Sachlichkeit« von Dr. H. J. Imiela, Mainz; »Die Theatermetropole Berlin 1918–1933« von Klaus Völker, Berlin; »Glanzrevuen der 20er Jahre« von Wolfgang Jansen, Berlin; Gespräche in der Ausstellung mit Dr. Peter Beckmann, Murnau
Seminare: »Die Weimarer Republik«; »Kunst als politisches Ausdrucksmittel«
Musik: Kammervereinigung Berlin (DDR), Bläserquintett
Filme: »Rosa Luxemburg« (Marg. von Trotta), »Weltbühne Berlin – Die zwanziger Jahre« (Irmgard von zur Mühlen), »Berlin Alexanderplatz« (Phil Jutzi), »Der Blaue Engel« (J. von Sternberg)
Theater: Die Dreigroschenoper von Bertolt Brecht, Musik: Kurt Weill. Theaterprojekt der Internationalen Tage Ingelheim. Mit einem gemischten Ensemble aus Schauspielern, Studenten und Laien aus Berlin, Ingelheim und Umgebung unter professioneller Anleitung und Führung Inszenierung: Florian Schwanhäußer; Musikalische Leitung: Bernd Frank; Bühnenbild: Anke Werner/Jesco von Puttkamer; Kostüme: Evi Drahozal

Veranstalter:
Boehringer Ingelheim
in Zusammenarbeit mit
Stadt Ingelheim und
Weiterbildungszentrum